Il Mercurio Errante Delle Grandezze Di Roma, Tanto Antiche, Che Moderne...

Pietro Rossini

K.

IL MERCURIO ERRANTE

Delle Grandezze di Roma, tanto antiche, che moderne

DI PIETRO ROSSINI

Da Pesaro Antiquario, e Professore di Medaglie antiche.

In questa seconda Edizione diligentemente revisto, e corretto dall'istesso Autore, ed ampliato di diverse altre rarità, con l'aggiunta delle Fabriche fatte in Roma, e fuori da Innocenzo XII.

DIVISO IN TRE LIBRI,

Nel primo si tratta delli Palazzi principali di Roma, e sue rarità di Statue, Pitture, & altre Curiosità. Nel secondo delle Ville tanto dentro, che fuori, nel Circuito, e Distretto della medesima. Nel terzo si contengono tutte le antichità, che di presente si vedono in essa, e suo Contorno.

Dedicato all'Emin. e Rev. Sig. il Sig.

GIO: FILIPPO
CARD. DI LAMBERGH,

Vescovo di Passavia, Prencipe del Sacro Romano Imperio, Consigliero di Stato di Sua Maestà Cesarea.

IN ROMA, Per Antonio de' Rossi. 1704.

Con lic. de' Super. E Privilegio Apost. vendono da Gaetano Capranica all'insegna del Ercole alle due Catene della Sapienza.

EM.^{MO} E REV.^{MO} SIG.

Sig. Padrone Colendiss.

L'Alma Città di Roma Reggia del Mondo Christiano inuita à se la prima Nobiltà del medesimo à venerare queste sacrosante Memorie della Religione Cattolica, & insieme ad ammirare la Magnificenza delle Fabriche dell'Antichi Romani : le quali, benche abbattute dall'ingiurie del tempo, e molto più dalla crudeltà di tante Barbare Nationi, tuttauia

* 2

tauiá conſeruano vna certa Mae-
ſtà, che produce negl' Animi
più Generoſi de' Signori Foraſtieri, che le vedono, vna nobile Idea della Grandezza Romana . Onde Io profeſſando ſcrui-
re d' Antiquario alli detti Signori, ſpecialmente dell'Inclita
Natione Thedeſca (come coſta
dalle Lettere Patenti , delle
quali ſono ſtato aggratiato dall'
Eccellentiſſimo Signore il Sig.
Leopoldo Giuſeppe Conte di
Lambergh , Ambaſciatore Ce-
ſareo alla Santa Sede Apoſtolica, degno Cugino dell'Eminen-
zà Voſtra , come pure dall' Ec-
cellentiſſimi Signori Antonio
Floriano Prencipe di Liechten-
ſtein , e Giorgio Adamo Conte
di Martiniz Ambaſciatori Ce-
ſarei, ſuoi Anteceſſori)& hauendo ſin dall' Anno del Giubileo
1675.hauuta la fortuna di conoſcere

fcere l'Eminenza Voſtra, la quale con ecceſſi di corteſia ſi degnò tenermi vn Bambino al Sacro Fonte, e mi fece godere l'honore d'eſſer Compare di V. E. che è l'vnico preggio ch' Io habbia, e del quale mi poſſa gloriare; E pertanto douendo Io di nuouo pablicare al Mondo il Mercurio Errante, accreſciuto di varie notitie antiche, e moderne, da me compoſto per commodità delli detti Signori, che deſiderano appagare la loro Virtuoſa, e Nobile Curioſità, ardiſco conſecrarlo à V. E. ſupplicandola riceuerlo in teſtimonio delle perpetue obligationi, che Io con la mia Famiglia le profeſſo, alle quali non potendo corriſpondere, prego S. D. M. che voglia colmare V. E. e la di Lei Nobiliſſima Caſa d'ogni Felicità à benefizio della S. Chiesa, & à maggior Gloria dell' Augustissima Corte Cesarea, & inchinandomi profondamente all' Eminenza Vostra, con la douuta riuerenza le bacio il Lembo della Sacra Veste. In Roma l'Anno del Giubileo 1700. li 20. Decembre.

Di V. E. Reuerendiss.

Humiliss. Deuotiss. & Obligatiss.
Seruitore

Pietro Rossini.

Reimprimatur,

videbitur Reverendiſs. Patri Magiſtro
Sacri Palatij Apoſtolici.

Dominicus de Zaulis Epiſc. Verulanus
Viceſg.

Reimprimatur,

r. Jo: Baptiſta Carus Magiſter, & Soc.
Reverendiſs. P.Fr. Paulini Bernardinij
Sac. Apoſt. Palatij Mag. Ord. Prædic.

IL
MERCVRIO
ERRANTE.

Delle Grandezze di Roma, come si vedono al presente: de' Palazzi, Ville, Giardini, e sue Rarità, che vi sono da vedere; con le Antichità della medesima, descritte da Pietro Rossini Antiquario, diuise in trè Libri. Nel primo si tratta delli Palazzi. Nel secondo delle Ville tanto dentro, quanto fuori del Circuito di Roma, cioè di Tiuoli, Frascati, Velletri, Caprarola, e Bagnaia. Nel terzo delle Antichità, che al presente si vedono in essa.

LIBRO PRIMO.

ROMA fù edificata 432. anni doppo la presa di Troia. Hebbe prima il Gouerno delli Rè, che durò 250. anni. Dopò quello della Republica, che durò per lo spatio di 450. anni, & auanti di Giesù Christo 752. Nell'Anno del Mondo 3270. Per li 7. Colli Roma fù chiamata Settigemina.

A   Del

Del Campidoglio.

ANdarete al Campidoglio dalla parte Occidentale. Nel principio della salita dalle due bande vedrete due Leoni antichi di pietra Egittia di bella maniera, che buttano Acqua per la bocca.

Nel salire il Campidoglio verso al mezzo giorno si vede la Piramide con l'Armi d'Innocenzo XII. Sommo Pontefice, erettale dal Magistrato Romano in memoria d'hauer Sua Santità ristaurato il Campidoglio, come si può leggere dalla Iscrittione.

Innoceniius XII. Pont. Opt. Max. viam hanc ad Campitolium, quam tot in vrbem meritis sibi aperuerat, faciliorem & Populo aperuit, mirare qui transis, & dole deesse Capitolio Pont. Statuam ad quam eius Benef. Iure perducerent, nisi pro Statua ipsum esset Capitolium.

Verso l'Oriente.

Innocentio XII. Pont. Opt. Max. quod emollito Cliuo, viaque strata faciliorem aditum ad Capitolium aperuerit grati animi Monumentum.

S. P. Q. R.
Posuit Anno M. DC. XCII.

Alla fine della salita sopra due basi, ò piedistalli, vno per parte li due Colossi lofsi Caftore, e Polluce con li due Caualli di Marmo Greco di buonifsimo Maeftro, li quali erano per ornamento al Teatro di Marcello.

Vicino alli detti Caualli dalle bande vi fono li Trofei di Mario, ò di Traiano come molti vogliono, eretti dal Popolo Romano in honore di Mario per la Vittoria, che hebbe contro li Cimbri, furono buttati per terra da Silla, e rotti, e poi furono rifatti da C. Cefare. Entrarete nella Piazza, che fà forma quadrata, è ornata di fcalini all'intorno di trauertini, che la fan poi rotonda, ò ouale. Voltarete à mano dritta alla fine della Balauftrata, e vedrete la Colonna Migliaria, vi fono due Ifcrittioni, la prima è dell'Imperadore Nerua, la feconda di Vefpafiano. Quefta Colonna era nel Foro Romano, all'intorno della quale erano defignate, ò delineate le ftrade principali della Città di Roma.

Molti fono di varij pareri, cioè che foffe quefta Colonna nel principio della Via Appia per marcare le miglia, & à ciafchedun miglio vi foffe vna fimile Colonna, e quefta era la prima, vedendofi in effa il numero I. con la feguente Ifcrittione.

A 2 *S. P. Q. R.*

S. P. Q. R.
*Columnam milliariam
Primi ab Vrbe Lapidis indicem
Ab Imp. Vespasiano
Et Nerua restitutam
De Ruinis Suburbanis Viæ Appiæ
In Capitolium Transtulit.*

Dall'altra parte vi è eretta vn'altra consimile Colonna per accompagnare la sudetta milliaria con la seguente Iscrittione.

*Hoc in Orbiculo Olim
Traiani Cineres Iacebant
Nunc non Cineres,
Sed memoria Iacet
Tempus cum Cinere
Memoriam sepeliuit
Ars cum tempore non Cinerem
Sed memoriam instaurat
Magnitudinis enim non Reliquiæ,
Sed Vmbra vix manet
Cinis Cineri in Vrna
Ætate moritur
Memoria Cineris in aere
Arte reuiuiscit.*

Sopra la medema Balaustrata nel fine delle due bande vi sono due Statue di Costantino Magno, non sono di buona ma-

maniera. In mezzo della Piazza vedrete la bella Statua equestre di Marco Aurelio il Filosofo, di bronzo indorato di buoniffimo Maeftro. Fù fatta quefta figura dal Popolo Romano in honore di quefto buoniffimo Principe per hauere acquietato il Popolo vna notte, che fi era folleuato per vn' incendio nella Città. Vedrete la bella Fontana dell'Acqua Felice in mezzo. Di fopra vi è la bella Statua di Roma Trionfante di porfido. Dalle bande della fontana vi fono li due fiumi Coloffi, il Nilo, & il Teuere di Marmo Greco di buon Maeftro. In mezzo di quefta piazza potrete guardare li trè Palazzi di bella Architettura di Michel'Angelo Buonarota ornati di varie figure antiche di fopra li Cornicioni. Andarete nel Palazzo nuouo. Nel Cortile nel Nicchione della fontana vi è la Statua di Marforio, che rapprefenta il fiume Arno, ouero la Nera. Molti vogliono, che fia il Dio Pane; Quefta ftatua fù fatta per il Dio Panario, perciòche li Romani reftarono liberi dall'affedio de' Galli, gettando del pane nel loro Campo; ftaua prima a' piedi del Campidoglio incontro à Santa Martina. Nel Corridore vi è la Statua di Adriano in habito di Sacerdote facrificante. In faccia vi è la Statua di Gioue

ne fulminante. Sù per le scale li bassi
rilieui, che rappresentano Marco Aurelio, che publica le leggi al Popolo, e
l'altro rappresenta la Deificatione di
Faustina, erano per ornamento dell'Arco di Portogallo demolito da Alessandro Settimo. Sotto al basso rilieuo sudetto vi è vn'Iscrittione in Marmo
fatta in memoria d'Innocenzo XI. che
descriue l'Alleanza trà Prencipi Christiani di questo tenore.

Innocentio XI. Pont. Max. Opt. quod
in Vienna Romani Imperij Principe Vrbe
irrequieta Vigilantia Prudenti Consilio
Ingenti Auro, precibus lacrymisque Dei
Implorato Auxilio Anno reparatæ salu-
tis. (I)I)(LXXXIII. Ab Immanissima
Turcarum obsidione Vindicata Laboranti
Catholicæ Religionis securitati prouiderit
feliciter Regnante Leopoldo Primo Cæ-
sare Augusto.

Christianas Acies ducente Ioanne Ter-
tio Poloniæ Rege semper Inuicto, forti-
terque Pugnante Carolo V. Duce Lothæ-
ringio. S. P. Q. R. æternum memor P.

Le due Figure vna dirimpetto all'altra sono, di Faustina la Vecchia, & è la
più bella Statua, che sia in Roma di
questa Imperatrice, & vi è scritto sotto
Pudicitia, e l'altra è di Giunone. Montarete di sopra nelle stanze, vi sono belle Statue di Marmo Greco; la Statua
d'Agrip-

d'Agrippina Madre di Nerone belliſſima di Cerere; la Nodrice con il fanciullo Nerone, bella. Nella Sala li due belli buſti di Traiano, e di Antonino Pio,
la Statua come Coloſſo di Bronzo d'Innocenzo Decimo è opera di Aleſſandro
Algardi. La bella Tauola di Bronzo
dou'è deſcritta la Legge Reggia degl'
Antichi, le di cui parole ſono queſte.

SENATVS POPVLVSQVE ROMANVS.

Monumentum Regiæ Legis ex Laterano
in Capitolium, Gregorij XIII.
Pont. Max. auctoritate repor-
tatum in antiquo ſuo
loco repoſuit.

Foeduſue cum quibus volet facere,
liceat ita, vti licuit Diuo Aug. Ti.
Iulio Cæſari Aug. Tiberioque Claudio.
Cæſari Aug. Germanico.
Vtique ei Senatum habere, Relationem
facere; remittere Senatus Conſulta per Relationem, diſceſſionemque facere liceat,
ita, vti licuit Diuo Aug. Ti. Iulio Cæſari
Aug. Ti. Claudio Cæſari Aug. Germanico.
Vtique cum ex Voluntate, Auctoritateue,
iuſſu mandatuue eius, præſenteue eo Senatus habebitur, omnium rerum ius perindè

*habeatur, feruetur, ac si è Lege Senatus
edictus esset, habereturque.*

*Vtique quos Magistratum, Potestatem,
Imperium, Curationemue, cuius rei peten-
tes Senatui Populoque Romano. Commen-
dauerit, quibusque suffragationem suam
dederit, promiserit eorum Comitis, quibusque extra ordinem ratio habeatur.*

*Vtique ei fines Pomerii proferre, pro-
mouere, cùm ex Republica censebit esse,
liceat, ita, vti licuit. Ti. Claudio Cæsari
Aug. Germanico.*

*Vtique quæcumque ex vsu Reipublicæ,
Maiestate Diuinarum, humanarum, pu-
blicarum, priuatarumque rerum esse censebit, ei agere, facere, ius, potestasque sit,
ita, vti Diuo Aug. Tiberioque Iulio Cæsari Aug. Tiberioque Claudio Cæsari Aug.
Germanico fuit.*

*Vtique quibus Legibus, plebeiue Scitis
scriptum fuit, ne Diuus Aug. Tiberiusque Iulius Cæsar Aug. Tiberiusque Claudius Cæsar Aug. Germanicus tenerentur
ijs Legibus Plebisque Scitis, Imp. Cæsar
Vespasianus solutus sit, quæque ex quaque
Lege Rogatione Diuum Aug. Tiberiumue
Iulium Cæsarem Aug. Tiberiumue Clau-
dium Cæsarem Aug. Germanicum facere
oportuit; ea omnia Imp. Cæsari Vespasiano
Aug. facere liceat.*

*Vtique, quæ ante hanc Legem rogatam
acta, gesta, decreta, imperata ab Impera-*

                                              tore

tore *Cæsare Vespasiano Aug. iussu, mandatuue eius à quoque sunt, ea perindè iusta rataque sint, ac si Populi Plebisue iussu acta essent .*

SANCTIO.

SI quis huiusce Legis, ergo aduersus Leges, Rogationes, Plebisue scita, Senatusue Consulta fecit, fecerit, siue quod eum ex Lege, Rogatione, Plebisue scito, S. ue C. facere oportebit, non fecerit, huius Legis, ergo id ei ne fraudi esto, neue quit, ob eam rem Populo dare debeto, neue Cui de ea re actio, neue iudicatio esto, neue quis de ea re apud ... Sinito .

Nell'altre Camere la Statua di Flora, vna vecchia Sibilla, che stà contemplando i segni Celesti, la rara, e bella Statua di Mario Console, l'altra bella Statua dell'Eroe Auentino figliuolo di Hercole di vna pietra nera chiamata Eggitia. Vi sono molti busti di Filosofi, di Platone, Hierone, di Diogene, Socrate, Gabriel Farnos, & altri.

Vscirete da questo Palazzo, & entrarete nell'altro in faccia, doue il Magistrato dà vdienza. Nel Cortile cominciarete à mano dritta, e vedrete la bella Statua di Giulio Cesare Dittatore: Più oltre li due piedi con vna mano di marmo greco, erano di vn Colosso d'Apol-

lo dell' altezza di 30. cubiti fatto fare
da Vefpafiano, e lo mife per ornamento
auanti il Tempio della Pace; più auanti
fi vede vna Tauola di marmo, doue fono delineate le mifure delli Mercanti,
& Architetti, cioè li palmi, le braccia,
canne, piedi, & altro; vedrete il bel Cauallo, che combatte col Leone, raro; fù
fatta quefta magnifica figura per l'accordo, che fecero li Romani con li Tiuolefi. Quefte due Republiche haueuano hauuto gran guerre affieme, e per
l'aggiuftamento eleffero quefti due Animali per combattere affieme, alli Romani toccò il Leone, alli Tiuolefi il Cauallo, e reftando vincitore il Leone, li
Popoli Tiuolefi reftarono fottopofti alli Romani fecondo l'accordo fatto. Dopo quefto vedrete la Statua di Minerua, il bel Sepolcro d'Aleffandro Seuero, e di Giulia Mammea fua Madre. Vi
fi vede il baffo rilieuo, che rapprefenta
il ratto delle Sabine; di poi la Statua di
Coftantino Magno, & è la migliore di
Roma di quefto Principe. La Tefta Coloffo di bronzo dell' Imperadore Commodo di buon Maeftro; vna mano di
bronzo del medefimo. (Nel Colifeo
vi era il Coloffo di Nerone, e Commodo vi fece leuare la Tefta, e guaftarla, e
mettere la fua; onde quefta Tefta è di
Commodo, e la mano è di Nerone;)

La

La Pietra, che foftiene la detta contiene l'Ifcrittione di Agrippina Moglie di Germanico Madre di C. Caligola, fopra della quale vi erano le fue Ceneri. La Tefta Coloffo di Domitiano di marmo greco fatta reftaurare dalla fan: mem: di Clemente X. e pofta doue fi vede al prefente. Sotto al Portico vi è la bella Statua di Ottauiano Augufto di buon Maeftro; più oltre à mano manca la Statua d'vna Baccante. In faccia alla fcala vi è la Colonna roftrata, & è vn pezzo raro; fù fatta dal Popolo Romano, e fù la prima che foffe eretta, e fù in honore di C. Duillio Confole per la vittoria Nauale, che riportò delli Cartaginefi, che fù la prima, Tito Liuio, e Plinio ne parlano, e ne trionfò, e fù il primo che trionfaffe di quefta natione. Nel Cortiletto per le fcale vi fono li baffi rilieui in quattro pezzi, che rapprefentano le vittorie di Marco Aurelio il Filofofo. Nel primo à mano manca fi vede l'Imperadore in piedi in habito di Sacerdote, che fporge la deftra, e riceue il Globo del Mondo dalla figura di Roma armata. Il fecondo baffo rilieuo rapprefenta la fpeditione, che il detto Prencipe fà contro li Parti, fi vede l'Imperadore à cauallo in atto di caminare; vi fi vede anco vn'altra figura à cauallo à mano manca, che affo-

mi-

miglia molto Antonino Pio ; mi dò à
credere, che sia per certo l'Imperadore
Antonino , che voglia accompagnare il
figliolo M. Aurelio nella speditione,
che fà contro i Parti. Le due figure in
ginocchioni auanti l'Imperadore rappresentano li Parti , che vengono all'
vbidienza , e sottomettonsi all'Imperadore . Il terzo rappresenta il medesimo
Imperadore sopra di vn Carro tirato
da quattro feroci Caualli , che trionfa
delli detti Parti . Il quarto pezzo rappresenta l'Imperadore in habito di Sacerdote , che sacrifica nel Tempio di
Gioue Capitolino per rendere gratie
alli Dei delle vittorie riceuute, vi si vede il Tripode, la Vittima, il Vittimario,
& vn fanciullo , che tiene vna Cassetti-
na, doue si conseruauano i liquori odo-
riferi, che si soleuano vsare nelli Sacrificij . Le due Statue quì per le scale sono
belle, che rappresentano due Muse . In
cima alla scala sotto alla Madonna vi è
vn Pesce Storione di marmo , che serue
per la misura delli pesci ; che sono portati in Roma, che arriuano à questa longhezza, ò maggiore, e si deuo donare la
testa al Magistrato Romano , come era
costume antico, e si osserua hoggidì con
rigore con questa Iscrittione .

Capita Piscium marmoreo schemate lon-
gitudine maiorum vsque ad primas pinnas
                                    inclu-

inclufiuè Conferuatoribus danto fraudem nè committito ignorantia excufari nè credito.

Seguitarete à mano manca, vedrete le tauole del Magiftrato antico, e moderno, e trà le altre la tauola doue è defcritto il Magiftrato al tempo di Pertinace. Vi è la Lupa di fopra con li due Fanciulli Romolo, e Remo Fondatori di quefta nobil Città, che fù domatrice del Mondo.

Di quì entrarete nèl Palazzo, e prima nella Sala tutta dipinta à frefco dal Caualiere Giofeppe d'Arpino, che rapprefenta varie hiftorie Romane. Il Ratto delle Sabine, la battaglia degl'Oratij, e Curiatij, l'altra è la battaglia di Tullo Oftilio contro li Veienti, nella quale li Romani furono vincitori fecondo Liuio, e vi morirono 30. mila Veientani; l'altra pittura in faccia rapprefenta quando Fauftolo Paftore troua Romolo, e Remo fotto al fico ruminale allattati da vna Lupa. L'altra pittura non finita rapprefenta Romolo quando fà il circuito della Città quadrata, cioè il folco con vn Bue, & vna Vacca, come dice Liuio, fegue l'altra pittura, che rapprefenta vn facrificio delle Vergini veftali. Nel cantone della Sala vedrete il ritratto della Regina Chriftina di Suetia con la fua Ifcrittione di marmo, la quale dice.

Chri-

Christinæ Suecorum, Gottorum, & Van-
dalorum Reginæ. Quod instinctu Diuini-
tatis Catholicam fidem Regno Auito præ-
ferens post adorata SS. Apostolorum limi-
na, & submissam venerationem Alexan-
dro VII. summo Religionis Antistiti exhi-
bitam, de se ipsa triumphans in Capitolium
ascenderit, Maiestatisque Romanæ monu-
menta vetustis in Ruderibus admirata III.
viros Consulari potestate, & Senatum te-
cto capite confidentes, Regio honore fuerit
prosequuta. VIII. Eid. quintil. Anno
M. DC LVI.   S. P. Q R.

La detta Regina si è cauato sangue
378. volte per detto del suo Barbiere,
senza le coppe, che ascende à vn grandissimo numero.

Le Statue di trè Papi, di Sisto Quinto
di bronzo fatta dal Fontana. L'altra di
Vrbano Ottauo di marmo fatta dal Caualier Bernini. L'altra di Leone Decimo di marmo. Entrarete nella stanza,
doue il Magistrato dà vdienza, & è tutta dipinta à fresco da Pirino dal Vago.
La prima à mano manca rappresenta
l'historia di Mutio Sceuola, l'altra che
siegue rappresenta Bruto primo Console, quando discacciò Tarquinio Superbo da Roma. L'altra pittura rappresenta li due primi Consoli Bruto, e Collatino, vi si vede di sotto vna Donna sup-
plicheuole, che domanda la gratia per

vn Giouanetto, che ſtà per eſſere decapitato, vi ſi vede vn'altro fanciullo decapitato; la Donna è la moglie di Bruto, il quale haueua ſententiati à morte
li proprij figliuoli per hauer conſpirato
di rimettere Tarquinio nel Regno. L'altra figura rappreſenta Oratio Coclite,
quando combatte contro il Rè Porſena,
e tutta la ſua armata ſopra il Ponte Sublicio. Le Statue ſono, vna bella teſta
di Giulio Ceſare, e di Adriano, le moderne ſono di Aleſſandro Farneſe, che è
belliſſima, fù Generale di Santa Chieſa
al tempo di Paolo Terzo. Carlo Bar-
berino Generale di Santa Chieſa al tempo d'Vrbano Ottauo. Franceſco Aldobrandini Generale di Santa Chieſa al
tempo di Clemente Ottauo, Tomaſo
Roſpiglioſi Nipote di Clemente Nono,
Marc'Antonio Colonna Generale di
Santa Chieſa al tempo di Pio Quinto
nella battaglia di Lepanto. Il bel Buſto
di Virgilio Ceſarini Prencipe de'Letterati. La Lupa di marmo con Romolo,
e Remo antica.

Entrarete nella terza ſtanza; nel fregio di ſopra vi è dipinto à freſco la bella hiſtoria del Trionfo di Mario, che riportò delli Cimbri, che fù la più grande vittoria, che riportaſſero i Romani,
eſſendo morti de'nemici cento mila. La
Lupa di metallo con li due Fanciulli
Ro-

Romolo, e Remo, assai rara. La bella,
e rara figura di Martio Pastorello di
bronzo, che si caua lo spino dal piede;
fù fatta questa figura per hauer egli por-
ato vna lettera al Popolo Romano da
parte d'alcuni Amici del detto Popolo,
auisandoli, che veniuano gl'inimici per
sorprendere il Campidoglio all'improuiso, e per strada pigliò vno spino nel
piede, nondimeno non si fermò à cauar-
si il detto spino, mà dopo d'hauer con-
segnato la lettera; e per questa attione
il Popolo Romano gli fece questa bella
figura. Vi è ancora vna statua in habito
di seruo di bronzo. Il bel quadro che
rappresenta S. Francesco fatto dal Ca-
puccino Laico. La rara testa di L. Iunio
Marco figlio di Bruto primo Console
Romano di bronzo, singolare, & vnica
in Roma.

La quarta stanza è detta delli Fasti
Consolari, doue si vedono nel muro
molte lapidi di marmo con varie de-
scrittioni delli Magistrati antichi; si stima più questa stanza, che tutte l'altre
cose del Campidoglio, benche siano
frammenti. Sopra la porta vi è la testa
di Mitridate Rè di Ponto di marmo in
basso rilieuo. Si vede la memoria del
trionfo di Marc'Antonio Colonna per
la battaglia di Lepanto ornato di Colonne rostrate.

Nella

Nella quinta Camera vi è il busto di Rea Siluia Madre di Romolo, e Remo. Vn piede di bronzo, che era del Coloſ-ſo di Nerone, quale hoggi è leuato, e la teſta di Arianni.

- Nella ſeſta Camera li fregi à freſco ſono pitture boniſſime di Annibale Ca-racci; vi ſono buone Statue, di Virgilio, di Cicerone, che è rara, L'Hercole di bronzo indorato, che fù trouato al tem-po di Siſto Quarto vicino alla bocca della verità, doue era il Tempio d'Her-cole detto l'Ara maſſima, il buſto di Ap-pio Claudio di porfido, ſopra la porta la teſta di Aleſſandro Magno di mar-mo. Le quattro miſure di marmo, cioè del grano, del vino, e dell'oglio, ſono aſſai rare, & vniche in Roma.

Nella ſettima Camera le pitture à freſco ſono di Pietro Perugino, nelle quali ſi rappreſenta Roma trionfante; e l'altro pezzo rappreſenta Annibale Cartagineſe à caualo d'vn Elefante, quando paſsò l'Alpi per venire in Ita-lia; nell'altro pezzo ſi vede Annibale à ſedere con l'Aſſemblea delli ſuoi Offi-ciali pet fare il Conſiglio di guerra. La quarta pittura rappreſenta l'Armata di mare del medeſimo Annibale. Vi ſono trè belle Statue, la prima è la Dea del ſilentio, l'altra delle Fortezze, ò delle Torri, ò Cibele, l'altra è di Cerere. Il

Cam.

Campidoglio al tempo di Tarquinio haueua 60. Tempij, e si chiamaua la stanza delli Dei. Questo Monte era circondato di grosse muraglie di pietre quadrate, conforme hoggi si vedono li fondamenti sotto il Palazzo del Senatore. L'antico Campidoglio haueua il tetto coperto di tegole d'oro, ò d'argento, con molte statue delli Personaggi principali di Roma delli medesimi metalli.

Vscirete da questo Palazzo, quì vicino verso mezzo giorno trouarete il Palazzo del Duca Cafarelli. Nel Cortile, ò Giardino del quale vedrete vna gran massa come di Pietre, ò Tufi, sono ben messe vna sopra l'altra; saranno sei anni, che io ne hò veduto leuare gran quantità. Quiui era la Torre, ò Fortezza del Campidoglio, e queste sono le ruine del medesimo.

Quì vicino verso la Consolatione era il Sasso, ò Rupe Tarpeia, doue fù precipitata la Vergine Tarpea per hauer dato la Rocca alli Sabini.

La Chiesa detta Araceli è fabricata sopra le rouine del Tempio di Gioue Feretrio. Vi sono 22. belle Colonne di granito Orientale. Vi è il bel Sepolcro di porfido di Santa Elena Madre di Costantino Magno, il Ciborio sostentato da belle Colonne di Alabastro Orien-

Orientale. Sotto al detto Altare vi è vn'altr'Altare ornato di muſaico fatto dall'Imperadore Auguſto ad honore di Noſtro Signore Gieſù Chriſto, la caggione per la quale lo fabricò è, che vn giorno Auguſto parlando con la Sibilla Tiburtina li dimandò, ſe nel Mondo vi era vn Signore maggiore di lui, e la Sibilla le riſpoſe di sì, e che ſarebbe venuto dal Cielo, e ſegnò col dito in alto, doue Auguſto fiſsè lo ſguardo, e vidde la Vergine col Bambino in braccio, Auguſto marauigliatoſi di ciò miſe vn ginocchio à terra, e lo ſalutò, e vi fece il detto Altare, e dall'hora in quà queſto luogo ſi è chiamato Araceli. Di queſta Chieſa hoggi è Padrone il Popolo Romano. Nella Sacreſtia vi è vna Pietra, ſopra la quale apparue l'Angelo à San Gregorio, e vi laſciò li veſtigij delli ſuoi piedi; nella Chieſa vi è vna Colonna con alcune lettere, che dicono *A cubiculo Auguſtorum.* Vſcirete fuori della Chieſa, paſſarete per il Conuento, ſalirete vna bella ſcala di 190. ſcalini, che vi conduce ſopra vna grandiſſima loggia di doue ſi vede tutta la Città con li ſette Colli di Roma antica.

*Dell'osseruanza, che deuono hauere
li Caualieri andando à baciare
il piede al Sommo
Pontefice.*

Qualunque Caualiere, che và à baciare il santo Piede à Sua Santità, ò à pigliare la Candela il
giorno della Purificatione della Santissima Vergine, ò la Palma la Domenica
delle Palme, ò le Ceneri il primo giorno di Quaresima, per riuerenza non
deue portare spada, nè bastone, nè ma-
nicotto, ò manizza, nè meno le mani
inguantate.

Del Palazzo Vaticano.

Questo bellissimo Palazzo è habitatione del Sommo Pontefice, si
puol dire, che sia vna Città per la sua
ampia grandezza. Vi si contano dodici
mila cinquecento, e ventidue Camere,
e ventidue Cortili. Chi non lo crede,
potrà vedere, e numerare il tutto; E'
capace di 1200. Fuochi. Entrarete in
questo Palazzo per il Portone di bronzo, doue stà la guardia de' Suizzeri dritto per la gran scala reggia, al principio
della quale v'è la bella Statua di Costantino à cauallo di marmo fatta dal
Ca-

Cavaliere Bernini ; di poi salireté la
scala fatta dalla fel. mem. d'Alessandro
Settimo d'Architettura del medesimo
Bernini. Entrarete nella Sala Reggia
tutta ornata di belle pitture à fresco del
Saluiati, e di Tadeo Zucchero , che rappresentano la battaglia di Lepanto. In
faccia à questa si vedé Gregorio XI. ,
quando tornò d'Auignone in Italia .
L'altro pezzo in faccia alla Cappella di
Sifto rappresenta l'historia d'Alessandro III. e di Federico Primo Imperadore , l'altra in faccia rappresenta l'
alleanza, e l'ordinanza della battaglia di
Lepanto .

Nella Cappella Papale detta di Sifto IV. vedrete bellissime pitture à frefco , cioè il Giuditio Vniuersale nella
Tribuna, con la volta dipinta da Michel
Angelo Buonarota , quelle all' intorno
fono di Pietro Perugino . Vi è l'altra
Cappella Paolina , doue si espone il
Santissimo per l'Auuento , e per la Set-
timana Santa con belli ornamenti. Paf-
farete per la Sala Ducale doue Sua Santità laua li piedi à tredici Apostoli il
Giouedì Santo , e fono tredici Preti di
varie nattoni . Di qui entrarete nelle
Stanze de' Paramenti , doue si veste , e
fpoglia il Papa quando và Pontificalmente à fare le Ceremonie publiche
nella Chiesa di S. Pietro , ò in Cappella .

la. Nel foffitto di quefta Camera vi è
vn belliffimo Quadro dipinto dal Mutiano.

Il primo Appartamento di quefto
Palazzo tutto ferue per il Conclaue, doue ftanno li Cardinali per eleggere il
nuouo Pontefice, e l'elettione fi fà nella Cappella di Sifto di fopranominata.

Montarete di fopra per la Scala Papale, che vi conduce all'Appartamento
del Pontefice, che guarda verfo l'Oriente, & è belliffima fabrica fatta da Clemente Ottauo. Andarete prima nella
bella Sala detta Clementina ornata di
belliffimi marmi all'intorno; di fopra
le pitture à frefco fatte da Cherubino di
S. Sepolcro.

Il Paefe con S. Clemente, ch'è but-
tato nel Mare, è di Paolo Brilli. Paffa-
rete trè ftanze; & entrarete nell'Appartamento Pontificio, doue vedrete trè
ftanze ornate di belle Tapezzarie dalla
fel. mem. d'Innocenzo XI. Quì vedrète
la Cappella fecreta doue Sua Santità
dice Meffa priuata.

Il Quadro con le Pitture di fopra
nella volta fono del Romanelli. La
quarta ftanza è doue il Papa dà vdienza
a' Prencipi; nella quinta dà vdienza à
gl'Vfficiali della Corte, e nella fefta
doue Sua Santità dorme, & nella fetti-
ma doue mangia. In quefte Camere fopra

pra le porte vi fono alcuni pezzetti di quadri di Raffaelle d'Vrbino molto belli . L'ottaua ftanza è vna bella Sala, doue Sua Santità tiene Conciftoro ; e vi fi predica la Quadragefima à Sua Santità, & al Sacro Collegio, & il Giouedì Santo vi dà da mangiare alli Apoftoli : Vi erano quattro pezi di quadri molto buoni fatti d'Andrea Sacchi , & vn'altro quadro grande fatto da Pietro da Cortona, che hoggi fono nel Palazzo Quirinale . Di quà andarete per la Sala Clementina, & entrarete nella Sala, doue fi predica la Quadragefima alla famiglia del Papa , e v'interuiene anco la famiglia de' Cardinali . In quefta Sala Aleffandro Settimo pranzò con la Regina Chriftina di Suetia . Da quefta fi paffa nell'Appartamento de' foraftieri , doue il Papa riceue l'Ambafciadori de i Rè d'vbidienza,& il Viceré di Napoli, fpefandoli per trè giorni con tutta la Corte . Si paffa per vna piccola Galleria dipinta à frefco dal Romanelli , che rapprefenta l'iftoria della Conteffa Matilde . Nell' altra ftanza che fegue le pitture fono del medefimo, e rapprefentano quando Carlo V. venne à Roma.

Vfcirete nella Loggia, che ftà in faccia, la di cui volta è tutta dipinta à frefco dal famofo Raffaelle d'Vrbino , che rapprefenta il Teftamento vecchio, e nouo.   En-

Entrarete nell' Appartamento vecchio, la di cui Sala è dipinta à fresco da Giulio Romano, & il disegno è di Raffaelle, e vi sono rappresentate l'Istorie di Costantino Magno, cioè la Battaglia contro Massentio sopra del Ponte molle, anticamente detto Miluio. Il Battesimo del detto Costantino da San Siluestro. Quando Costantino consegna, e rinunzia la Città à S. Siluestro, e gli dà nelle mani il Simulacro di Roma: l'altro pezzo è il Parlamento, che fà Costantino alle Corti Pretorie per dare la battaglia al Tiranno Massentio, e di sopra si vede la Santa Croce, che gl'apparue in aria. Le trè stanze, che seguono tutte dipinte à fresco da Raffaelle. Nella prima si rappresenta il Tempio di Salomone. S. Leone Primo quando và ad incontrare il Rè Attila. Nella seconda camera si rappresenta la Scuola d'Athene. Li Dottori, che hanno scritto del Santissimo Sacramento, sopra la finestra vi è il Monte Parnaso. Nella terza camera l'Incendio di Borgo, vi si vede il Santo Pontefice Leone Quarto, che benedisse il fuoco, e miracolosamente si estinse; l'Incoronatione di Carlo Magno, e l'altro quando S. Leone discacciò li Saraceni da Italia.

Entrarete poi nell'Appartamento del Beato

Beato Pio Quinto, vedrete la piccola Cappella di Vrbano Ottauo dipinta à fresco da Pietro da Cortona, che rappresenta la Paffione di Giesù Chrifto. La Cappella del Beato Pio Quinto, rotonda, alta, affai bella, dipinta à fresco, e ad oglio da Pietro Perugino Maeftro di Raffaelle. Vfcirete in vn' altra ftanza, vedrete vna belliffima Madonna dipinta fopra Alabaftro Orientale del Caualiere Giofeppe d'Arpino, e la pietra è così fottile, che trafparifce la pittura dall'altra parte. Di quì entrarete à mano manca in vna ftanza, vedrete nella volta belle pitture fatte da Guido Reni. Entrarete nella bella Galleria longa 90. paffi di Architetto, (quando fi parlarà di paffi s'intende di cinque piedi,) doue fi vedono delineate le Prouincie d'Italia con le Città, e Porti principali; nella volta vi fono belle pitture fatte da diuerfi Pittori. Quefta bella Galleria fù fatta da Gregorio XIII. & è difegno di Michel'Angelo Buonarota.

Di quà fi cala negl' Horti Vaticani, doue fono belle Fontane, e vaghi Bofchetti, e quì fi entra nel Giardino di Beluederè, doue fi vedono varij giochi d'Acqua, trà gl' altri nel Fontanone d'abaffo vi è vn Vafcello fatto dalla fel. mem. di Clemente Nono, quefto Vafcello lo getterà in circa 500. Cannelletti di acqua, con vna bella Girandola di sopra. Nel medesimo Giardino sotto la Tribuna di Beluedere vi è la bella Pigna di bronzo, la quale staua con dentro le Ceneri dell'Imperadore Adriano nella sommità della sua Mole, heggi Castel S. Angelo; li due Pauoni antichi furono trouati al Sepolcro di Scipione Africano.

Vscirete di quà per la porta che corrisponde nel Corridore di Beluedere quale è longo 200. passi in circa, entrarete nel Cortile detto anco di Beluedere, doue sono bellissime Statue, l'Apollo, il Laocoonte; la più rara figura del Mondo, fù trouato nel Monte Esquilino, oue era il Palazzo di Tito Vespasiano, la Venere, e Cupido; la Venere sola. Il famoso Antinoo fauorito di Adriano Imperadore : molti vogliono, che questo fosse fatto dal medesimo Imperadore, l'Hercole, ò vero Commodo per la testa somigliante, ò Saturno per il Fanciullo che tiene in braccio. Li due fiumi, il Nilo, li dicisette Fanciulli, quali stanno sopra il dorso di detto fiume rappresentano diecisette Regni, i quali vengono da questo bagnati, & il Teuere, che tiene la Lupa con Romolo, e Remo. Il corpo d'vn Hercole, detto il Tronco di Beluedere, & è bellissi-

lissimo, doue Michel'Angelo Buonarota vi studiaua la Scultura, la bella figura della Cleopatra, all' intorno di questo Cortile vi sono dodici Teste di ora-
coli, che erano nel Pantheon.

Andarete per il medesimo Corridore
alla famosa libraria fatta da Sisto V. in
dicidotto mesi. Nella prima stanza vi
sono li ritratti delli Cardinali che sono
stati Bibliothecarij hoggi è l'Emin.
Fr. Errico Card. Noris. Nel gran Camerone vedrete dipinto Sisto Quinto,
che riceue la pianta della Libraria da
Domenico Fontana Architetto. Nelli
Pilastri, che sostentano la volta, vi sono
dipinti li Personaggi, che sono stati in-
uentori delle lettere, ò caratteri de' lin-
guaggi, e sono tutte pitture à fresco di
varij Pittori. A mano manca sono rappresentate le principali Biblioteche,
che sono state più famose nel Mondo.
Dalla parte di mano dritta si rappresentano li più celebri Concilij Generali
della Chiesa Cattolica. Vi sono 276.
Armarij pieni di libri, vi sono trentacinque mila volumi, venticinque di manoscritti, & il resto stampati. Vi sono
belle miniature del P. Giulio Glouio
Canonico Regolare, e l'opera sopra i
Sacramenti d'Henrico Ottauo Rè d'Inghilterra, per la quale meritò il titolo
di Difensore della Chiesa, come anco

le sue lettere amorose, che scriueua ad
Anna Bolena, per la quale apostatò dalla Fede Cattolica Romana, le Tauolet-
te dette Pugillari con il Carattere Sa-
maritano, ouero come altri vogliono
Malauarico, essendoui anco molti libri
Chinesi, la Biblia delli 70. Interpreti
scritta in Carattere d'oro; gli Annali
Ecclesiastici scritti in vndeci Tomi di
proprio pugno dal Cardinale Baronio,
vn Virgilio, & è il più antico libro che
sia in questa Libraria, la bella Colonna
d'Alabastro Orientale antica. Vedrete la bella Bibliotheca del Duca d'Vrbino, e l'altra in faccia dell'Elettore
Palatino, ambedue piene di manoscritti, e trà questi vna Biblia Ebraica grande quanto puol portare vn'huomo sopra le spalle, li Hebrei di Venetia vol-
sero dare al Duca d'Vrbino tant'oro
quanto pesaua; vn Breuiario molto
grande, miniato, che era di Mattia Cor-
uino Rè d'Vngaria, & è cosa rarissima;
vn Tasso manoscritto di bellissimo Carattere; vi sono li manoscritti di Martino Lutero, con vna Biblia molto curiosa da vedere. La longhezza della Libraria verso il mezzo giorno è di 127.
passi, e larga 4. il Camerone è longo 45.
passi, e largo 10. vi sono anco due figure di marmo, vna di S. Hippolito Vescouo di Porto, che fù Inuentore del Ca-
len-

lendario perpetuo, l'altra è d'Aristide.
Vi sono altri libri curiosi, quali tralascio per non esser troppo longo, perche chi volesse mettere tutti li libri, vi
vorrebbe vn volume intiero. Non si
puol però tralasciare d'accennare di
quattro libri rarissimi per la miniatura,
opera veramente inarriuabile, e sono
vno di animali espressi al viuo con la loro descrittione, e natura; vn Dante figu-
rato di miniatura antica moderna, di
tutta vaghezza, & due altri, che contengono la vita di due Duchi d'Vrbino, che
senza esageratione sono inarriuabili; vi
è vn libro intitolato il Pansa, che parla, e tratta di questa sontuosa Biblioteca; si vede di nuouo in vn stanzione riposta in Armarij vaghi la Libraria ma-
noscritta della Regina Christina di Suetia consistente in 1900. libri, comprata
dalla glor. mem. d'Alessandro Ottauo,
e dal medesimo donata alla Vaticana,
come si legge nella memoria eretta in
detta stanza, e perciò è detta Biblioteca Alessandrina.

Vscirete dalla Libraria, & andarete
all'Armaria fatta da Vrbano Ottauo, è
assai bella, e vi è da armare 60. mila
soldati, cioè 20. mila Caualli, e 40. mila Fanti. Iui trouarete l'Armatura di
Carlo Borbone, che venne à dare il sacco à Roma, vi sono alcune altre Arma-

ture per Donne, e 5.mila Carabine, fatte venire à Roma da Aleſſandro Settimo da Breſcia; le Armi ſono beniſſimo
tenute dalli Suizzeri, che vi trauagliano
continuamente.

*Il Palazzo di Don Liuio Odeſcalchi
Duca di Bracciano, Prencipe
del Sacro Romano
Imperio.*

QVeſto nobiliſſimo Palazzo è vno
delli più belli di Roma per li ſuoi
ricchi ornamenti di Statue, e
Pitture, & Arazzi, & altre ricchezze.
Sotto il Portico vi ſono cinque ſtatue:
di Maſſimino, Claudio, Apollo, Cerere, & vn'altra creduta per vn Gioue.
Nel principio della ſcala la ſtatua di
Taleſtria Regina dell'Amazzoni con
lo ſcettro nella deſtra, e la ſiniſtra alza-
ta in atto di comandare. Entrarete nell'
Appartamento à terreno compoſto di 5
ſtanze con vna picciola Galleria; Li
Portali, ouero ſtipiti delle porte ſono
di verde antico; vi ſono 24. colonne di
diuerſi marmi rari, ſopra delle quali vi
ſono poſti diuerſi buſti antichi d'Imperadori, & altri. Nella prima ſtanza ſi
ammirano le ſeguenti ſtatue, cioè Cleopatra colcata, rara; vn Bue, & vna Vacca, creduti per quelli, che adoperò Romolo

molo per fare il folco della Città quadrata, come parla Tito Liuio ; la ftatua di Giulio Cefare velato ; Augufto, vt Fauno, Adone, il ritratto di Don Liuio fatto da Francefco Baratta . La feconda ftanza delle Mufe ; la bella ftatua di Apollo, con otto Mufe, ftatue belliffime, le Colonne di giallo antico, fopra vi fono pofti li bufti delli 12. Cefari moderni. La terza ftanza ; le due Colonne di verde antico, la bella ftatua di Clitia, la quale fi trafmutò in Girafole, effendo innamorata del Sole, e ftà in atto di guardarlo, fecondo che camina Ouid. lib. 4. delle Metamorfofi. La quarta ftanza; le due rare ftature di Caftore, e Polluce congiunte, le quali erano auanti la porta del Tempio di Gioue Tonante : fatte da Igia celebre Scultore, come vuole Bartolomeo Marliani, la ftatua di Leda con vn'ouo in mano, dal quale nacquero li due Gemelli Caftore, e Polluce, la Venere coperta di vn finiffimo panno, non sò fe in Roma vi fia vna Venere più bella di quefta, il bufto di Aleffandro Magno, di Antinoo, e di Pirro Rè degl'Epiroti, rari; due Amori che fcherzano con vna palma, fcolpiti da Domenico Guidi, due Colonne d' Alabaftro Cotognino. La quinta ftanza ; la bella ftatua di Giulio Cefare, il corpo è d'Agata Orientale, il manto d'Alad'Alabaſtro moderno, il reſto di bronzo indorato; la compagna di queſta è di Auguſto con il corpo d'Alabaſtro Orientale, il reſto moderno come l'altra. Queſto Prencipe fà fare ancora dieci ſtatue ſimili per compire il numero delli 12. Ceſari, e ſarà vna gran rarità d'hauere li 12. Ceſari di queſta maniera, e credo, che neſſun Potentato hauerà vna rarità ſimile; il raro Fauncino con vn Capriolo in collo; Tolomeo Rè d'Egitto, ſtatua rara; le due Veneri, l'vna in piedi, e l'altra in atto di ſortire dal bagno, molto belle; il bel ritratto della Regina Chriſtina di Suezia, fatto dal Caualier Bernini, le due rare Colonne d'Agata Orientale, due altre Colonne d'Alabaſtro di Sicilia, la rara ſtatuetta ſedente di Seneca; in mezzo la ſtanza vi è vn Vaſo di vn Sepolcro di pietra Egittia, che ſerue per vna bella fontana con varij ſcherzi d'acqua, due belle Colonne di marmo bigio con varij fiori di pietre fine riportati, molto ſtimate. La picciola Galleria contigua, vi ſono molte ſtatue, buſti, e colonne: il bell'Altare antico molto raro, il quale poſa ſopra di vn perno di ferro per farlo girare, per ben vedere il baſſo rilieuo d'vn Baccanale d'vn gran guſto, vi è la famoſa teſta d'Aleſſandro Magno, di bronzo, più grande del naturale.

Mon-

Montarete per la scala grande all'
Appartamento nobile ; entrarete in Sala, la quale è magnifica per li ornamenti
delle pitture : Vi sono cinque pezzi di
Giulio Romano di cartone, tirati sopra
tela, rappresentano le fauole di Gioue,
di buon gusto , trè pezzi di Rubens, il
Martirio di S. Apollonia con molte
figure, dipinto da Giouanni Bonnati,
alcuni belli Paesi con figure di M. Bona
Villa, di buon gusto, il Ritratto del gran
Gustauo Adolfo, Rè di Suezia, Padre
della Regina Christina . L'Anticamera
è la prima delle 5. Camere, tutte ornate
di rarissime pitture , che già furono della detta Regina Christina : la Madonna con il Bambino dell'Albano, la Venere con Cupido di Titiano, l'altra Venere del medesimo , la Donna Adultera
dell'istesso , vn Baccanale con molte figure di Carlo Maratti , vi sono 5. pezzi
di Rubens, l'vno è l'historia di Ciro Rè
di Persia , vn'altro del medesimo , che
rappresenta il fatto bellissimo di Scipione Africano, quando gli fù presen-
tata quella Donna in Spagna. Tito Liuio : il ritratto di Tomasso Moro dipinto dal famoso Vandich ; vi sono 5. rari
pezzi del Correggio, che rappresentano alcune fauole, quattordici pezzi di
Paolo Veronese, singolari. L'altro Appartamento doue dà vdienza la Regina
B 5 di

di Polonia, ornato di vaghe tapezzarie:
la stanza d'vdienza è ornata di broccato d'oro, e d'argento, con il Baldachino con il fregio tutto di broccato d'oro:
il letto doue dorme la detta Regina è
di broccato pauonazzo con l'apparato,
e sedie tutto costa con la stanza d'vdienza 12. mila scudi; Questo Appartamento l'Inuerno è guarnito di bellissimi Arazzi lauorati di finissim'oro, al numero di 96. pezzi, quali rappresentano
l'historie di Cesare, e di Marc'Antonio
e Cleopatra, sono singolari per tutta
l'Europa, otto pezzi sono di Raffaelle,
dodici pezzi di Giulio Romano, il resto
di Rubens. Sua Eccellenza hà il bellissimo Studio di Medaglie antiche di ogni
genere, rarissime, e molti Medaglioni singolari, il famoso Cameo d'Agata Orientale, alto trè quarti di palmi, e largo
mezzo palmo, nel quale sono scolpite
le due bellissime teste in profilo di Alеs-
sandro Magno, e di Olimpia sua Madre,
& è questo vna delle cose singolari, che
si possono vedere in Roma per la rarità.
Denono sapere li Signori Curiosi, che
in questo Palazzo sono tutte cose singolari, che furono della Regina Christina
di Suezia; Dopo la sua morte il Signor
Prencipe Don Liuio hà comperato il
tutto.

Il Palazzo del Duca di Parma alla Longara.

IN questo Palazzo vedrete la Galleria dipinta à fresco dal gran Raffaelle d'Vrbino, che rappresenta il conuito delli Dei. Sotto la Loggia vi è la bella, e rara Galatea dipinta dal medesimo, nel muro in alto vedrete vna Testa disegnata con il carbone da Michel'Angelo Buonarota, di sopra vi è vna stanza dipinta à fresco da *Giulio Romano*, nella sala sopra il camino vi è la Fucina di Vulcano dipinta à fresco, si dice, da Raffaelle.

Del Palazzo Farnese vicino à Campo di Fiore.

IL Palazzo Farnese è il più bello di Roma per l'Architettura del famoso Michel'Angelo Buonarota, è quadro perfetto; Il più bello della fabrica è il Cornicione sù l'alto dalla parte di fuora, fù fatto delli Trauertini dell'Anfiteatro di Vespasiano. Nel Cortile vi sono belle Statue, il famoso Hercole, che fù trouato nelli bagni di Tito Vespasiano, doue sono hoggi le sette Sale, la Flora, della quale il più bello, è il panneggiamento. L'Imperadore Com-

mo-

modo, che tiene vn Giouanetto in spal-
la, in habito di Gladiatore. Sotto alla
Loggia la statua di Augusto, in vna stanza la Dirce legata al Toro, opera di Ap-
pollonio, e Taurisco famosi Artefici.
L'Istoria di questo Toro con Dirce legata è la seguente. Zeto, & Anfione,
figlioli di Lyco Rè de' Tebani, e di An-
tiopa sua moglie, volendo vendicare la
madre contro Dirce, per causa della
quale la loro genitrice era stata tenuta
prigione dal Rè suo marito, la legaro-
no per li Crini alle corna d' vn ferocis-
simo Toro, e miseramente morì, vedasi
Apollodoro nell'origine delli Dei, questo è il più gran pezzo, che sia in Roma,
Antonino Caracalla lo fece portare da
Rodi à Roma, e lo fece mettere per ornamento nelli suoi famosi bagni. Al
tempo di Paolo Terzo fù trouato sotto
terra, e portato in questo Palazzo per
conseruarlo, la più bella cosa di questa
scoltura è la corda intiera, che tiene legata la Donna per li capelli alle corna
del Toro. Qui ancora vedrete la bella
figura di Augusto à cauallo, di marmo,
il busto di Antinoo di buon Maestro;
vi è gran quantità di Teste di diuerse
Deità antiche, e molti frammenti di
statue rotte. Sotto la Loggia in alto le
due Teste Colossi di buon Maestro, l'vna
è di Vespasiano, l'altra d'Antonino Pio

Impe-

Imperadori. Si và di sopra per la scala grande, e si vedono li due fiumi, il Teuere, & il Teuerone. In mezzo à questi due fiumi vi è il Fanciullo Arione sopra il Delfino, con le gambe all' insù auuitichiato con la coda del Delfino.

Nell'Appartamento, in sala la bella statua d'Alessandro Farnese con vna vittoria, che l'incorona, e le figure che tiene sotto alli piedi rappresentano li Paesi bassi soggiogati dal medesimo, fatta da Simone Machelli da Massa di Carrara. Vi sono diuersi Gladiatori, e busti d'Imperadori. Il bel Camino fatto di marmi fini, dalle bande le due figure di marmo, colcate sopra Cassoni di legno, del Porta Milanese. Nell'Anticamera le pitture à fresco di Taddeo Zucchero, che rappresentano l' historie d'Alessandro Farnese in Fiandra. La pace che fà Carlo Quinto con Francesco Primo, Martin Lutero, che parla col Cardinal Gaetano, la stanza doue sono dodici busti di diuersi Imperadori. di Marco Aurelio, di Commodo, di Traiano, d'Adriano, Vespasiano, Tito, Domitiano, Giulio Cesare, la più bella testa, e busto, è di Antonino Caracalla; la Sepoltura antica con basso rilieuo di Sileno, e Bacco, la bella figurina di Meleagro, di pietra rossa Egittia. Due figure à cauallo di Tancredi, e Clorin-

mo,

moribonda . La Tauola d'Alabaftro
Orientale . Nel Camerino le pitture à
frefco , & ad oglio del Caracci . Due
Idoli della falute con ferpenti di bronzo antichi moderni . La ftanza delli
Filofofi, di marmo, di Seneca, Solone,
M. Aurelio , Omero , Diogene , Mitridate, la Vergine Veftale, Virgilio , e la
bella Tefta di Cicerone , vna Tauola di
pietre fine con belli pezzi di Agata riportati di fopra, quefta tauola è ftimata
molti denari, & è la più grande che fia
in Roma .

La Galleria dipinta à frefco da Annibale Caracci ; che rapprefenta li fal-
fi Dei , e l'Andromeda , la madre
della quale fece à gara della fua bellezza con le Ninfe marine, per la qual
cofa la figlia fù efpofta ad effere diuora-
ta da quel Dragone, fù poi liberata da
Perfeo . *Ouid.* La ftatua d'Apollo di
pietra nera chiamata felce , è di buona maniera, l'Antinoò , Ganimede, vn
Fauno ; d'abaffo fotto la loggia dentro
d'vna ftanza vi è vn belliffimo Antonino Caracalla grande del naturale di
marmo, d'vn eccellente Maeftro; Atlante, con il mondo fopra le fpalle, il Corpo della Madre natura, cioè di Diana
Efefia, di buona maniera . Nella piazza
le due belle Fontane con due gran vafi
di granito Orientale , furono trouati
nelli

nelli Bagni di Antonino Caracalla.
Nel Palazzetto detto il picciolo Farnese vicino alla Chiesa della Morte vi è
vn Camerino detto del Romito, dipinto dal famoso Domenichino.

Del Palazzo de' Signori Pichini.

QVesto Palazzo è nella Piazza Farnese, dentro del quale vi sono
alcune belle Statue, trà le altre vi è il
bellissimo Adone, ò Meleagro, di vn singolar Maestro, è stimata 40. mila scudi;
la Venere, & vn Lupo assai bello.

Del Palazzo Spada.

QVesto Palazzo è posto nella parte
più nobile di Roma, è d'vna buona Architettura della bon. memor. del
Cardinal Bernardino Spada. Nel Cortile le muraglie sono incrostate di bassi
rilieui, e così di fuora: vi sono diuerse
Statue, trà le altre il famoso Pompeo
Magno, rarissimo. Vi sono rarissime pitture, trè le quali Didone, che si vccide
da se stessa fatta dal Guercino, Elena fugitiua con Paride, opera singolare di
Guido Reni. Vi sono altre rare pitture di valenti Maestri. Il bel quadro ra-
presentante la morte di Lucretia Romana, con molte altre figure, fatto da Danielle Tedesco. Quattro pezzi di Fa-
bri-

britio Chiari di buon gusto; l'Anticamera dipinta à fresco da Tadeo Zucchero, rappresenta tutte nudità di vn grandissimo gusto. La Sala dipinta dal Mo-
relli: non mancarete di vedere il bel
Giardino ornato al suo tempo di belli
fiori, nel quale vi sono molte vaghe
Fontane, che lo rendono vago, e bello.

Del Palazzo del Prencipe Giustiniani.

Vicino alla Rotonda stà il Palazzo
Giustiniano, nel quale vi sono
belle Statue al numero di 1867. e 636.
quadri; non vi è Palazzo in Roma, che
habbia tante Statue, come di quèsto
Prencipe. Per le scale il Caligola, Apollo, Domitiano, M. Aurelio, Sant'Elena, Clodio Albino, Antinoò, vn basso
rilieuo di Amalca raro.

Nella Sala la Roma trionfante, due
Gladiatori, che combattono, Marcello
Console, la Testa della Sibilla Tiburtina, rara. Nell'Anticamera il famoso
quadro di Nostro Signore auanti Pilato, fatto dal buon Vecchio Titiano, la
Cena di Nostro Signor dell'Albano, li
Dodici Apostoli, e Nostro Signore, e
la Madonna anco dell'Albano, vna Madonna di Raffaelle, trè Amorini, che
dormono, di marmo, rarissimi. Il Christo
nell'

nell'Horto di Titiano . Nell'altra stanza la trasfiguratione del Guercino, Nostro Signore in Croce del Carauaggio ;
la testa di Giulia Pia di marmo, la quarta stanza , vn Christo del Spadarino .
Nella quinta stanza quattro quadri del
Parmigianino,che rappresentano,il primo Santa Maria Madalena , quando fù
conuertita da Nostro Signore ; il secondo quando il medesimo illuminò il Cieco nato , il terzo quando risuscitò il Figlio della Vedoua, e l'altro, Nostro Signore in atto di dare il suo ritratto ad
vn Pittore .

Nella sesta stanza le Nozze di Cana
di Galilea di Paolo Veronese, il martirio di S. Pietro di Luca Saltarello Genouese , la Testa d'Alessandro Magno
di pietra del paragone, la Testa di Massimo Cesare di Serpentino , Scipione
Africano di pietra Egittia .

Nella settima Camera,il quadro della morte di Seneca del Lanfranchi , la
strage dell'Innocenti di Monsù Possini ,
l'Ercole di metallo alto trè palmi,raro,
il Mercurio moderno della medesima
altezza di Francesco Fiamengo ; vn
piccolo Idolo Egittio, la Madalena del
Spagnoletto . Nella Galleria si vede vn
grandissimo numero di Statue di marmo , Minerua stimata 60. mila scudi , il
busto di Agrippina, Sant'Elena, Traiano

no, Leda, Giulio Cefare, la rara tefta di
Socrate, Martiana, Giulia Titi, l'Imperadore Giuftiniano, Vitellio, Fauftina
la Giouine, Diana, il Figliuolo del Caualier Bernino fatto dal detto Caualiere. La famofa tefta d'Homero, vna bella Vergine Veftale, la più rara cofa che
fia in quefta Galleria è il Caprone.

Vfcirete dalla Galleria voltarete à
mano dritta, vedrete belli quadri del
Caracci, di Monfieur Lonuet, di Pietro
Perugino, del Borgognone, del Mola,
di Paolo Veronefe, & vna Madonna
del Poffini. Nell' altra ftanza che fegue, vi fono alcuni Euangelifti, San
Luca del Carauaggio, San Giouanni
del Domenichino, l'altro dell'Albano,
e l'altro S. Giouanni di Raffaelle d'Vrbino. La bella tefta di Nerone di marmo, & è la più bella che fia in Roma di
queft'Imperadore, S. Paolo, e S. Antonio
Abbate di Guido Reno.

Nell' Vndecima ftanza la rara figura
di Noftro Signore morto, con Nicode-
mo, fatto da Michel'Angelo Buonarota, Noftro Signore quando incontrò
S. Pietro, che fuggiua da Roma nella
Via Appia, è fingolare pittura del Domenichino, l'altro incontro rapprefenta quando Noftro Signore liberò quella
Donna dal corfo del fangue folo per ha-
uergli toccato il lembo della facra Ve-
fte.

ſte. Il quadro di S. Luca di Guido Reno, la ſentenza di Seneca del Caualier
Lanfranchi, molte porte di queſte ſtanze hanno li ſtipiti di verde antico bel-
liſſimi. Nella Cappella ſecreta doue ſi
dice Meſſa ogni mattina vi è il bel quadro della Madonna dipinto dal famoſo
Titiano.

Nell'Appartamento nuouo, il ritratto del Signor Prencipe Giuſtiniano il
Vecchio, di marmo, fatto dal Caualier
Bernino. Vna bella Teſta di Gioue
Ammone, la teſta d'vn Toro, e d'vn Cauallo, di marmo; la bella Diana Efeſia,
rara; l'Ermafrodito, il ritratto d'Innocenzo Decimo di terſa cotta, fatto dal
Bernino, vna Madonna fatta dal famoſo Correggio, pittura ſingolare. Il Chriſto che parla alla Madonna del Caracci, S. Pietro quando nega Noſtro Signore del Carauaggio, vna Madonna di
Raffaelle, vn'altra Madonna di Michel'
Angelo Buonarota: vi ſono molte altre coſe, che ſi tralaſciano per non eſſere troppo lungo, credendo, che baſti
d'hauer deſcritto il più raro.

Nel Cortile vedrete confitti nelli
muri molti baſſi rilieui, la bella ſtatua di
Scipione Africano, le due Teſte, vna di
Tito, e l'altra di Tiberio Ceſare.

Del

Del Palazzo Altieri al Giesù.

Qvesto Palazzo era prima l'habitatione della fel. mem. di Clemente X. hoggi è ingrandito dalla splendidezza della bon. mem del Card. Altieri.
Questo bell' edificio hà quattro gran
Porte, che lo rendono maestoso, è Architettura mirabile di Carlo Antonino
de Rossi; la scala è magnifica, è la più
bella che sia in Roma per il spatio che
piglia, vi sono due gran Cortili.

Mell'Appartamento à terreno vi sono Statue, e pitture, vna Madonna del
Vandich, vna Madonna del Caracci, &
altri Pittori rari, le statue, due Veneri,
la rara Testa di Piscenio Nigri.

Nell'Appartamento di sopra vi è vn
Specchio, che pesa quattordici libre,
d'oro con la luce di Cristallo, è ornato
di belle gioie di Zaffiri, Topatij, Sme-
raldi, e Diamanti; tutto si stima 20. mila doppie, è il più ricco Specchio, che
sia in Roma, la Grotta, che rappresenta
vn Remitaggio, è disegno di Cio: Paolo Schor; la Roma trionfante di verde
antico.

Nell'Appartamento della Sig. Prin-
cipessa vi sono belle Tapezzarie, Arazzi lauorati à oro, vn Gabinetto d'ebano, e d'argento, di dentro vi sono li vasi
del

del fornimento d'vna Spetieria di oro, di valore di 10. mila scudi. La stanza doue si dà vdienza l'Estate, è adobbata di Arazzi à oro, & è disegno di Giulio Romano, nella Galleria vi sono due Colonne di Alabastro Orientale.

L'Appartamento del Sig. D. Gasparo, è vno delli belli che sia in Roma, è ornato di belle, e ricche Tapezzarie di broccato d'oro. Vi sono due Tauolini di Lapislazzaro; le pitture à fresco nella Volta, la prima il Carro del Sole di Fabritio Chiari, nel letto doue Sua Eccellenza si riposa l'Estate, vi sono trè Amorini dipinti sopra al cristallo da Carlo Maratti, costano 100. doppie, nell'altra stanza dell'vdienza, le rare pitture di Carlo Maratti. Ciascuna figura è pagata cento scudi, l'altra stanza è dipinta da Carlone allieuo di Carlo Maratti. Vedrete la Cappella ornata di pitture del Borgognone à fresco. In questa Cappella vi sono quattro bellissimi Corpi Santi.

Passarete per la Sala, entrarete nell' Appartamento del Signor Cardinale Altieri, doue riceue le visite, è tutto ornato di Tapezzarie di Damasco con ricca guarnitura d'oro, vna stanza guarnita d'vn ricco Apparato di broccato d'oro cremesino, con vn letto compagno di 40. mila scudi. Il Camerone doue

doue fono buone pitture , le quattro
Stagioni di Guido Reni , le due Battaglie del Borgognone , due quadri del
Domenichino, Venere, e Marte di Paolo Veronefe, la Cena di Noftro Signore
di Mutiano , la Strage degl' Innocenti
del Poffini, la Madonna del Correggio;
il San Gaetano di Carlo Maratti, la bella Sala , che hoggi dipinge à frefco il
Sig. Carlo Maratti, quando farà finita ,
farà vna delle belle cofe, che haurà fatto in Roma . La Cappella doue fente
Meffa il Signor Cardinale Altieri , il
quadro è fatto dal Borgognone . L'Appartamento di fopra doue dorme Sua
Eminenza , è tutto ornato di Tapezzarie
di Fiandra . Il letto , doue dorme ,
era di Filippo Quarto Rè di Spagna, il
Rè lo donò al Card. Marefcotti , & il
detto Card. lo donò alla bon. mem. del
Card. Altieri . Vedrete li Mezzanini ,
doue fono due belli Appartamenti, vno
per l'Eftate , e l'altro per l'Inuerno ; vi
è il quadro dell'Anfiteatro, dipinto da
Bibbiano Codazza Napolitano , nella
Biblioteca, doue ftudiano li Nepoti del
detto Cardinale , vi è vna Madonna di
Raffaelle d'Vrbino . Andarete di fopra
alla Biblioteca, la quale è magnifica, &
è vna delle belle di Roma , è coftata al
detto Cardinale cento mila fcudi ; doue
fono libri manofcritti rariffimi , miniatura ,

ture, Carta di scorze d'arbore, libri
Chinesi, e le lettere manoscritte del
Card. Mazzarino.

Del Palazzo Borghese.

QVesto ricchissimo Palazzo si puole
paragonare alle grandezze degl'
Antichi Romani, al tempo, che questa
nobil Città era in fiore, per le sue belle
rarità; è posto nel Campo Marzo vicino à Ripetta. Nel Cortile li Portici, e
Loggie sono sostentati da cento Colonne di granito orientale, con le trè statue,
di Giulia Pia, di Faustina, e di Sabina,
& il corpo di vna Amazzone di vn singolar Maestro. Nel Giardinetto vi sono diuerse Statue, e stucchi per ornamento alle belle fontane, che vi sono
dell'Acqua Vergine, vi sono quantità
di vasi d'Agrumi d'ogni sorte. Vicino
alla scala vi sono belli scherzi d'Acqua
per le Dame.

Il famoso Appartamento à terreno
doue dimora il Signor Prencipe l'Estate, hà dodici stanze tutte ornate di rare,
e vaghe pitture, di numero mille, e settecento tutte originali, farò mentione
d'alcuni pezzi più rari, perche à farne
mentione di tutti, sarebbe troppo longo il discorso; dico bene, che sono delli migliori Pittori delli Secoli passati.
Nella

Nella prima stanza li due quadretti Buali di Nostro Signore, e la Madonna di Raffaelle d'Vrbino; Due quadri tondi, vno del Garlandaro, e l'altro del Pollarolo, sono li più antichi, che siano in questo Appartamento.

Nella seconda stanza il S. Francesco di Iacomo Bronzino, due Madonne rotonde di Raffaelle, Santa Cecilia del famoso Coreggio, Il bagno di Diana del Domenichino. Vn bellissimo vaso, ò sepolcro di porfido, stimato 30. mila scudi.

Nella terza stanza, Santa Catarina di Raffaelle, cosa singolare. La Donna adultera di Titiano. Vlisse, e Polifemo del Caualier Lanfranchi. Il Cardinale Borgia, & il Macchiauelli di Raffaelle. La Cena di Nostro Signore con gl'Apostoli di Titiano, vna Tauola di Diaspro Orientale, stimata 12. mila scudi.

Nella quarta Camera vi sono le quattro Stagioni dell'Albano, vn Christo in Croce fatto da Michel'Angelo Buonarota, fatto come si dice dal naturale; cioè che legasse vn Facchino suo Compare in Croce, e doppo che li desse alcune ferite per esprimere al viuo l'atto di moribondo. Il ritratto di Raffaelle fatto da Giulio Romano. Il ritratto di Bramante Maestro di Michel'Angelo Buonarota, di Titiano.

Nella

Nella quinta ſtanza dell'vdienza vi è il ritratto di vn Maeſtro di ſcola di Titiano. L'Amore profano, e l'Amore Diuino, ſingolare pittura di Titiano. Il ritratto di Martino Lutero del medeſimo Titiano. Due Teſte del Coreggio. Le trè gratie famoſiſſima pittura di Titiano. Vn quadro che rappreſenta la pittura, & Architettura di Michel'Angelo Buonarota. Vn quadro del Bordonone con tutta la ſua famiglia.

Nella ſeſta ſtanza, doue ripoſa Sua Eccellenza il giorno, vi ſono belliſſime pitture. Le due Veneri ſopra la porta di Titiano. Leda di Leonardo da Vinci. La Pſiche famoſa di Titiano; vn Baccanale di belle Donne di Lauinia Fontana.

Nella famoſa Galleria veramente mirabile ornata di ſtucchi, e baſſi rilieui tutta meſſa à oro, vi ſono le due Fontane di Alabaſtro Orientale con due Tauolini compagni. Vi ſono otto Specchi ornati di figure da Ciro Ferri, e li fiori dal Stanchi. Li dodici Ceſari di Porfido con buſti d'Alabaſtro Cotognino rariſſimi, e quattro Conſoli ſimili.

Nell'altra ſtanza vi ſono belle pitture in piccolo, la più rara coſa, che vi ſia è il ritratto di Paolo V. fatto di Moſaico da Giacomo Prouenzale, nella faccia ſolamente vi ſono vn milione, e

C   ſet-

settecento mila pietre . L'Orfeo del medefimo Maeftro . Vi fono otto belli difegni di Raffaelle , e di Giulio Romano . La Villa Borghefe dipinta dal Tempefta .

Nella ftanza , doue fi fà ricreatione , vi è vna bella Tauola di Alabaftro Cotognino . Li Paefi à frefco dipinti da Gio: Francefco Bolognefe ; montarete alla Ringhiera , vedrete la profpettiua del fiume .

Nell'Appartamento della Sig. Principeffa per l'Eftate , nella prima ftanza vi fono due gran letti ornati di tela d' oro verde , e vi fono rare pitture , vn Baccanale di Guido Reni , alcuui Paefi di Paolo Brilli , vn Chrifto in Croce di Giulio Romano, & vn picciolo difegno di Raffaelle .

Nella ftanza dell'vdienza vi fono due fontane di Alabaftro , due Chrifti , S. Giouanni di Raffaelle , S. Antonino di Paolo Veronefe , il ritratto di Titiano con la fua Donna,fatto da lui medefimo .

Nella terza ftanza vi è vna Madonna di Raffaelle , & è la più bella che fia in Roma di quefto Autore . Vn' altra Madonna di Titiano . Il S. Giouanni del Bronzini molto buono fatto à profpettiua . In quefto Appartamento vi fono 300. pezzi di quadri di Raffaelle , e di

Ti-

Titiano, e tutto l'Appartamento si stima due milioni. In tutto questo nobile Palazzo vi sono settantadue Porte di noce con li Portali, ò stipiti di Alabastro Cotognino .

Andàrete per vna scaletta alli Mezzanini dipinti à fresco dal Tempesta, e dal Manciola, li belli Paesi di Gasparo Possini, le figure di Ciro Ferri, e di Pietro dà Cortona.

Nell'Appartamento di sopra nobile, vi sono belle pitture à fresco, il ratto delle Sabine del Cappuccino Laico. La Regina Saba quando và à visitare il Rè Salomone del medesimo Cappuccino, così le pitture nel Soffitto del medesimo .

Nell'Appartamento del Sig. Prencipe per l'Inuerno vi sono anco belle Pitture del medesimo Cappuccino. Vi sono belle Tapezzarie, & Arazzi. Trà gl'altri vna Camera, che è disegno di Paolo Veronese, stimata 40. mila scudi, vi è vn'Oratorio bellissimo con vaghi ornamenti d'oro, e d'argento; essendo tutte cose veramente degne da vedersi .

Del Palazzo di Don Agoſtino Ghigi Prencipe del Sacro Romano Imperio.

Queſto grandiſſimo Palazzo io l'hò veduto fabricare dalli fondamenti al tempo di Aleſſandro Settimo di queſta Famiglia Ghigi, è di bella Architettura del Caualier Bernini, vi ſono rare curioſità, Tapezzarie, Pitture, e Statue, che furono del defonto Cardinale Flauio Ghigi. Nell'Appartamento à terreno di 5. ſtanze, ornato di Statue al numero di 95. vi è il buſto di M. Aurelio, bello, la rara ſtatua di Agrippina con il ſcettro nella deſtra, la Vergine Veſtale con il criuello nelle mani: dice Liuio, che queſta Vergine fù accuſata della ſua Pudicitia, li fù comandato, che pigliaſſe vn criuello, e che andaſſe ad empirlo d'acqua nel Teuere, vi andò, e lo portò pieno, ſenza che glie ne cadeſſe pur vna goccia, coſì furono certi della ſua Pudicitia: la ſtatua di Sileno, rara, quattro Gladiatori in atto di combattere, molto belli, il raro Gladiatore moribondo, quattro Colonne di Giallo antico, vn'altra Colonna ſcannellata di Alabaſtro Orientale, rariſſima, alta 7. palmi, ſopra la detta colonna vi è vn belliſſimo vaſo di vn'

vrna

vrna di verde molto raro, la statua di
S. Gio: Battista fatta dal Mochi, rara,
S. Maria Madalena bellissima statua
colcata di eccellente Maestro; Di quì
montarete di sopra per la gran scala,
entrarete nell' Appartamento nobile
di 10. stanze, cinque delle quali sono
ornate di bellissime pitture di tutti i
migliori Artefici, che sono stati, e che
sono al presente, alla fine di queste vi è
la famosa Galleria, ancora ornata di rare Pitture, come l'altre stanze, vi sono
all' intorno sopra scabelloni 38. busti
d'Imperadori, & altri Personaggi antichi, vn bellissimo quadro di San Pietro
con molte figure, che libera lo Strop-
piato del Ciccoli, vna Madonna dell'
Albano, vn'altra di Carlo Maratti, la
bella Lucrezia di Guido Reni, il Christo
morto del Caracci, l' Angiolo Cu-
stode in picciolo dell'Albano, pezzo raro, vna Donna nuda con molte altre figure di Rubens, Diana con Adone di
gran gusto del Baciccio; Nostro Signore
alla Colonna del Guercino. Il bell'
Appartamento dell'vdienza guarnito di
ricche Tapezzarie; vi è la Madonna con
il Bambino, e S. Giouannino, S. Anna,
& vn' altra figura, di Guido Reni, fatto
con il telaro d'vn gusto inestimabile. A
scriuere li quadri rari di questo nobile
Appartamento, vi vorrebbe vn libro in-

tiero, perciò ſi tralaſcia, per non eſſere troppo tedioſo, ſolo dico, che neſſun Curioſo douerebbe laſciare di vedere queſto Palazzo.

Del Palazzo del Conteſtabile Colonna Duca di Paliano.

QVeſto famoſo Palazzo è molto grande, e commodo, benche di fuori non habbia facciata; Tiene queſto Prencipe vna belliſſima Corte, doue ſi fà ogni mattina il maneggio de' Caualli, & hà vna bella Stalla di nobili caualli, così da carrozza, come da maneggio, particolarmente di Giannetti di Spagna. Di quì andarete nell'Appartamento à terreno ornato di Statue, e Pitture. Vi ſi ammira il baſſo rilieuo di marmo di Omero còn l'Iſcrittione Greca dell'opere di queſto Poeta, ſpiegata dal Signor Gio: Pietro Bellori, oue dice, che queſto baſſo rilieuo rappreſenti la Deificatione d'Omero; l'altra è là Deificatione di Claudio con la ſua teſta radiata ſopra l'Aquila, e trofei de'Britannici: la teſta, e buſto di Martiana, raro; Andarete auanti, vedrete la vaga ſtanza, doue dà vdienza la Signora Ducheſſa di Paliano, moglie del Conteſtabile; ornata di belli quadri di fiori, e frutti, dipinti da Paolucci, e da

Mario

Mario de' fiori, fingolari Pittori : vi è la tefta di marmo di Agrippina maggiore : vi è vn quadro, che rapprefenta il Trionfo di M. Antonio Colonna della vittoria di Lepanto, dipinto, come fi crede, dal Carofello : Vi è il bagno, doue Sua Eccellenza fi bagna l'Eftate ; Di quì falirete pochi fcalini di vna picciola fcala, doue fono li Mezzanini per l'Inuerno : vi è l'Eremitaggio dipinto à frefco da Gio: Paolo Schor Tedefco : quiui è vna gran feneftra, che guarda la ftalla ; Di quì tornarete indietro, per vedere l'altro Appartamento à terreno dell' vdienza del Sig. Conteftabile per l'Eftate : falirete alcuni fcalini dell'Anticamera, doue in mezzo vi è la fontana, che fà molti fcherzi d'acqua, vi fono alcune ftatue, mà non cofe fingolari : le Picture à frefco in alto all' intorno del Mauciola, raprefentano il Ponte d'Oratio Coclite, il trionfo di Coftantino Magno, & altre. La feconda ftanza, li belli Paefi à frefco di Gafparo Poffini di vn gufto fingolare, vicino la feneftra vi è la bella Colonna di pietra Egittia roffa ornata di diuerfe figure legionarie à cauallo con l'infegne di guerra degli antichi Romani, fopra vi è la ftatuetta di Pallade, antica, quefta colonna è molto rara. Nella ftanza che fegue, il S. Girolamo d'auorio, vna teftina d

C 4   Ne-

Nerone di bronzo, il raro busto d'Agata Orientale con la testa di marmo d'
Annio Vero, è vnica in Roma, il busto
del Cardinal Girolamo Colonna, il
quale morì al Finale di Milano, mentre
che andò per accompagnare Margarita
d'Austria, che andaua à marito all' Imperadore Leopoldo, io mi trouai presente in Milano. In vna stanza più dentro vi è la famosa statua di M. Antonio
Colonna Generale di S. Chiesa al tempo di Pio V. contro il Turco nella battaglia di Lepanto, credo, che questa
statua sarà portata di sopra per ornamento della Galleria. Vscirete da questo Appartamento, montarete di sopra
la scala grande, doue è vna statua d'vn
Rè Barbaro, creduto per vn Pirro Rè
degl'Epiroti, la bella Testa Colosso d'
Alessandro Magno, vi si vede nel petto
il Cauallo Bucefalo: in cima alla scala
la testa di Medusa rotonda di Porfido;
entrarete in Sala, oue si vedono all'intorno alcuni quadri de' Cardinali,
Papi, che sono stati di questa Famiglia,
di sopra nella Volta le pitture del Lanfranchi. Passate nell'Appartamento d'
vdienza del Sig. Contestabile, ornato di
Tapezzarie di Fiandra; la stanza dell'
Arcoa tutta messa à oro, con vn letto di
broccato d'oro; più auanti vi è la stanza ornata di diuersi ritratti di Dame

Ita-

Italiane, e Foraſtiere, al numero di 50. in circa, vi è il ritratto di Sofia Dorotea Principeſſa di Bronſuich, e Lunemburg; Io la ſeruij in Roma per Antiquario. Vi è vn letto di legno tutto meſſo à oro, ornato di Caualli Marini, il quale haueua 170. canne di broccato d'oro, che lo copriua, fù fatto per la naſcita del Conteſtabile, che oggi viue, che Dio lo conſerui; Di quì entrarete nella Galleria, nella quale è delineato tutto il Mondo; di quì tornate à dietro, paſſarete per il paſſetto in forma di Corritore, che vi conduce alla merauiglia non ſolo di Roma, mà anco dell'Italia, queſta è la bella, e ricca Galleria, longa 280. palmi, larga 47. e mezzo: queſta belliſſima fabrica fù cominciata da Lorenzo Colonna Conteſtabile del Regno di Napoli, Padre del preſente, e finita dal detto, che oggi viue, pochi meſi ſono: li ornamenti di queſta delitioſa Machina ſarà impoſſibile di poterli deſcriuere, nondimeno dirò quello, che potrò: venimo al fatto: il pauimento di queſta ſontuoſa Galleria è tutto di Diaſpro di Sicilia, e marmo bianco, le 4. Colonne da capo, e da piedi grandi à proportione della fabrica, ſono di giallo antico, coſì li pilaſtri d'ambe le parti, tramezzati da Trofei d'armi meſſi à oro di queſta nobil Famiglia; dalle medeſime bande nelli

luo-

luoghi vani è tutto pieno di rare pitture, perciòche la maggior parte delli più
belli quadri della Cafa Colonna fono
in quefta Galleria: cominciaremo à parlare di quelli più fingolari, benche tutti
fiano rari : vi è vn quadro del facrificio
di Giulio Cefare del Montone, dipinto
da Carlo Maratti : Adamo & Eua del
Domenichino, vn quadro di molte figure di Nicolò Poffini, la Pietà di Guido Reni, l'Europa dell'Albani, l'Ecce
Homo del medefimo , molti Putti di
Rubens, vn quadro del Guercino, vna
famofa Madonna di Raffaelle d'Vrbino, rariffima , con Noftro Signore Bambino , con San Giouanni , e due figure
per parte di due Santi , e due Sante , di
fopra vi è il Padre Eterno con due Angioli , e due Cherubini , quefto è vn
quadro rariffimo del valore di 12. mila
fcudi, nel principio della Galleria verfo la Pilotta vi fono quattro Specchi ,
con fiori, dipinti da Mario de' fiori, fono
di grandiffimo gufto, e fono li più grandi che fiano in Roma: dalle parti della
porta, che và fopra al Ponte , vi fono
due belle Colonne di verde antico, di
fopra, la Volta è dipinta à frefco da
Gioseppe Chiari : à piedi della Galleria verfo il Cortile vi fono rare pitture,
tutti Paefi di Claudio Lorenefe , e del
Poffini, & alt ri pezzi dell'Albani : vicino

no alla porta dalle bande , le due Colonne di Giallo antico , affai belle due Studioli, l'vno d'Ebano , di baffo rilieuo dentro , e fuori, del valore d'otto mila fcudi : l'altro ancora d'Ebano , ornato di belliffimi pezzi d'Auorio in baffo rilieuo , il pezzo di mezzo molto bello , rapprefenta il Giuditio Vniuerfale , difegno del famofo Michel'Angelo Buonarota , quefto è del valore di 18. mila fcudi : nella Volta le pitture , quali rapprefentano molti Schiaui, & altre cofe della Cafa Colonna ; nella gran Volta di mezzo , dipinta à frefco da due Fratelli Lucchefi , fi rapprefenta la gran battaglia contro il Turco in Lepanto al tempo di Pio V. nella quale fù Generale Marc'Antonio Colonna ; quefta bella Galleria è Architettura di Gio: Paolo Schor Tedefco ; vi fono belle Statue al numero di 32. e molti bufti : Martia Regina delle Amazzoni, Traiano, la Mufa, la Flora, M. Aurelio, e Commodo Giouine, quattro Veneri affai belle ; vi faranno ancora in quefta Galleria alcuni belli Tauolini interfiati di pietre fine. Entrarete nell'Appartamento, che corrifponde fopra il Cortile ; la prima Camera della Sig. Principeffa , ornata di ricche Tapezzarie di Fiandra , con vn letto belliffimo , molto ricco d'oro, e belle fedie compagne;

C 6   ve-

vedrete il ricco Studiolo, del valore
di 17. mila scudi, ornato di pietre fine,
e rari Camei, frà li quali quello di Commodo con Martia Regina dell' Amazzoni, molto raro, con le 12. Colonnette d' Amatista Orientale; Seguitarete per l'Appartamento dell' vdienza, ornato di belle Tapezzarie di Fiandra, vi si vede vn' Orologio d'Ebano, e di argento, il quale segna l'hore, e i segni celesti del Sole, e della Luna, e camina vn'anno, quando è caricato. Montarete di sopra; vi è il vago Appartamento, detto li Mezzanini, doue il Sig. Contestabile dorme l'Inuerno, nel quale vi sono rare Galantarie, e Pitture in picciolo, ve ne sono quantità di Brugolo Olandese, due Paesi del Domenichino, & altre cose rare: vna stanza piena di diuersi Disegni singolari.

Del Palazzo Pontificio à Monte Cauallo.

IN questo Palazzo habita Sua Santità l'Estate, per essere in sito eminente, e gode vna bellissima vista di tutta la Città, essendoui aria esquisita; nella Piazza verso il mezzo giorno si vedono li due Colossi, dimostranti Castore, e Polluce con li due famosi Caualli di marmo, opera di Fidia, e Prassitele,

sin-

singolari Artefici Greci, furono questi portati in Roma da Tiridate Rè d'Armenia al tempo di Nerone, & vltimamente furono ritrouati nel Giardino del Conteſtabile Colonna; furono fatti collocare ſopra detto Monte da Siſto Quinto, per mano del famoſo Architetto Domenico Fontana, e per queſti Caualli ſi chiama Monte Cauallo, che prima era detto Monte Quirinale, da vn Tempio di Quirino, che iui era.

Entrarete poſcia nel Palazzo, e vedrete vn grande, e bel Cortile, longo 59. paſſi, e largo 27. e mezzo, circondato da vn belliſſimo Portico, ſalirete la ſcala, la quale è molta bella, e commoda, è duplicata, ſalendoſi per la medeſima da due parti, e conduce alla Sala Regia, doue Sua Santità riceue gl'Ambaſciatori Straordinarij delle Corone; ſi celebrano in queſta parimente li Conciſtori publici, e le Congregationi, che ſi fanno alla preſenza di Sua Santità per le Beatificazioni, e Canonizazioni de' Santi. Vi ſono belli quadri fatti dall' eccellente pennello di Carlo Maratti, il fregio all'intorno in alto è pittura del Caualier Lanfranchi, il baſſo rilieuo ſopra le porte della Cappella, di marmo, rappreſentante Noſtro Signore, che laua li piedi all'Apoſtoli, è di Domenico Fontana, la Cappella fatta da Paolo lo Quinto con la maggior parte del Palazzo è ornata di belle Tapezzarie di Damafco roffo, e pauonazzo con vn ricco gallone d'oro. Il quadro dell'Altare è fatto con l'ago, & è raro.

La Galleria è dipinta tutta à frefco da diuerfi buoni Pittori, l'hiftoria di Giofeppe con li Fratelli, è dipinta dal Mola. Giofuè quando fà fermare il Sole, e diuide il fiume Giordano, è di Gio: Miele, il Saule è di Fabritio Chiari, la battaglia di Giofuè è del Borgognone Gefuita, il Sacrificio d'Ifach è del Canino, il Rè Ciro di Ciro Ferri, Adamo, & Eua del Canino, l'Arca di Noè di Gio: Paolo Schor, la Madonna di Carlo Maratti, nelli Appartamenti Pontificij, ornati di ricche Tapezzarie di Damafco cremefino con gallone d'oro, vi è vn Chrifto in Rame dell'Albani. Nella Cappella il quadro dell' Annuntiata di Guido Reni, la Cuppoletta con tutto l'intorno à frefco, è del Caracci, come pure il fregio d'vna ftanza.

In quefto Palazzo vi fi contano mille, e fettecento Camere. Nell'Appartamento, doue habita il Cardinale primo Miniftro, vi è vn'Orologgio d'Ebano, che porta vn'anno, e fegna li fegni celefti, e cofta cinque mila fcudi.

Nel Giardino vi fono molte belle

Fon-

Fontane, e giochi d'acqua, vn bel vaſo
con il ſuo piedeſtallo di Porfido molto
raro, l'Organo fatto da Clemente Ottauo, con vna gran Tribuna, ornata
di molte figure di Moſaico, che rappreſentano molte coſe del Teſtamento Vecchio; di ſopra vicino al Palazzo vi ſono
due Idoli, e ſi dice, che foſſero nella
caſa aurea di Nerone, vi è parimente
l'Orologgio di marmo à Sole, il quale
fù proprio diſegno d' Vrbano Ottauo,
& è opera del Caualier Bernino, ſi vedono in queſto Giardino longhi, e vaghi Viali; in vna nicchia vi è la bella
Tauola di marmo colorita di vn certo
ſecreto penetrante nel marmo, che
forma Moiſè, che riceue la Legge da
Dio.

Del Palazzo del Prencipe di Paleſtrina alle quattro Fontane.

QVeſto grandiſſimo Palazzo è for-
mato di dieci Appartamenti no-
biliſſimi, tutti ben guarniti di quantità
di Statue, e di Pitture rare. L'Appartamento terreno del Sig. Cardinal Barbarino è di noue ſtanze, la prima delle
quali è ornata di molti ritratti di Titiano, e del Padouanino, trà queſti il ritratto di Raffaelle, dipinto da lui medeſimo, il ritratto del Cardinale Antonio,

nio, dipinto da Andrea Sacchi. La
Madonna con Noſtro Signore, e S. Giouanni di Raffaelle.

Nella ſeconda ſtanza ſi vede il Ciclopo del Caracci, il ritratto di Cleria
Farneſe, e di Scipione Gaetano, vn Puttino à freſco di Guido Reni, il ritratto
del Cardinal Carlo Barbarini hoggi viuente, fatto da Carlo Maratti, l'Europa
con altre figure, di Moſaico ritrouata in
Tiuoli, doue era la Villa di Adriano
Imperadore, il ritratto d'Vrbano Ottauo di terra cotta, fatto da vn Cieco,
leggendouiſi, *Giouanni Gambaſio Cieco
fece*. Vi ſono li due buſti di marmo del
Cardinal Antonio, e di Don Taddeo,
fatti dal Bernini.

Nella terza ſtanza, la ſtatua dell'Imperadore Settimio Seuero di bronzo,
Narciſo, di marmo, di vn buoniſſimo
Maeſtro, il Gladiatore, vn Vaſo con il
ſuo boccale di Raffaelle, la Madonna di
Carlo Maratti, vn Chriſto morto del
Caracci, vn'altro conſimile di Federico Barocci, la teſta, e buſto della Conteſſa Matilde.

Nella quarta Camera vi è vn Specchio di criſtallo di monte con vn' Orologgio di dentro, intagliato, nel quale
vi ſi vedono intagliati con il Diamante
li ſegni celeſti del Zodiaco, la Venere
di marmo, il Bacco colcato ſopra di vn
se-

sepolcro antico, la bella Madalena di Guido Reni, rara, S. Francesco di Andrea Sacchi, e S. Stefano del Caracci.

Nella quinta stanza la statua di Marco Aurelio, quella di Diana Efesia, rara, e quella di Tiberio; vi sono belli quadri, e trà gl'altri l'Angelo, che lotta con Giacob del Carauaggio.

Nella sesta stanza la statua di Agrippina, e di Faustina, l'Idolo della salute con vn serpe di marmo, la Testa d'vn' oracolo, vna bella Testa di Antonino Caracalla: trà li quadri, li quattro Apostoli di Carlo Maratti, vn Sacrificio di Diana quadro singolare di Pietro da Cortona, & il Christo morto di Giacinto Brandi.

Nella settima stanza la statuetta di Seneca, trè Idoli Egittij di porfido, granito, griscio scuro, vn Idolo Romano dell'Abbondanza di bronzo, di buona maniera, li Baccanali, dipinti da Titiano, vintiotto pezzi d'huomini letterati antichi, e Filosofi ben dipinti dalla scola di Raffaelle, il ritratto del Prencipe Don Maffeo bon. mem.

Nell'ottaua stanza il Seneca, statua rara, il Fauno, che fù trouato nelli fossi di Castel Candolfo, è la più rara figura di marmo, che sia in questo Palazzo: la statua di vn Schiauo, che mangia vn braccio humano, il ritratto del Rè Giacomo,

como, e della Regina d'Inghilterra, dipinti da Carlo Maratti.

Nella Sala, che è la nona stanza, vi sono due grandi Sepolcri di marmo greco, il ritratto di Giouanni Terzo Rè di Polonia, e della Regina, di terra cotta, il ritratto del Rè d'Inghilterra Giacomo Secondo, di marmo, il ritratto del Prencipe di Razuil Ambasciatore al tempo di Vrbano Ottauo, dipinto da Andrea Sacchi, Caino, & Abele di Michele da Carauaggio; li vndici quadri sopra Cartoni di Andrea Sacchi, molto belli, e di buon disegno.

Nell'Appartamento di sopra verso Oriente, doue Sua Eminenza dà vdienza l'Estate, vi è il Rè di Polonia Giouanni III. con la Regina sua moglie in miniatura, il S. Bastiano del Lanfranchi, il Lot di Andrea Sacchi, l'altro sopra la porta di Pietro da Cortona, il ritratto del Cardinale Antonio di Carlo Maratti. La bella stanza, doue Sua Eminenza dorme, è ornata vagamente di Tapezzarie di color celeste, il quadro di Noè di Andrea Sacchi, le due rare Teste, l'vna di Giulio Cesare di pietra bigia Egittia, rarissima, e l'altra di Scipione Africano di giallo antico, rarissima, vn Studiolo, ornato di belle miniature da Raffaelle d'Vrbino, l'effigie di Vrbano Ottauo, la di cui Testa è

di bronzo, & il busto di porfido, fatto
dal Bernino, vi sono due quadri di Titiano. Nella stanza Ouale vi è vna
fontana di rame, sopra della quale è
posta vna Venere di bronzo anticomoderna, vi sono molti busti antichi : di
Nerone, Settimio Seuero, Massimino,
Massimo Cesare, vi sono parimente due
scanzie serrate con cristalli di diuerse
curiosità.

Nell' Appartamento d' Inuerno di
Sua Eminenza si trouano le seguenti
merauiglie . Nella prima Anticamera
la rara statua di Bruto con li due Figliuoli, Minerua, Plotina moglie di
Traiano, Cerere; vi sono pitture moderne, che rappresentano le Caccie, che
faceua il Cardinale Antonio Barbarini,
vn'Amazzone, & vn Idolo . Più in alto in questa Camera sono quantità di
quadri, che rappresentano la vita d'Vrbano VIII. di questa Famiglia Barbarina.

Nella seconda Anticamera vi sono trè
quadri, e sono li più grandi, che siano in
Roma, due del Romanello, che rappresentano il Conuito delli Dei, l'altro vn
Baccanale e la battaglia di Costantino
contro Massentio, & è bellissima copia
di Carlo Napolitano, li due busti di
Silla, e di Mario, rari, il bel Fauno, ò
Satiro, raro, di marmo.

Nell'

Nell' altre ſtanze vi ſono belle Tapezzarie di Fiandra, vi è vn bel ritratto
di vna Principeſſa di queſta Caſa, fatto
dal Caualier Bernino, di marmo, in cui
ſi vede la vaghezza della ſcoltura, il
buſto di Aleſſandro Magno, di Antigo-
ne, due Teſte di metallo, di Adriano, e
di Settimio Seuero, vna Madonna di
Titiano belliſſima, alcuni quadri ab-
bozzati da Raffaelle, la bella figura di
Diana, il di cui corpo è di Agata Orientale, & è vn pezzo ſingolare, la Teſta di
Tullia, rariſſima, moglie di Tarquinio
Superbo. Non mancarete di oſſernare
il Ponte, che minaccia ruina per caſca-
re, ed è fatto dal Caualier Lorenzo Bernini di vna Architettura molto curioſa.
Nella Volta della Sala principale del
Palazzo v'è l'arme del grand' Vrbano
Ottauo con molte fauole, dipinte à fre-
ſco dall' eccellente pennello di Pietro
da Cortona, & è vna delle belle coſe di
Roma.

Nell'Appartamento del Sig. Prencipe ſi oſſeruano l'infraſcritte merauiglie.
Nella Volta di vna ſtanza vi è la Diui-
na Sapienza, di pinta da Andrea Sacchi,
& è vna delle belle opere di queſto Autore. Vn Tauolino con otto ſedie di
argento, diſegno di Pietro da Cortona,
il bel Studiolo compoſto d'ebano, di
tartaruca, e d'argento, la di cui pittura è
di

di Pietro da Cortona , fù quèfto fatto in Germania, fotto al Baldachino il ritrat-to del Rè di Spagna, e fopra al tauolino vn Cauallo con la figura di Don Taddeo Barbarino, di bronzo in piccolo, molto bello , fatto dal Bernino . Vn Studiolo grande di paftiglia di Portogallo .

Nell'Appartamento del Signor Car-dinal Francefco Barbarino vi fi vede vna bella profpettiua , e lontananza di molte Camere , ornate di belle Tapez-zarie , e ricche Portiere, Vi è vn qua-dro di Luca Giordano , due quadri del Baffano , li ritratti di Vrbano Ottauo , del Card. Antonio, del Card. Cappu-cino , di Don Taddeo , dipinti da An-drea Sacchi, il ritratto à cauallo del Rè Giacomo d'Inghilterra, dipinto da Car-lo Maratti. L'Appartamento della Sig. Principeffa è molto ricco di Tapezza-rie, la ftanza d'vdienza è la più ricca per certo che fia in Roma, di broccato d'oro hiftoriato , rapprefenta belliffime hifto-rie antiche del Rè de' Cananei, che moffe guerra à gli Ifraeliti contro la vo-lontà di Dio, vi è il ricco Baldacchino compagno con le fedie parimente. L'al-tra ftanza di belle Tapezzarie non mi-nore della prima con il belliffimo letto, e fedie compagne, il tutto di ricchiffi-mo ricamo , tramezzàto di quantità di coralli ; Quefte due ricchiffime Camere

re fi dice, che vagliono 25.mila doppie;
Da tal prezzo li Curiofi potranno giu-
dicare la ricchezza.

L'Appartamento dell'Eftate del Sig.
Prencipe è ornato di belle Pitture, e di
Statue di gran valore.

Nella prima ftanza vi è vna bella
Fontana, dalla quale riforgono molti
fcherzi d'acqua.

Nella feconda ftanza le due Veneri,
dipinte da Titiano, e l'altra da Paolo
Veronefe. Vna Donna che fona l'Arpa
del Caualier Lanfranchi.

Nella terza ftanza vi è il ritratto della Donna di Raffaelle, dipinta dal medefimo, vn Puttino di Carlo Maratti,
con S. Giouanni, due belli pezzi, dipinti da Claudio Lorenefe, di grandiffimo
gufto. Lucretia Romana con Sefto Tarquinio del Romanelli.

Nella quarta Camera, trè Giocatori,
che giocano alle carte, opera di Michele da Carauaggio, & è pittura di
gran gufto; vna Donna che fona il Leu-
to, del medefimo: alcune teftine in vn
quadro fono del Parmigianino, vn tauolino di gioie commeffe, che è il più
bello, che fi troui in Roma.

Nella quinta ftanza, la Decollatione
di S. Gio: Battifta di Gio: Belino, vna
Pietà del Barocci, la Madalena di Titiano, la Tefta di Scipione Africano, di
marmo.   Nella

Nella festa stanza , il Battesimo di Nostro Siguore , e S. Giouanni di Andrea Sacchi , il S. Gregorio di Guido Reni, S. Rosalia di Carlo Maratti.

Nella settima stanza , la Madalena di Guido bellissima . Nostro Signore con la Samaritana del Caracci, vna Madonna di Raffaelle, trà le Statue , il Sileno , il Fauno, la Venere, & vn'altra, fono di buona maniera .

Nell' ottaua Camera , la morte di Germanico di Nicolò Poffini , che è vno delli belli quadri di Roma, dicono, che di questo il Gran Duca offeriffe 15. mila fcudi . Vna Madonna ouale fopra il rame di Guido Reni : vi fono ancora trè altre Camere, doue fono diuerfi ritratti di varij Pittori, e trà quefti il ritratto d'Vrbano Ottauo , di Mofaico : vi fono infiniti altri quadri , rari, li quali fi tralafciano, baftando folamente defcriuere le rarità , mentre il trattare di tutte le magnificenze di questo Palazzo, farebbe troppo longo .

Nell'Anticamera fi vede la figura di Diogene, il bel quadro del Carofello , del Tempefta, il Centefimo delli Giefuiti, la Cappella di Monte Cauallo , rapprefentante, quando Vrbano Ottauo diede la Prefettura à D. Taddeo fuo Fratello ; nella Sala li due bufti Coloffi di Traiano , e di Adriano , vn quadro,

che

che rapprefenta l'Imbarco della Regina
d'Vngaria nel Porto di Ancona , nella
Piazza di detto Palazzo vi è vn' Obelifco di molti pezzi con caratteri Egittij ,
il quale farà inalzato in faccia al Ponte,
effendo già fatto il fuo fondamento .

Del Palazzo del Duca Gaetani al Corfo .

QVefto Palazzo hà vna bella facciata verfo l'Oriente nel Corfo , e
l'entrata principale è verfo il Settentrione, hà vn bel Cortile , fotto al Portico, vi è la bella ftatua di Aleffandro il
Grande , la fcala di quefto Palazzo è la
più bella di tutte le altre di Roma , è
compofta di quattro capifcale ; vi fono
120. fcalini, quali fono longhi 10. piedi,
e larghi 2. A piedi di detta fcala fi vedono le trè Statue, cioè di Bacco , di
Marcello Confole, e di Adriano, per la
fcala Efculapio, al primo piano vi fono
fei Statue con li Piediftalli di Alabaftro , le ftatue fono quefte , Mercurio ,
Apollo, vna Donna belliffima con pelle,
e Tefchio di Leone in tefta con la Cla-
ua di Hercole nel finiftro braccio , creduta per vna Iole moglie di Hercole; vi
fono belle Pitture del Caracci, di Titiano, e d'altri.

Del

Del Palazzo delli Signori Verospi nel Corso .

Questo Palazzo hà l'entrata nella via maestra del Corso, nel Cortile vi sono alcune belle statue, di Antonino Pio, di Marco Aurelio, di Apollo Giouanetto, di Ercole che combatte con l'Idra, di Diana, dell'Imperadore Adriano. Sotto la loggia, la pittura à fresco d'vn allieuo dell'Albano.

Nel primo Appartamento vi sono alcune buone pitture, e trà l'altre nella Galleria le belle pitture à fresco dell' Albano. Sono pure in questo Appartamento belle, e vaghe Statue, e trà queste vna Minerua piccola di pietra del Paragone. Vi sono trè Teste con vn Leone di pietra Egittia, la testa di Scipione Africano. Vn Idolo Egittio, la Dea Nenia vnica in Roma, vi sono molte altre Statue, le quali si tralasciano di descriuere per euitare la superfluità. Il famoso Istrumento nominato la Galleria Armonica, curioso, & è raro da vedersi, e non si troua il simile; la curiosità è, che sonandosi in vna parte, tutte le altre corrispondono.

D   *Del*

Del Palazzo del Prencipe Panfilio al Corso, vicino à Santa Maria in Via Lata.

QVesto Palazzo è posto nel Corso vicino à S. Maria in Via Lata , e dall'altra parte risponde al Colleggio Romano, è ornato di belle pitture , di Statue, e di Tapezzarie.

Nella Guardarobba vi sono quantità di gioie di gran valore, e trà l'altre cose vi è vna custodia d'oro , ornata di gioie pretiose, stimata settanta mila scudi .

Del Palazzo del medesimo Prencipe posto in Piazza Nauona.

QVesto gran Palazzo è in Piazza Nauona contiguo alla Chiesa di S. Agnese , della quale più à basso ne trattaremo. Era questo Palazzo di Donna Olimpia , Cognata d'Innocenzo X. della detta Casa Panfilia . Vi è vna bella Galleria , nella Volta della quale vi sono dipinti à fresco li fatti di Enea da Pietro da Cortona , di buonissimo gusto ; vi sono alcuni quadri à oglio di Guido Reni, del Guercino, di Gioseppino , di Michele da Carauaggio , e di altri celeberrimi Autori .

Del

Del Palazzo del Duca Altemps poſto nella Piazza della Chieſa di S. Apollinare.

NEl Palazzo di queſta nobile Famiglia, vi ſono alcune belle Statue, e Pitture, nel Cortile la Flora, Ercole giouine, Fauſtina giouine, il famoſo Gladiatore, che ſtà in atto di ripoſarſi, & è rariſſimo, per le ſcale Eſculapio, Fauſtina madre, Mercurio, vn Bacco di buona maniera, vna figura barbara ſedente à capo la ſcala, due Colonne di porfido, con vna Teſta per ciaſcheduna di rilieuo, molto curioſo; vna tauola di pietra di Paragone, con il ſuo piede tutta d'vn pezzo, quadrata, di longhezza,e larghezza di cinque palmi, queſta è la più bella per la groſſezza, che ſia in Roma, vna Madonna di Raffaelle, con molte altre infinite, e vaghe pitture di buoni Artefici.

Nel Salone vi è vn belliſſimo Sepolcro di marmo greco, ornato all'intorno d'vn Baccanale, fatto da buon Maeſtro, di ſopra vi è vn gruppo di alcuni Fanciulli baccanti con vue nelle mani, di vn'ottimo Maeſtro, quattro Colonne di giallo antico, vn quadro di vna battaglia, molto bello, credo, che ſia di Michel'Angelo Buonarota,ò di Franceſco

Fia-

Fiamengo. Nella loggia vi fono alcune belle Statue, cioè di Cerere, di Fauno, vna Vittoria, Mercurio, vn Gladiatore, Apollo, vi è vn belliffimo Oratorio con belli ornamenti di oro, e di argento, nel quale è ripofto il Corpo di S. Aniceto Papa, conceffo à quefta Cafa per gratia fpeciale de'Sommi Pontefici, tenuto in gran veneratione.

Del Palazzo del Sig. Leone Vitellefchi pofto nel Corfo vicino à San Marco.

IL Palazzo di quefto Signore fino al prefente giorno è ftato incognito alli Foraftieri : hò procurato però io diligentemente notare le cofe più rare, che hò trouato in quefto Palazzo, quale non è inferiore all'altri per le fue rarità di Statue, e pitture. Vi fono dunque 250. Statue, trà picciole, e grandi, e bufti diuerfi.

Nell'entrare vedrete le ftatue, di Cerere, di Giulia Paola, vna Mufa, e Minerua. Per le fcale vi fono trè Piani, ò fiano Capofcale, ciafcheduno de' quali forma vna Galleria, quali fono tutte ornate di Statue, e Bufti : e per non tediare nel difcorfo, farò mentione folamente delle più rare.

Nella prima Galleria vi fono due
Apol-

Apolli, le belle ſtatue, di Pertinace, di Gioue, di Cerere, di Diogene, e ſei Colonne di verde antico.

Nella ſeconda Galleria le ſtatue di Apollo, di Ganimede, e due Colonnette di porfido.

Nella terza Galleria vi ſono molte Statue picciole, belli baſſi rilieui, vn Puttino con vn Piccione, con habito longo belliſſimo, vna Muſa, l'Amore che dorme, Sileno. In vna ſtanza ſi vedono vintiſei Buſti, trà quali ſono 20. Filoſofi, tutte Teſte rare.

Il primo Appartamento è nobiliſſimo, & in queſto ſi oſſeruano coſe rare, e ſono la rara Teſta, ò Coloſſo di Antonia, la ſtatua di Diana, vn Gladiatore, vn baſſo rilieuo di vn Baccanale di Alabaſtro, di buona maniera, quattro tauolini di Diaſpro Orientale, vna bella ſtatua di Diana di Alabaſtro Orientale, il Dio Termine, di marmo nero, quattro Buſti d'Alabaſtro Orientale, la teſta di Scipione Africano di pietra del Paragone, quale è molto ſtimata, il buſto di Matidia, di Marciana, e di Plotina, rariſſime, e la teſta di Liuia. In vna ſtanza vi ſono quindici Vaſi, ò Vrne di porfido roſſo, e verde, due Idoli Egittij, due belle Teſte, l'vna di Tito Veſpaſiano, di porfido, l'altra di Auguſto, di pietra Egittia, vi è vn bel Sepolcro di porfido,

lon-

longo cinque palmi in circa, e largo
due e mezzo, & è vn rariſſimo pezzo:
vi ſono rariſſime pitture del Caracci, Titiano, Paolo Veroneſe, del Guercino,
di Guido Réni, e d'altri celeberrimi
Pittori.

Del Palazzo del Prencipe Sauelli Mareſciallo perpetuo del Conclaue.

IL Palazzo di queſta nobiliſſima Famiglia è fabricato ſopra le ruine del
Teatro di Marcello, vi ſono belle rarità. Nel Cortile, la Ciſterna, doue ca-
ſca l'acqua piouaṇa di queſto Palazzo.
Oſſeruaſi li due grandi, e belli ſepolcri
di marmo, nell'vno ſi vede vn Leone in
baſſo rilieuo, di vna ſingolar maniera, e
l'altro ornato di figure parimente di
baſſo rilieuo, con due figure di ſopra,
li quali non ſi sà di chi foſſero, perche
non vi è Iſcrittione. Sopra al Portone,
che entra nel detto Cortile, vi ſi vede
vna battaglia di Gladiatori contra Leoni, & altri Animali in baſſo rilieuo, di
vna buoniſſima maniera. Sopra la Porta, che entra in Sala, vi è Marco Aurelio Imperadore in baſſo rilieuo con altre figure, vna delle quali è poſta in ginocchio in atto di ſupplicare, e rendere
vbidienza à nome di qualche Popolo
ſog-

foggiogato al detto Prencipe, & è rarissimo pezzo.

Nell'Anticamera vi è la famosa statua di C. Pompilio di questa antichissima Famiglia: questo, secondo l'opinione d'Ascanio, costrinse il Rè di Soria, prima d'vscire da vn Circolo da esso fattogli con vna bacchetta, di dichiararsi ò amico, ò inimico al Popolo Romano. Vi sono varie figure antiche, e molti Scabelloni di Alabastro, con Busti di sopra antichi. Vi sono rare pitture, e trà queste il S. Girolamo del Domenichino, due Teste di Caracci, trè quadri, vno rappresentante la Caualcata, che fece il Prencipe D. Paolo Sauelli, quando fù Ambasciatore Straordinario dell'Imperadore à Paolo Quinto, dipinta dal Tempesta; l'altro rappresentante, quando il detto Prencipe andò all' Vdienza, dipinto da Pietro da Cortona, il terzo rappresentante, quando mangiò in publico con il Papa, dipinto dal Domenichini, vn bel Studiolo, tutto di pietre fine, che costa quindici mila scudi, vi sono molti quadri di Carlo Maratti, due quadri del Brugolo, vno rappresenta il Mare gelato, l'altro vn Baccanale, molto belli, il S. Girolamo del Carauaggio, Alessandro Magno con molte altre figurine del Pomaranci.

Del Palazzo de' Mazzarini, hora del
Duca di Zagarola, degno Nipote
della santa memoria di
Clemente Nono di
Casa Rospigliosi.

QVesto Palazzo è posto sopra il
Monte Quirinale incontro à San
Siluestro, nell'entrare vedre-
te vn grandissimo Cortile quadrato, doue si fà ogni mattina la Cauallerizza, è
lóngo 54. e mezzo, largo 48. passi, vi
farete mostrare il Giardino secreto, doue à suo tempo vi sono belli, e vaghi
fiori d'ogni sorte. Vi è vna grande Peschiera, la quale hà di fondo 34. palmi,
vedrete vna bella loggia coperta, fatta
à Galleria, nel prospetto della quale vi
sono diuersi bassi rilieui di marmo, di
buonissimo gusto, sotto nella Volta della medesima Galleria vi è la bella, e rara
Aurora, dipinta à fresco dal famoso
pennello di Guido Reni. Vscirete di
quì, & entrarete nel Palazzo, nella Sala
vedrete sei quadri bellissimi, e sono delli più grandi, che siano in Roma. Il primo rappresenta Armida, e Rinaldo, &
è opera dell'Albano, l'altro è il bagno
di Diana del medesimo, Adamo, & Eua
del Domenichino, Andromeda di Guido Reni, l'altro è Sansone, quando
rom-

rompe le Colonne del Tempio, che precipitò con li Filiſtei, & è dipinto dal Poſſini, l'altro rappreſenta Dauid, che porta la Teſta del Gigante Golia, e vi ſi vedono molte belle Fanciulle, le quali ſtanno danzando, e ſonando varij iſtrumenti auanti à Dauid, dimoſtrando grande allegrezza per l'vcciſo Gigante.

Del Palazzo del Signor Duca Mattei.

IL Palazzo di queſto Signore è vicino à Santa Caterina de' Funari, le muraglie all'intorno del Cortile ſono tutte ornate di belli baſſi rilieui, e buſti d'Imperadori di varie ſorti, e coſì anco per le ſcale. Nelli Appartamenti vi ſono delle rare pitture. Vi ſono alcune ſtanze, dipinte nelle Volte à freſco dal Pomaranci, incontro à queſto Palazzo nella Piazza vi è vna bella Fontana, le figure della quale ſono di bronzo, fatte da Taddeo Landini, ſono ineſtimabili.

Del

Del Palazzo della Cancellaria, Residenza
del Vice-Cancelliere di Santa Chiesa,
al presente l'Eminentissimo Sig.
Cardinale Pietro Ottoboni
Vice-Cancelliere.

Questo bellissimo edificio è di forma quadrata, fabricato di pietra
Tiburtina, la quale fù leuata
dall'Anfiteatro di Vespasiano, e da vn
Arco trionfale di Gordiano Imperadore, & è Architettura del Sangalli.

Nel Cortile vi sono due Statue Colossi, e sono di Matrone Sabine, il Portico è sostenuto da 22. Colonne di granito Orientale. Di sopra vi è vn ricco
Appartamento, che consiste in vndici
stanze. La Sala è ornata di pitture à
fresco da Giorgio Vasari Aretino, che
rappresentano i fatti di Paolo Terzo, e
varie altre Istorie.

Nell'Anticamera, nella quale il Sig.
Cardinale suol fare l'Oratorio vi sono
balconi per Musici, & altri ornamenti,
quello poiche riguarda al rimanente
dell'Appartamento non m'allongherò
à descriuerlo, essendo ricchissimo di varie Tapezzarie con galloni d'oro, Arazzi istoriati con fondo d'oro, e baldachi-
ni compagni, e sedie di ricchi broccati,
dodici Portiere ricamate d'oro del valore

lore di 700. ſcudi l'vna . La Galleria è
ornata di diuerſe rarità . Vi ſono dieci
tauolini d'Alabaſtro Orientale con piedi ſottilmente lauorati , tramezzati da
dodici Mori; il tutto meſſo à oro, ſimilmente due Leoni con Puttini, il Caſtello S. Angelo di argento ; Vi ſono varie
figurine d'argento , & vna ricca cornice
con intaglio di fogliami, e figure, riccamente indorata , vi è dentro il ritratto
di Aleſſandro Ottauo ſuo Zio . Vno
Studiolo d'ebano , e di argento , con
dentro vaſi di argento per vna Spetia-
ria, e varie altre galantarie ſimili, vi ſono rare pitture , trà le quali vn ritratto
di Noſtro Signore di Raffaelle, vn quadro di Noſtro Signore incoronato di
Spine di vn Fiamengo, è di grandiſſimo
guſto, vn quadro di Noſtro Signore, che
diſtribuiſce il pane del Lanfranchi , vn
S. Baſtiano di Giacinto Brandi, S. Martina di Pietro da Cortona , trè quadri,
vno di Noſtro Signore , l'altro della
Madonna, il terzo di Arianna, e Bacco,
pezzi rari di Guido Reni. Vn quadro
grande con molte figure, fatto da Titiano, l'Adone dello Spagnoletto, vn quadro che rappreſenta Noſtro Signore ,
che laua li piedi all'Apoſtoli di Paolo
Veroneſe. Vi ſono due pezzi del Ba-
cicci, e varie altre belle pitture.

La ſettima Camera è ornata di brocato d'oro, e fedie compagne, con vn ricchiffimo letto di damafco cremefi, ornato di gallone d'oro.

L'ottaua ftanza pure è ornata di vn vago apparato cremefi con vn ricco gallone d'oro, e fedie di velluto con ricchi ornamenti d'oro; vi è vn letto di damafco con lettiera foftentata da figure di Mori, e Puttini, tutto meffo à oro. Il ritratto della Regina Criftina, di marmo, è il più bello, che fi troua in Roma. L'Vccelliera, che fà profpettiua all' Appartamento con varij ornamenti, e varij fcherzi di acqua.

Vi è la famofa Libraria di cinque ftanze, che fù d'Aleffandro Ottauo, e di poi accrefciuta da quefto Eminentif. Cardinale, che afcende à diecifette mila tomi, trà li quali, fette mila tomi fono della Libraria della Regina Chriftina di Suezia, che confiftéua in noue mila tomi, mille, e nouecento manofcritti, quali furono donati alla Biblioteca Vaticana da Aleffandro Ottauo, hauendo il detto Pontefice comprata dalli heredi della Regina la fudetta Libraria. Offeruarete parimente l'Appartamento di fopra, il quale è ornato di belle pitture, che rapprefentano l'Iftorie del Taffo, fatte dal Paradifi, da Ricciolini, e dal Borgognone. Vi è parimente vna ftanza con iufiniti ritratti in picciolo,

li

li quali hoggi fono nell'Appartamento
d'abaffo, & vna ferie di medaglie antiche d'ogni forte.

Vi è vn bel Giardino con grandi alberi di merangoli, e di limoni; non deue
mancare il Curiofo di vedere quefto
Palazzo per effere degno d'effere veduto per li fuoi ricchiffimi ornamenti.

Quefto Eminentiffimo Cardinale fà
ogni anno il Giouedì graffo di Carne-
uale vna grandiffima fpefa per l'efpofi-
tione del Santiffimo Sacramento nella
Chiefa de' SS. Lorenzo, e Damafo, dentro del detto Palazzo; degna d'effer veduta da tutti, sì per acquiftare l'Indulgenza, conceffa da' Sommi Pontefici à
detta Chiefa per tal congiuntura, come
per vedere li ricchi ornamenti di Machine, di difegni, di pitture, Gloria di
Angeli, & vna fuperbiffima mufica, &
infiniti lumi, che rapprefentano vn
Cielo ftellato.

Del Palazzo dell'Academia del Rè di Francia pofto à S. Andrea della Valle.

IL Signor Vafs Caualiero di grandiffimo fpirito, & intendente della
Pittura, Scoltura, & Architettura, è il
Rettdre di quefta nobile Academia,
deputato dal Rè di Francia, la quale
con-

consiste in vn numero di Giouani natio-
nali, che trauagliano continuamente,
chi nella Pittura, e chi nella Scóltura,
in questo luogo li Curiosi potranno vedere insieme tutte le principali Statue
di Roma, e di qualche parte d'Italia, &
è cosa curiosa à vedere tutto il bello di
Roma. Deue però osseruarsi, che sono
copie, fatte di gesso, mà con vna politia
rimarcabile, farò mentione solamente
delle principali, e sono il Laocoonte,
l'Apollo, Antinoo, l'Ercole, il Gladiatore di Borghese, quello di Lodouisi, la
Venere de' Medici, il Lottatore, il Germanico, la Concordia, il Leone di Barbarini, e molte altre, le quali tralascio,
per non essere troppo longo, perche si
possono vedere nelli Palazzi.

Il Rè di Francia spende ogni anno in
quest' Academia cinquanta mila scudi
Romani.

Del Palazzo del Marchese Pallauicino all'Orso.

IL Palazzo del Marchese Pallauicino
posto vicino all'Orso contiene vn
nobilissimo Appartamento di 10. stanze,
& è il più bello di Roma in quanto alle
rare pitture modérne, e gran pezzi: vi
sono due pezzi rappresentanti, l'vno
l'Istoria di Alessandro, e l'altro la Fa-
mi-

miglia di Dario, ambedue fatti dal famoso Piola, Pittore Genouese, sono vnici in Roma : l'Istoria di Scipione Africano in Spagna di quella Donna condottale prigionierà, dipinta dal Baciccio, il Transito della Madonna, quadro picciolo, fatto dal famoso Raffaelle d'Vrbino di vn singolar gusto : Apollo, che incorona la Virtù, di Andrea Sacchi, singolare : le trè Gratie di Tiziano, molti pezzi piccioli di Carlo Maratti, vn quadro grande con il ritratto del Marchese, e Apollo, & il ritratto del Pittore, del medesimo Carlo Maratti, figure del naturale di vn grandissimo gusto : & altri bellissimi quadri ; la più rara cosa è la stanza, tutta ornata di belle pitture delli famosi Pittori ; Gasparo Possini, e Claudio Lorenese, tutti Paesi : vi sono alcune tauole di verde antico, e di Alabastro Orientale; oltre le vaghe Pitture, vi sono belle Tapezzarie con Portiere ricche di ricamo ; sì belle che non vi sono le simili in Roma, L'vltima stanza dell' vdienza adobbata di vn ricco broccato di oro con fregi, vi sono 18. sedie di velluto cremesì riccamate d'oro ; più ricche di queste non si possono vedere in Roma, io dico, che non hò mai più veduta vna stanza più bella di questa. Tanto basta.

Del Palazzo delli Signori Maffimi vicino S. Pantaleo.

SOtto al Portico di quefto Palazzo vi è la bella ftatua più grande affai del naturale di Pirro Rè degli Epiroti, con la celata in tefta, di vna fingolar maniera, & è vnica in Roma.

Il Palazzetto del Sig. Lorenzo Stati.

PAffato il Babuino per andare verfo la Porta del Popolo in faccia alla Madonna di Monte Santo vi è il Palazzetto del Sig. Stati, quì vi è qualche rara Pittura, mà il raro pezzo che vi è, è vna Venere antica di marmo, famofa, & è la più bella, che hoggi fia in Roma: quefta bella ftatua alcuni anni fà fù trouata negli Horti in faccia San Vitale, frà il Monte Quirinale, e Viminale.

Del Palazzo del Sig. Paolo Antonio Torri.

IL Palazzo del Torri posto in strada Giulia contiene trè Appartamenti, ornati di singolari Pitture delli migliori Artefici di questo Secolo: vi sono ancora quadri antichi di gran valore, e ricche Tapezzarie; Questo Palazzo è degno di essere veduto dalli buoni Curiosi.

Del Sacro Monte della Pietà, detto l'Erario publico, posto vicino alla Santissima Trinità de' Pellegrini.

QVesto bellissimo edificio fù costituito da Gregorio XIII. il primo di Decembre dell' anno 1584. Sisto V. e Clemente VIII. l'accrebbero di molte facoltà, e vi aggiunsero, che alle pouere Famiglie gli fossero imprestati denari sopro oro, argento, biancharia, & altri drappi, che si chiama Pegno: quelli, che fanno li detti pegni, hanno tempo di riscuoterli 18. mesi, se non li riscuotono, si vendono, quando però non habbiano rinfrescati li bollettini, e se la vendita passa la somma del denaro imprestato, il di più si dà al Padrone del pe-

pegno senza pagare nessun' interesse, e
questo si osserua con grandissimo rigore; Quiui si pigliano ancora denari in
deposito da qualunque persona, per loro sicurezza, senza pagare cos' alcuna;
Questa è la più bella cosa, che sia in
Roma, per essere veramente luogo di
Pietà: doue hoggi si conseruano le ricchezze dell' Alma Città di Roma. Vi è
vn Cardinale Protettore, al presente è
il Cardinal Carlo Barbarini, dopo vi è
il Tesoriero, ambedue sono sopra la
Congregatione delli 40. Caualieri, li
quali seruono questo sacro Luogo gra-
tis. Alla Porta del detto Monte della
Pietà vi stà la guardia delli Suizzeri,
vestiti di color di viola.

Fine del primo Libro.

IL
MERCVRIO
ERRANTE.

Delle Ville, e Giardini, che sono dentro, e fuori del Circuito di Roma, e suo Distretto, con le rarità, che in quelle si vedono, cioè Statue, Pitture, & altre curiosità, descritte da Pietro Rossini Antiquario in Roma.

LIBRO II.

Della Villa, ò Giardino del Prencipe Borghese, posto fuori di Porta Pinciana vn tiro di schioppo.

 HI desidera vedere vna delle sette merauiglie del Mondo, veda la bella Villa Borghese, la quale hà di circuito trè miglia in circa, circondata tutta di muraglie. Entrarete dunque in vn bellissimo Portone, fatto di trauertini d'ordine Corinthio, sopra del quale vedrete in basso rilieuo vn

Toro

Toro di marmo con ornamenti, nella conformità, che gl'Antichi soleuano menarli al Sacrificio. Quiui potrete satiare la curiosità dell'occhio in vedere li belli, e longhi Viali; ci è quello, che corrisponde al Portone, e và à fornire alla bella Fontana à scogli, che è longo 197. passi, l'altro che fà la Croce, che corrisponde alla facciata del Palazzo, è longo 210. passi, il Pallamaglio, che è vicino al Portone à mano dritta; è longo 225. passi; Il bel steccato vicino al Casino del Portinaro, doue li Prencipi Borghesi fanno belle corse con li Caualli all'Anello, & al Mascharone, è longo 69. passi.

In questo Giardino vedrete le belle spalliere di Lauro, Stradoni coperti di Leccini, & altissimi Abeti, le vaghe Fontane fabricate con artificio di belli marmi, ornate all'intorno di varie Statue antiche. Vi è il Boschetto con stradelli coperti con alti legni piantati in terra per tirare le reti, nelle quali si prendono diuersità d'Vccellami, il Boschetto è longo 104. e largo 27. passi, e mezzo, vi sono sette stradelli, che lo spartiscono. La Fontana nel basso del Giardino, il Vaso, che la circonda è di giro di 17. passi, e mezzo, nel mezzo vi sono due Vasi ouali di marmo, da' quali cade vna copiosa pioggia di acqua; vi sono

sono intorno sedili con dodici Statue diuerse, poste sopra altrettanti Piedestalli. L'altra Fontana che segue è della stessa qualità. Vicino al Viale del Pallamaglio vi è la famosa Grotta, piena d'ogni sorte di delicati Vini, che seruono per seruitio della Famiglia. Vedrete in luogo alquanto basso contiguo alla detta Grotta vn'edificio ouale, sostentato da otto grossi Pilastri di Peperino di ordine Dorico, sotto del quale vi è vna tauola di marmo bianco, longa in circa 4. passi, e larga 6. palmi, in questo luogo li Prencipi vi fanno molte Ricreationi, nel tempo dell'Estate, per essere luogo ameno è fresco. Da qui anderete verso il Palazzo, incontro à questo si vede la Piazza all'intorno ornata di vaghi sedili da trattenersi. La detta Piazza è di longhezza 22. passi, lo Stradone accanto al Palazzo, che corrisponde al Cancello di ferro, è longo come li due Giardini secreti. Lo Stradone, che corrisponde in faccia alle Tortorelle, è longo 423. passi. Li due Boschetti in faccia al Palazzo, dalla parte però della Piazza, la quale è in mezzo à i detti Boschetti, sono larghi 162. palmi, e longhi 414. palmi.

Questa è la descrittione del primo Recinto. Incominciamo hora quella del Palazzo. Questo superbo Edificio è

Ar-

Architettura di Giouanni Vanfanzio
Fiamengo, è poſto in vn vago ſito alquanto eminente, e gode vna belliſſima
viſta dalle quattro parti, cioè dall'
Oriente, & Occidente, e Mezzo Giorno, e dal Settentrione. Quì il Curioſo
potrà ſatiare l'occhio in mirare la quantità delli rariſſimi marmi in numero tale, che ſtimo impoſſibile il deſcriuerli,
e conſiſtono in baſſi rilieui, Statue, Buſti, e Colonne di porfido, di granito, e
granitello orientale, di giallo, di verde antico, di marmo nero, tutte coſe
ſingolari antiche, molte Tauole di pietra del Paragone, Vaſi, e Figure del medeſimo, varie tauole di pietre fine, e varie pitture ſingolari, rarità da fare ſtu-
pire il Mondo tutto, ſe mi foſſe permeſ-
ſo, direi, che gl'Antichi Romani non
hanno mai hauuto, con tutto il loro do-
minio, vn luogo, nè più bello, nè più
delitioſo di queſto, ricco di ornamenti
antichi. La ragione, ſecondo il mio
parere, è queſta, che la maggior parte
delle famiglie degl'antichi Romani poſſedeuano belle Ville, e Giardini, con
vaghe, e commode habitationi, e cia-
ſcheduno di quelli Signori poſſedeuano
varie curioſità ſimili à queſte, come
preſentemente ſi vede in varie parti della Città di Roma, doue ſe ne trouano
giornalmente, ſecondo la varietà dell'
abi-

abitationi dell'antichi Romani ; mà quì
fono tutte le grandezze antiche delli
Romani raccolte in quefto bel Palazzo, e Giardino dell' Eccellentiffima Famiglia Borghefe, e per non tediare il
Lettore, parlaremo folamente delle cu-
riofità più rare, che in quefto fi offerua-
no. Quefto gran Palazzo hà di circuito 734. palmi di Architetto. Delle
quattro facciate del Palazzo la più bella, è la principale, quale è verfo al mezzo giorno, ornata di baffi rilieui antichi, e fingolari, la più rara cofa di quefta facciata fono li due rari Bufti, l'vno
di Traiano, e l'altro di Adriano Imperadori, e fono di buon Maeftro ; dalle
parti della facciata à mano dritta fopra
di vn piedeftallo vi è la ftatua di Marco
Aurelio Imperadore, dall' altra parte
verfo l'Oriente vi è la ftatua, pofta parimente fopra vna bafe, di M. Antonio,
in alto nella facciata verfo man dritta
vi fi vede in vn Pilo, in mezzo alle due fi-
neftre del primo Appartamento, vn baffo rilieuo, che rapprefenta la pace, fatta dalli Romani con li Sabini, da vno de
i lati fi vede à federe Tito Tatio, Rè
delli Sabini, e à mano dritta Romolo,
Rè delli Romani. Nel mezzo della
facciata fudetta fi vede la Caccia delli
Cignali di Calidonia, defcritta da Ouidio nel libro ottauo delle fue Metamorfofi,

fofi, nell'altro Meleagro in atto di parlare alla Madre, vi fi vedono ancora le
due forelle; l'altro baffo rilieuo rapprefenta le quattro Stagioni, l'altra parte
della medefima facciata à mano manca
rapprefenta varij Baccanali, e trà le
cofe più rare la ftatua equeftre di Roberto Malatefta, famofiffimo Capitano
Generale di Sifto Quarto, opera di Paolo Romano Scultore. Di fopra della
loggia fcoperta della medefima facciata, vi fi vede il famofo Bufto di Geta
Imperadore. La facciata verfo l'Oriente, è ornata di baffi rilieui, e Bufti antichi, e trà quefti il più raro pezzo, che fi
veda, è il famofo Marco Curtio in atto
di precipitarfi con il Cauallo nella Voragine del Foro Romano, per liberare
Roma dalla pefte, è d'vna fingolar maniera. La facciata verfo Tramontana è
ornata di baffi rilieui, Statue, e Bufti come la prima verfo al mezzo giorno; vi
fi vede fopra la Porta la bella Tefta di
Bacco, ornata dì rampazzi di Vue, con
altri pezzi, rari, di Baccanali, Sacrificij, & altre cofe antiche, fecondo il co-
ftume dell' antichi Romani, quefti baffi
rilieui feruirono per ornamento alle
fepolture dell'Antichi, come fi vede ancora hoggi in molte, che fono in Roma. La facciata verfo l'Occidente hà li
medefimi ornamenti, che l'altra facciata
verfo

verfo l'Oriente, ancorche varijno le figure: in alto vi è il Sacrificio del Toro, e la ftatua di Mario fopra di vn piedeftallo.

Entrarete in quefto nobile Palazzo dalla Porta principale, che è pofta nella parte della principal facciata, di fopra defcritta; falirete la fcala duplicata à guifa di quella del Campidoglio, fatta da Michel'Angelo Buonarota, nella quale fono quindici fcalini per parte, è larga vndici palmi poco più, fopra al muro della detta fcala vi è vn Vafo con tefte di Fauni in baffo rilieuo, dalle bande vi fono due belli Cornucopij di buon Maeftro. Dalla fcala entrarete nella loggia coperta, la quale è longa 90. e larga 26. palmi. Vi è la ftatua del Satiro, la Mufa, Venere, e Gioue, la tefta di Giulia Titi: entrarete pofcia nella Sala dell' Appartamento terreno, la quale è longa 12. paffi, e mezzo, larga 3. e mezzo. Quì il Curiofo potrà fatiarfi in confiderare la rarità di quefto fontuofiffimo Palazzo. Prima vedrete vn belliffimo fepolcro antico, fopra del quale è pofta la ftatua di Bacco colcata, da baffo viene ornato di vn baffo rilieuo, che rapprefenta il cafo infelice di Meleagro, all'intorno vi fono li dodici Cefari fopra piedeftalli di marmo, e due altri Bufti, l'vno di Annibale

E Car-

Cartaginefe, e l'altro di Scipione Africano, le dodici Colonne di gran valore, di granito orientale, di porfido, di verde antico, di giallo, di breccia. Le pitture, che fi veggono in quefta Sala, fono diuerfe, fopra la Porta vi è il quadro, che rapprefenta la Fama, & è del Caualier Giofeppe d'Arpino, Adamo, & Eua del medefimo, il quadro longo, che rapprefenta la Caualcata di Paolo Quinto, quando và à prendere il poffeffo à S. Gio: Laterano, l'altro compagno, che rapprefenta il gran Signore de' Turchi, quando efce magnificamente, ambedue fono dipinti dal Tempefta, il quadro fopra al camino è dell'Acquafparta, che rapprefenta il Carrofello, che fece Paolo Quinto nel Cortile di Beluedere in Vaticano, vn quadro rapprefentante la fefta di Teftaccio di Giouanni Maggi.

Nella prima ftanza verfo l'Oriente vi è il famofo Dauid, opera del gran Caualier Bernino, e nella detta ftatua è ritratto il medefimo Bernino, il Leone di Alabaftro, il famofo Seneca fpirante nel bagno, di marmo nero, la Lupa con Romolo, e Remo, di pietra Egittia, la ftatua di Giunone di porfido ben panneggiata, due vafi di Alabaftro orientale, la tefta di Macrino, rara; molti vogliono, che la ftatua di Giunone fia la

Ma-

Madre di Dario ſupplicheuole auanti Aleſſandro Magno .

Nella ſeconda ſtanza vn Giouinetto alato, ò vero vna Vittoria, vna Tauola di pietra del Paragone, longa 10. e larga 5. palmi, ſopra della quale vi è il Toro di Farneſe di metallo in picciolo, la ſtatua di Narciſo in mezzo à due Colonne di granitello orientale , alte 12. palmi, con ſopra due Vrne di Alabaſtro .

Nella terza ſtanza , che ſegue , prima ſi vede dentro d' vn ſcabellone per vn ſportello ſortire vna Teſta ſpauenteuole di vn moſtro , che muoue la lingua, quale improuiſamente veduto, reca terrore . Vna Tauola di Alabaſtro orientale, il Buſto di Auguſto , e di Lucio Vero; la ſtatua di Enea che porta il Padre Anchiſe con il Figliuolo Aſcanio, e li Dei Penati , quale è opera del Caualier Bernino ; all' incontro di queſta , la ſtatua di Dafne, ſeguita da Apollo , ſingolare, del medeſimo Bernino ; il Concilio Tridentino non ſi ſà da chi ſia dipinto, il ritratto della Prencipeſſa al naturale , e l'altro quadro delli figliuoli, dipinti da Ferdinando Fiamengo , la Teſta, e Buſto di S. Carlo Borromeo, di marmo roſſo , e bianco ; la Galleria è longa quanto la Sala, e larga 40. palmi, nelle quattro cantonate di queſta ſi ve-

do-

dono quattro Colonne di porfido alte 13. palmi l'vna, le due Tauole di porfido, longhe dieci palmi, e quattro larghe, e sopra vi sono li due ritratti, l'vno di Paolo Quinto, e l'altro del gran Scipione Cardinal Borghese, opere del Bernino, li due Vasi, ouero Vrne di Alabastro orientale, li due Vasi di porfido sopra scabelloni di Alabastro, opera di Siluio da Velletri, la testa di Platone, e la rara testa di Pertinace vnica in Roma. Vi sono anche in questa Galleria le famose teste più grandi del naturale, di M. Aurelio, e di Lucio Vero, quali sono d'vna singolar maniera.

Doppo la Galleria si entra nella prima stanza dell'Appartamento verso l'Occidente, che corrisponde al Giardino secreto della scalinata, vi si vede la statua di Diana, il corpo della quale è di Alabastro orientale, & il rimanente tutto moderno, la Zingara, due Colonnette di porfido, le due statue di Castore, e Polluce, il raro Busto di Annibale Cartaginese, il ritratto di Rosa Moglie del Gran Turco, bellissima donna.

Nella stanza del Gladiatore; la statua di Faustina in atto di abbracciare il suo amato Gladiatore, chiamato Carino, come dicono l'Istorie, e si vede nella sua medaglia: le due Colonne di breccia, alte 12. palmi, l'altre due scannellate

lato

late di porfido, alte 11. palmi, la Tauola di pietre commeſſe, longa 8. palmi, e larga cinque, il bel baſſo rilieuo
di pietra del Paragone, rappreſentante
vn Baccanale, fatto da Franceſco Fiamengo, il Buſto di Berenice. Li due
Buſti di Marc'Aurelio, e di Lucio Vero, rari, per eſſere di buoni Maeſtri. Il
famoſo Gladiatore antico ſenza manca-
mento alcuno, & è la più rara Statua,
che ſi veda in queſto Palazzo, & entra
nel numero delle Statue rare di Roma,
fatto da Agazias famoſo Scultore, Ercole, che vccide Anteo, è dipinto dal
Caualier Lanfranchi, la bella Teſta di
vn Saluatore in baſſo rilieuo, fatta da
Michel' Angelo Buonarota, di porfido.

Nella ſtanza che ſeguita, detta del
Moro; vi ſi ammira la ſtatua del Moro,
il corpo del quale è di Alabaſtro orientale, il reſto di pietra di paragone, il
Buſto di Geta, vn' Vrna di Alabaſtro
orientale. Nell' altra ſtanza di Saturno, vi ſono quattro Colonne di marmo
nero, alte dieci palmi, ſopra delle quali
vi ſono quattro Statue, in vna la ſtatua
di Agrippina; Io però tengo, che ſia vna
Giulia Meſa, il Buſto di Adriano, di
marmo nero, la rara ſtatua di Saturno,
con vn Fanciullo in braccio, è di vna
ſingolare maniera, la tauola di marmo

E 3   ne-

nero, larga 4. e longa 9. palmi, il Cauallo picciolo di bronzo, fatto da Da-
niel da Volterra, e fù il modello di
quello, che mandò in Francia, e quì
termina il primo Appartamento à terreno.

Dell'Appartamento di sopra.

PEr andare à questo Appartamento
si sale vna scala à lumaca di 87.
scalini, larga sette palmi in circa, si
entra nella loggia longa quanto è la
Galleria descritta, nella Volta vi sono
dipinti li falsi Dei dal Caualier Lanfranchi, nelli quattro Angoli vi sono
quattro Colonne, le due verso la Porta
sono di mischio, le altre di breccia alte
11. palmi, la testa d'vn Caual Marino,
il Busto di Geta, l'altro di Mario, vn
Fauncino con vn Satiro, che mungono,
e beuono il latte di vna Capra, il Busto
di Scipione Africano, il Gladiatore fe-
rito, il Busto di Crispina, la statua di
Cerere, la testa d'vn Elefante molto
grande, il Cauallo Pegaseo sopra vna
tauola di porfido ouata, longa dieci, e
larga quattro palmi. Il raro vaso, ouero vrna, ornata di vn Baccanale in basso
rilieuo assai stimato di forma rotonda
molto alto. Dalla loggia si entra nella
pri-

prima ſtanza dell'Appartamento verſo l'Occidente, e ſi chiama la ſtanza di Beliſario, come parlaremo più à baſſo, in queſta ſtanza v'è vna Tauola di Alabaſtro, longa ſette palmi, larga 5. e mezzo, ſopra la quale vi è vn Toro picciolo, di marmo nero antico, di buona maniera, vi ſono due Idoli Egittij, la ſtatua di Auguſto di bronzo. Vn Gladiatore, & il Centauro, la bella ſtatua di Diogene à ſedere nudo, ſolo che hà ſopra il Corpo vn panno, molti però vogliono, che ſia di Belliſario, perche ſtà in atto di domandare l'elemoſina, e non di Diogene, perche non vi è ſegno alcuno per conoſcere che tale ſia. Ercole che combatte con il Leone, il Gruppo di Fauſtina con il ſuo Gladiatore, con il Fanciullo Amore, & il ritratto di Roſa moglie del Gran Signore de' Turchi.

Nella ſtanza dell'Ermafrodito, la Tauola di pietra di paragone longa 9. palmi, e larga la metà, il buſto di Alabaſtro con la teſta di bronzo, di Fauſtina la Giouine. Vicino vi è la teſta di Sabina, e l'altra di Liuia di Auguſto, la teſta di Porſena. Vedrete dentro à vn Caſſone di noce la rara ſtatua dell'Ermafrodito antica, diſteſa ſopra di vn matarazzo, fatto dal famoſo Caualier Bernino, queſta ſtatua fù trouata nelli

E 4

fondamenti della Madonna della Victoria, il Cardinal Scipione Borghese in ricompensa di questa bella statua, fece la facciata della detta Chiesa, come si vede nell'Iscrittione, e vi spese quattordici mila scudi.

Nella terza stanza, detta della Zingara, la quale è vna Statua assai bella, la testa, mani, e piedi della quale sono di bronzo, e l'abito di marmo nero. Li due ritratti del Prencipe, e della Prencipessa, fatti da Ferdinando Fiamengo, & vna Madonna di Michel'Angelo Buonarota.

Nella quarta stanza, detta del Centauro, vi è la tauola di broccatello, longa sette palmi, e larga 4. Vi è vn Specchio con cornice di pietre fine. In vn Studiolo di legno si vede in prospettina di Specchi il Palazzo di Monte Dragone, posto in Frascati, del medesimo Prencipe, il quale hà 374. fenestre, parimente si vede il Giardino, il Tesoro, e la Libraria, e queste cose tutte si vedono per mezzo d'vna Rota, che gira, quì vedrete la vaga statua del Centauro, con il Fanciullo Amore, che lo caualca, e li tiene legate le mani di dietro. La testa di Tiberio, di Alessandro Magno, di Nerone, & vna statua di Donna, che stà in atto di guardare, e contemplare i Segni Celesti, creduta per la

Si-

Sibilla Tiburtina, ò altra simile.

Paſſata la loggia ſi entra nella prima ſtanza, detta del Sonno, verſo l'Oriente, e ſi vede la ſtatua di Nerone in abito Conſolare con la bulla al collo. La Tauola di Alabaſtro orientale, larga 6. palmi per ogni verſo, il letto della China, la lettiera è fatta da Michel'Angelo Buonarota, quì vedrete la famoſa teſta di Aleſſandro Magno in baſſo rilieuo, dentro di vn Medaglione con la cornice di bronzo indorato; il bel Fauncino, raro, per la buona maniera, vn Fanciullo, che dorme, di pietra di paragone, tenuto per il Sonno, fatto dal Caualier Algardi Bologneſe, li due Vaſi dalle bande, ſono di Siluio Velletrano, il quadro di Diana è di Lorenzino da Bologna.

Nella quarta ſtanza, detta delle trè gratie, vi è vna ſedia, nella quale mettendouiſi à ſedere, facilmente ſi reſta legato con due ferri alle coſcie, e ſenza aiuto non ſi puol ſciogliere, il Gruppo delle Gratie, li quattro Paeſi dipinti in rame di Gio: Franceſco Bologneſe; & il Fongo impietrito.

L'altra Camera, che ſegue, è ornata di diuerſi ritratti di Dame di varie nationi, ſono dipinti da diuerſi buoni Pittori, e ſono 62. pezzi; ſopra il Tauolino vi è il buſto di marmo del

E 5   Car-

Cardinal Borghese, fatto dal Bernino.

Si vedono li due famosi Camerini, ornati di quadri piccioli singolari, la Madonna, alla quale vn'Angelo presenta vna tazza, & è di Guido Reni, due Testine di Raffaelle d'Vrbino, li Magi di Alberto Duro, il Dio Padre del Caualier Gioseppe, Giosese venduto alli Mercanti è di Raffaelle, con molti altri pezzi del medesimo Raffaelle. Li due Vccelli di Mosaico di Giacomo Prouenzale, la Madonna con Nostro Signore in braccio di Pietro Perugino, li Fiori dipinti da Mario de' Fiori; la figura à cauallo di Marco Curtio di bronzo, in vn quadretto di pietre fine, il fondo del quale è di Lapis Lazzalo, li quattro Tauolini con l'Vrne, e Studioli di sopra, tutti di pietra del paragone, rari pezzi. Apollo con le Muse, pittura di Scipione Gaetano.

Il Giardino secreto delli Merangoli verso l'Oriente congiunto con il detto Palazzo, è longo 455. e largo 88. palmi. Vi sono 144 Alberi di Merangoli. Vi sono belli ornamenti di statue, e bassi rilieui, quali si tralasciano di descriuere per non essere troppo odioso al Lettore.

L'altro Giardino congiunto al medesimo Palazzo verso l'Occidente, detto il Giardino de' fiori, è longo 400. palmi,

mì, e largo quanto l'altro, li muri di
questi due Giardini, verso al mezzo
giorno sono coperti di Agrumi con belle spalliere. Vi sono varij spartimenti,
doue à suo tempo vi sono rari fiori d'
ogni sorte, di Tulipani di varij colori,
Giunchigli, Anemuli, e Garofali bellissimi, in mezzo à questo vi è l'Vccelliera, doue si conseruano Tortorelle
bianche, e grigie, con altri Vccelli, secondo il piacere del Prencipe, questa
Vccelliera tanto all'intorno che di sopra è ornata di statue, e busti, e bassi rilieui. Il voler descriuere tutte le grandezze di questo luogo, sarebbe cosa
troppo longa. Di sopra vi è vn bellissimo Montone in basso rilieuo di marmo. Vltimamente il Sig. Prencipe di
Rossano hà fatto due belle scalinate,
longhe 75. piedi, il Viale, che le sparti-
sce, è largo 6. piedi, chi non vede questa bella scalinata, non vede vna delle
più belle cose di Roma, perche quì si
vedono fiori, rarissimi, di tutti li tempi,
messi nelli Vasi per poterli mettere, e
leuare à loro piacere. Vi sono tele per
coprirli, congegnate con grossi ferri per
poterle mettere, e leuare, secondo la
Stagione, e quì finiscono li Giardini secreti.

Secondo Recinto.

VScirete dal Palazzo per la Porta verso Tramontana, e vedrete vna bella Piazza longa 360. e larga 190. palmi, all'intorno vi sono 14. Vrne antiche di terra cotta, tramezzate di statue, vi sono due Sfingi di pietra Egittia con caratteri di quell'Idioma, e così dall'altra banda la gran Fontana in mezzo alla Piazza, il Vaso antico di granito, di sopra vi è la statua di Narciso di bronzo. Hà questa Piazza dalle parti due Boschetti, lunghi ogn'vno 192. e larghi 115. palmi, hanno due Cupolette, fatte di verghe di ferro grosso, nel mezzo vi è vna Tauola, doue si fanno le Ricreationi. Vedrete doppo li Boschetti vn grandissimo Prato con 600. e più Piante di Leccini, che tutto l'anno si mantengono verdi, sono messi con bello ordine, quì vedrete alla fine di questo Recinto verso l'Occidente la Prospettiua, nelle muraglie vi sono molte, e belle Iscrittioni Greche, e Latine, in marmo, statue, e bassi rilieui, da rimpetto delle bande vi sono drizzate due Colonne con statue di sopra. In faccia al Vialone, che corrisponde al Palazzo, vi è la Conigliera, & è longa 172. e larga 15. palmi, in mezzo vi è vn Steccato
cato

cato di legno per diuidere li Conigli
bianchi dalli bigi, il numero delli Conigli è impoſſibile ſaperlo, per la
quantità, che ve ne ſono, baſti dire, che
per mantenerli vi vogliono 24. Rubia
di tritello l'anno.

Del terzo, & vltimo Recinto.

VScirete dal Cancello di ferro in
vn ſtradone, ornato da ſpallieroni d'Alberi di Leccini, longo 342.
paſſi e mezzo, à mano dritta vi è la
Campagna raſa, che ſerue per la Caccia degl'Animali, in circa 400. che ſono
giornalmente in queſto Barco, e ſono
Daini, Caprioli, Cerui, e quantità di
Lepri, e Vccellami; vi è il Boſchetto
molto commodo, con il ſuo Caſino, e
foſſo all'intorno per pigliare li Tordi il
meſe di Ottobre; il Caſino della Prencipeſſa copioſo di rare pitture, da quì
voltarete verſo al mezzo giorno, vedrete il Lago, lungo 100. e largo 15. paſſi,
hà di fondo 13. palmi d'Acqua, in mezzo vi ſono due Iſole per la ſicurezza
dell'Anatre di ogni ſorte, e delli Cigni
per dormire la notte. Di quì paſſarete
nel Pigneto, e vedrete il Gallinaro curioſo di Galline, Capponi, Pauoni di
varij colori, & anco bianchi. Vi ſono
trè grandi Struzzi, dicono, che non
fanno

fanno oua fino, che non hanno 20. ò 25.
anni .

Quì vicino in luogo baſſo vi è il Barco picciolo, longo 311. largo 42. paſſi e mezzo, è tutto circondato di Cancelli di legno, iui ſi conſeruano Lepri, & Vccellami. Doppo ſeguitarete nel Prato delli Leccini, che formano, per così dire, vn grandiſſimo Boſco, mà così ben piantati à profilo, che fanno proſpettiua per tutti i verſi. Vi è vn gran Vialone, longo 275. e largo 5. paſſi, à piede vi è vn bel Vaſo di marmo, ornato di vn bel Baccanale in baſſo rilieuo, è longo 10. e largo 6. palmi, dalle parti vi ſono due Vrne ſopra li ſuoi piediſtalli: vedrete due ſtanze con forti, e groſſe muraglie, e porte con cateratte di ſopra, quali ſeruiuano per dare da mangiare à gl'Animali feroci, come Leoni, Orſi, Tigri, e Gattipardi, quali prima vi erano, quì vi è l'altro ſtradone, che è l'vltimo del Barco, è longo 177. e mezzo, e largo 5. paſſi.

Vſcirete dal Barco per il Portone delle Carrozze, ouero per la porticella della Caſa de' giochi d'Acqua, queſto luogo è anco compreſo con la Villa, benche non ſia nel Recinto del Barco: era prima Vigna da vino, due anni fà il Signor Prencipe la fece tagliare per piantarui Gelſomini, e Tuberoſi. Vi è
il

il Giardino con vaghe, e varie fpalliere
di Agrumi, e Vafi d'ogni forte : nella
Cafa del Giardiniere vi fono diuerfi
giochi d'Acqua, fatti con Machine da
mettere, e leuare fopra di vn Vafo di
marmo, fatto à Barchetta, li giochi fono quefti, vn Parafole, vn Granato, vna
Caccia, due Porci Spini, vno dritto in
piede, e l'altro per il longo, vna Mazza
da guerra, vn'Albero di Merangoli, la
Girandola, la Saccoccia, che bagna da
per tutto fino fopra li Balconi, e poi li
giochi della Fontana del Dragone, l'altro gioco nel fortire dalla Porta; Vi
fono altri giochi, nel principio del ftra-
done, coperto dall'Alberi. Prima di
vfcire il Portone, detto di Muro torto,
vedrete vn Pozzo, che vi fi fcende per
41. fcalino, vi paffa fotto l'Acqua Vergine, così detta, per vna Vergine, che
la trouò, fù prodotta da Claudio Imperadore, riftaurata poi da molti, vltimamente da Pio Quinto, vi fono fette palmi d'Acqua, e quì dò fine alla defcrit-
tione di quefta famofa, e fuperba Villa,
lafciando adito al Curiofo di più mi-
nutamente offeruare il tutto, feruendo-
mi io della breuità per non tediare chi
legge.

Della

Della Villa Ludouisi, posta nel Monte Pincio.

QVesto Giardino hà vn miglio e mezzo di circuito, lo stradone, che corrisponde in faccia all' entrata del Portone è longo 200. e largo 5. paßi, così sono gl'altri Viali, che corrispondono alle muraglie della Città, in fondo del detto Viale vi è la statua Colosso di Faustina, hà dalle bande spalliere grandi di Cipresso, vi è il Laberinto, longo 85. e largo 60. paßi, vi è vn' Idolo Egittio curioso, & è tutto ornato di Statue, e trà le altre vi sono belle figure Consolari, due Rè Barbari prigionieri con le mani legate, il bel Sileno, che dorme sopra di vn' Vrna antica, ornata di basso rilieuo di vna battaglia, il Gruppo del Satiro con il Fauncino, la statua di Leda, vi sono molti rari busti d'Imperadori al numero di 26. la bella statua di Nerone in habito Sacrificante. Vscirete dal Laberinto, & entrando nella Vigna vedrete vn'Obelisco per terra, longo 41. e largo 7. palmi, cioè li pezzi, che si vedono, è pieno di Caratteri Egittij : Questa Guglia era in mezo à gl'Orti di Salustio, li quali erano in questo luogo, di quì entrarete nel Viale, che corrisponde al Palazzo, che è lon-

è longo 170. e largo 3. paſſi, in fondo
di queſto vicino alle muraglie della
Città, vi è la ſtatua di vn Satiro di buon
Artefice. Sopra di queſto ſi vede vn
Sepolcro antico con due ritratti di ſopra, di M. Aurelio Conſole, e di Teo-
dora ſua moglie, come ſi legge nella
ſua Iſcrittione; Seguitarete à canto alle
muraglie verſo l'Occidente, e vedrete
la Teſta Coloſſea di Aleſſandro Seuero,
ò d'altro. Quì vicino ſi vede vn belliſſimo Sepolcro, longo 11. largo 6. &
alto 6. palmi, è ornato di vna battaglia
trà Greci, e Romani, la quale per eſſere
ſenza Iſcrittione, non può ſaperſi di chi
ſia, molti però vogliono, che ſia di Saluſtio, deducendolo dagl'Orti ſuoi,
quali erano quiui vicini. Altri dicono,
che ſia di Pincio Senatore, per eſſerui
ſtato vn Palazzo di queſto Pincio, & il
Monte ſi chiamaua con il medeſimo nome, e coſì oggi eſpreſſamente ſi chiama
il Monte Pincio, & il Colle di Saluſtio
per gl'Orti del medemo, li quali erano
in queſto luogo poſti, de'quali trattaremo appreſſo; Di quì vedrete il Caſino,
poſto in mezzo di vna bella Piazza, la
quale lo gira all'iittorno, & hà di giro
104. paſſi, ornata di molte Vrne di terra
cotta, al numero di 24. con varie Statue,
è Spalliere di Cipreſſi.

Nella prima ſtanza del **Palazzo**, cioè
nel-

nella Volta, vi è l'Aurora in atto di
fuegliare la notte, che dorme, & è rara
pittura à fresco del Guercino da Cento;
di sopra in vna Cassa vi è vn'huomo impietrito, raro, & vnico in Roma, quale
fù donato à Gregorio Decimoquinto di
Casa Ludouisi da vn Pellegrino, il quale venne dal Mare dell'Arena. Nella
Volta della Sala si vede la Fama vo-
lante del medesimo Guercino. Li busti,
con le teste di Claudio, e di M. Aurelio, il busto di Gregorio XV. fatto dal
Bernino, di sopra in vna stanza si vedono varij Cristalli composti in differenti
bicchieri, e con Vasi curiosissimi, fatti
da vn gran Virtuoso, chiamato Scaccia
Diauoli. Questo Palazzo è posto nel
luogo più eminente del Monte Pincio,
sopra del quale vi è vna loggia, doue si
gode la Città di Roma, & anco la Campagna, come Tiuoli, Frascati, & altri
luoghi circonuicini. Di quì andarete per
il Viale, longo 172. passi e mezzo, che
conduce al Palazzo grande, ornato al
di dentro di rare Statue; parlarò solamente quì delle più rare, e sono due
Apolli, l'vno in faccia all'altro, Esculapio Dio della medicina, il busto di
Antinoo, la statua al naturale di Antonino Pio, sopra alla Porta la rara testa
di Pirro Rè degl'Epiroti in basso rilieuo.

Nella

Nella feconda ftanza il Gladiatore, che fi ripofa dal combattere, Olimpia Regina di Macedonia anticomoderna, l'altro Gladiatore à federe, per il fcudo pare che fia Marte, e per l'amorino pare Carino il Fauorito di Fauftina.

Nell'altra ftanza, la ftatua di Venere, e Cupido, il Gruppo di vn Fauno, con vna Venere, il bello Oracolo di Bacco in baffo rilieuo di pietra Egittia.

Nella ftanza, che fegue, il bufto di M. Aurelio, la di lui Tefta è di bronzo, & il Bufto di porfido, l'Ercole; in quefta ftanza vi era il famofo Gladiatore moribondo, che fù comprato dal Prencipe Don Liuio Odefcalchi, degno Nipote della felice memoria d'Innocentio XI. la S. Cecilia pittura di Guido Reni, nell' vltima ftanza verfo l'Occidente vi è il Gruppo di vna Donna con vn Giouinetto, che rapprefentano la Concordia, ouero Papirio, che la madre lo prega di volergli dire li fecreti del Senato, come racconta Valerio Maffimo, quefta Statua è ftimata 40. mila fcudi, la ftatua di Proferpina, e Plutone, opera del famofo Caualier Bernino. La rara ftatua di Fuluio fauorito di Augufto, che fi ammazza da fe fteffo, & il cafo fù, che Augufto confidò con quefto Fuluio vn fecreto importante, con ordine di tenerlo fecreto, mà il

detto

detto Fuluio lo confidò con la moglie ,
quefta , come è vfo delle Donne , che
niente tengono fecreto , lo diffe ad altre Donne fue amiche , la cofa andò all'
orecchie dell' Imperadore , e fece vna
gran ripaffata à Fuluio , perche haueffe
publicato il fecreto, Fuluio fi fcusò,che
non l' haueua detto ad altri , che alla
Moglie andò à cafa fi lamentò con effa,
con dirgli, che lei haueua la colpa , che
lui haueffe perfa la gratia di Augufto,
la Donna per il difgufto fi ammazzò con
vn pugnale , il Marito vedendo quefto ,
corfe,leuò il coltello alla Moglie, e per
difgufto fe lo mife in petto , come fi vede, quefta Statua è ftimata 50. mila fcudi, come vuole il Guicciardino .

Nella Piazza vicino alla Fontana al
Cantone della muraglia , vi è la tefta di
Sabina di Adriano Imperadore .

Nella Galleria, il bel bufto velato di
Fauftina Minore , la ftatua di Minerua ,
vna ftatua di Mercurio bi buon Maeftro,
la Vergine Veftale , il Coloffo di Bacco con altre figure fopra vn piedeftallo di Diafpro, il bufto di Giulia Titi , il
raro bufto di Pifcenio Nigro,nel Camerino vi è la tefta di vna Vergine Veftale
velata , di ottimo Maeftro ; il Fanciullo
di Ercole, ouero Amore,che dorme, nel
fortire dalla Galleria fopra la Porta vi
è il Baccanale in baffo rilieuo di buona
maniera .   *Della*

Della Villa di Montalto nel Monte Viminale.

VIene congiunta à questo grandiſſimo Giardino vna vaſtiſſima Vigna, del circuito di più di due miglia,
fù fabricata dalla felice memoria di
Siſto Quinto per ſuo diporto, è ſopra
al Monte Viminale, ſi entra dalla Porta, che guarda verſo l'Occidente, vedrete trè belli ſtradoni, quello in faccia, che hà le gran ſpalliere de'Cipreſſi,
è longo 205. e largo 4. paſſi, l'altro ſtradone, che và dalle bande del Portone,
è longo 376. e largo 5. paſſi. Vi ſono
belli giochi d'acqua, e trà queſti il gran
Fontanone, ò Peſchiera, che hà di giro
60. paſſi, & è il più grande, che ſia in
Roma, di ſopra vi è la ſtatua di Nettuno, fatta dal Caualier Bernino, vi è vn
ſcalino, che bagna, paſſandouiſi di ſopra. Di quì andarete al Palazzo, fatto
da Siſto, quando era Cardinale, in faccia à queſto vi è la Piazza quadrata, ornata all'intorno di Vrne antiche di terra cotta, ſotto alla loggia dalle bande
vi ſono due Statue Conſolari, ſedenti
ſopra ſedie curuli, le quali erano di
auorio, l'vna è di Marcello, l'altra di
Mario, ambe opera di Apollonio, come ſi vede dall'Iſcrittióne Greca, poſta

vi-

vicino alli piedi, nel Corritore li busti, di Geta, di Seuero, di Scipione Africano, di Bruto primo Console, e di Druso, il Dauid, pittura di Daniello da Volterra, molti ritratti dal naturale della famiglia di Sisto Quinto.

Nell'Appartamento secondo vi sono varij ritratti al naturale della Famiglia Medici, il quadro grande di Nostro Signore sopra d'vn piedestallo, che gira tondo, del Caualier Gioseppe d'Arpino, vna Tauola di marmo, doue si vede vna Guglia commessa, fatta dal sopradetto Sisto, quando era Cardinale, questa Guglia vuol significare, che quando Sisto sarebbe Papa, haurebbe eretto li quattro Obelischi di Roma, come fece poi, e ne parlaremo più à basso.

Nella stanza prima vedrete la rara statua della Dea Nenia, era questa Dea inuocata dal Popolo Romano à cantare lamenteuolmente la vita tenuta dalli Defonti, il Tempio di questa Dea era fuori della Città nella Via Salara, mentre, come Dea nociua, non era lecito, che il suo Tempio fosse posto nella Città, vedasi Tito Liuio. In faccia à questo Palazzo si vede il Viale, longo 100. e largo 3. passi, in mezzo vi è vn bel gioco d'acqua, vi si vede vna bella prospettiua in quattro parti. Di quì andarete nel Palazzo, fatto da Sisto Quinto,

quan-

quando era Papa , in faccia vi è vna bella Fontana ; vicino al muro della detta facciata vi sono molte figure di Gladiatori , & altre Statue, de' quali , per non essere cose rare, non ne fò mentione . Nel Corritore, li busti del Card. Montalto, e del Prencipe Peretti , fatti dall'Algardi . La statua di Faustina Minore , di buon Maestro ; per le scale vi sono molte Statue, trà le quali sopra la Porta della Sala vi è la testa di Pirro Rè degl'Epiroti . In Sala vna Tauola composta di pietre fine commesse , vn Gladiatore di marmo nero, la bella statua di Liuia, il ritratto di Michel'Angelo Buonarota , fatto da lui medesimo posto in vn Medaglione , li quadri ouali all' intorno della Sala rappresentano l'Istorie di Alessandro Magno, le pitture à fresco all'intorno nell'alto, rappresentano tutte le cose magnifiche , fatte da Sisto Quinto nel tempo del suo Pontificato .

Nella Camera, che segue , si vede il busto di Druso , il ritratto del Prencipe Sauelli Maresciallo del Conclaue , al presente viuente, il S. Giouanni, pittura del Pomarancio, vn Puttino di terra cotta, fatto da Francesco Fiamengo , la Biblioteca copiosa di molti Volumi , la quale erà del sudetto Sommo Pontefice Sisto , quando era Cardinale. La testa di

di Piſcenio Nigro, rara . Vi ſono molte altre Statue, e Pitture, quali, per
non eſſer di valore, per breuità ſi tralaſciano .

Della Villa del Signor Duca Mattei, poſta nel Monte Celio, detto la Nauicella .

PRima di entrare in queſto Giardino
in faccia alla Chieſa di S. Maria,
detta in Domnica, vi è vna picciola
Naue di marmo, antica, di longhezza
di 13. palmi . Il primo Vialone di queſto Giardino incomincia dalla Porta,
inſino al Palazzo; & è longo 70. e largo 3. paſſi . Non vi è Giardino alcuno
in Roma, che habbia tante Vrne di marmo con le Iſcrittioni antiche come queſto, ſono queſte tutte poſte per ordine
ſopra di vn muro del Viale, che riguarda al Settentrione al numero di 70.
Quì vicino vi è vn luogo quadrato con
ſpalliere, ornato all'intorno di varij
marmi antichi, di Sepolcri, Termini,
Vrne di terra cotta, & altri conſimili .
Di quì ſi và al Laberinto, longo 40. e
largo 22. paſſi; in faccia alla Piazza di
forma come rotonda, vi è la Colonna
di granito orientale, ſopra della quale
è poſta vn'Aquila di bronzo, che rappreſenta l'impreſa di queſto Prencipe

Padrone. Verrete per il medefimo camino verfo il mezzo giorno, e vedrete vna Fontana con la ftatua di Atlante, che foftiene il Mondo fopra le fpalle. Vi fono belli, e vaghi giochi d'acqua, e trà gl'altri, trè belle Fontane di buon difegno. La prima è la Fontana delle Colonne, doue fi vede vn gran Canale d'acqua andare in alto, che fà poi vna bella cafcata. La feconda è la Fontana d'Ercole, che combatte con l'Idra. La terza è la Fontana delli Moftri Marini. In quefto Viale vi fono quantità di varie Ifcrittioni antiche meffe per ordine, in marmo. In mezzo del Teatro vi è vn' Obelifco in due pezzi con caratteri Egittij. Non mancarete di vedere la Tefta Coloffo di Aleffandro Magno, che ftà in alto nel profpetto del fudetto Teatro, il Sepolcro di marmo, ornato di vn baffo rilieuo, che rapprefenta le noue Mufe di buon Maeftro, quale è longo 10. largo 4. alto 5. palmi in circa, nel quale è ftata trouata la feguente Ifcrittione. *Pinarius Panteros Oppiæ Luciæ Mirfinæ*, la quale pare della famiglia Pinaria. Verfo la Chiefa in vna Nicchia fi vede la ftatua in abito Confolare di Traiano, la quale nella finiftra tiene il Mondo, e nella deftra vna carta inuolta, & è di buona maniera, e molto fimile. Nel Palazzo vi fono molte Statue,

F

tue, sopra la porta di fuori, la testa di Nerone di bronzo.

Nella prima stanza il Seneca, Martia, & Apollo, moderno, dell'Oliuieri, il busto di Sabina, il Cauallo di bronzo, raro, antico, Adriano à cauallo, Antonino Pio, l'Amazzone.

Nella seconda stanza quattro Colonne di bianco, e nero, la Venere, e l'Amicitia, bella Statua moderna dell'Oliuieri, il Satiro che caua lo Spino dal piede à Sileno, la rara tauola di porfido verde, non vi è la simile in Roma.

Nella terza stanza, la Tauola di pietre fine commesse, due Maschere Sceniche, il Gruppo di Bruto, e Portia, rarissimo, la testa di Elio Cesare, rara.

Nella quarta stanza, la famosa testa di Cicerone, il busto di Lucio Vero, due Colonne di verde antico.

Nella quinta stanza, vn Vaso di Diaspro Orientale, le statue di Agrippina, e quella d'Antinoo Giouinetto.

Nella sesta stanza, il busto di Gioue di pietra Egittia, le teste di M. Aurelio, di Antonino Pio, di Caracalla, di Adriano, le due statue, di M. Aurelio nuda, e quella di Faustina Minore, di buon gusto. Questo bel Giardino fù fabricato con gran splendidezza da Ciriaco Mattei, & è luogo sanissimo per la perfettione dell'Aria.

Della

Della Villa, ò Horti Farnesiani sopra del Monte Palatino.

QVesto Giardino è sopra il famoso Monte Palatino, che è vno delli belli siti di Roma. Vi sono belle Statue, e trà queste, la rara statua di Agrippina, madre di Nerone, singolare, due Rè Barbari mezze figure con mani legate. Nella stanza vi è vna Fontana con varij giochi d'acqua, e statue, quali sono le seguenti, quella di Marco Aurelio, di Esculapio, di Lucio Vero, di Commodo. Di sopra si vede vn Fontanone con giochi d'acqua, doue si osserua vna bella Prospettiua con scale doppie, ornate di varie Statue, & è disegno di Michel'Angelo Buonarota. Salirete di sopra, e goderete vna veduta per tre parti: la prima verso la Via sacra, l'altra da quella parte, doue era anticamente il Foro Romano verso la Consolatione, e l'altra verso il Circo Massimo, che guarda al mezzo giorno, del quale si parlarà à suo luogo. Qui voltarete dalla parte occidentale, che guarda verso la Chiesa di S. Teodoro, e vedrete molte grotte dell'antico Palazzo Maggiore, nel quale si conserua in pezzi l'Arco Trionfale, quale il Sig Duca di Parma suole eriggere nella via trionfale,

fale, in honore di tutti li Pontefici,
quando vanno folennemente à prendere il poffeffo di S. Giouanni in Laterano, e la fpefa di quefto afcende à trè
mila fcudi, ogni volta.

Sopra quefto Colle era pofto il famofo Palazzo Maggiore, prima habitatione delli Rè, e poi dell'Imperadori
Romani, hoggi fi vedono poche reliquie, reftando il rimanente confumato
dalla crudeltà del tempo, e dall'incendij fucceffi à tempi de' Barbari, le maggiori ruine di quefto fono da quella
parte, che rifguarda verfo S. Gregorio,
e verfo al Cerchio Maffimo. Da quefta
parte era anche il Palazzo d'Augufto,
doue fi vede vn grandiffimo pezzo di fabrica, che foprauanza verfo al detto
Cerchio, quefto era vn gran Balcone,
doue ftaua l'Imperadore con il Senato
à vedere li giochi, che fi rapprefentauano nel Cerchio. Suetonio dice, che
l'Imperadore Caligola faceffe vn Ponte di legno di grandiffima fpefa, il quale
paffaua dal Campidoglio al detto Colle Palatino. La Porta principale del
Palazzo di Caligola era in faccia à
SS. Cofmo, e Damiano.

Della Villa del Sig. Prencipe Pamfilio,
detta Belrespiro, posta nel Monte
Gianicolo fuori della Porta
Aurelia, hoggi Porta
S. Pancratio.

QVesto Giardino è il più grande, che sia nel Circuito di Roma, hà di giro sei miglia, serrato tutto di grosse muraglie. Nell'entrare vedrete il gioco del Pallamaglio longo 200. passi. Vi sono viali con spalliere di Cipresso, il Viale coperto di Leccini, longo 290. passi, ombroso, e verde in tutti i tempi, vicino al Palazzo verso Settentrione vi è la Piazza, che forma vn mezzo circolo: all'intorno vi sono li busti delli dodici Cesari. Dall'altra parte verso il mezzo giorno vi è il Giardino secreto, longo 200. e largo 26. passi, quale à suo tempo è pieno di varij fiori bellissimi, e nel fine si vede vna gran Peschiera, in vna nicchia vi è la statua di Alessandro Magno. Sotto la loggia vi sono due Sepolchri, vn' Idolo Egittio di buona maniera, la statua al naturale di Antonino Pio, & vn' altra d'Hercole, doppo vedrete la Fontana di Narciso, doue sono varij giochi d'acqua; di quì vscirete per il Cancello di ferro nel Giardino, quale è

lon-

longo 260. paſſi. In mezzo vi è il bel
Teatro longo, e largo à proportione,
da vna parte è ouale, e dall'altra quadrato, vi ſono quantità di Statue, Sepolchri, & Vrne di terra cotta, la bella
Fontana, nella quale v'è la ſtatua di
Venere, dalle bande vi ſono duplicate
ſcale, parimente con giochi d'acqua,
dalla parte ouale del circolo, vi ſono
26. vaſi tondi, quali gettano acqua, che
fà vna bella proſpettiua. Verſo al mezzo giorno, vedrete vna grandiſſima
Campagna, ſerrata con raſtelli di legno, che ſpartiſce il Pigneto, quì vi è il
Precoio di Vacche roſſe, vi ſono in circa 300. Animali, come Daini, Caprioli, Cerui, & vn numero infinito di Lepri. Di quì vedrete il Palazzo, doue
habita il Sig. Prencipe, quando viene
per villeggiare, vi ſono belli Viali, e
vaghe Fontane, con ornamenti di buona architettura, vna gran ſpalliera di
Cedri. Di quì ſi torna indietro al Palazzo nobile, quale è di vna perfetta
architettura, diſegno del Caualier Algardi, come anco il Giardino, le quattro facciate di queſto ſono ornate di
rari baſſi rilieui, ſtatue, e buſti, tutto antico di marmo; Vi ſono trè Appartamenti, in quello di mezzo, che è al piano del Giardino di ſopra, vi ſono ſei
Camere, prima di entrare nelle quali

sopra alla porta vi sono li busti di Vitellio, e di Claudio; tanto nella prima stanza, che nell'altre vi sono rare Statue, e pitture, e trà queste la statua di Seneca, di Venere, e di Diana, il busto d'Innocentio Decimo, vn disegno grande di vn Baccanale, di Giulio Romano.

Nella seconda stanza vi è vn' Vrna di Alabastro Orientale, li due busti di Tito, e di Domitiano.

Nella terza stanza, vna tauola di pietre fine, riguardate li due Gruppi di Fanciulli dell'Algardi, l'Arca di Noè, pittura del Bassano, molti ritratti del Giorgione.

Nella quarta stanza sopra al Camino Andromeda in basso rilieuo di marmo molto stimato, vna tauola di pietre fine riportate, due Teste di porfido, l'vna di Bruto, e l'altra di vna Vecchia, creduta la Dea Nenia, ò vna Sibilla; in mezzo vn Vaso di porfido, due Madonne, l'vna di Raffaelle, e l'altra di Pietro Perugino, & vn'altra di Guido, vn ritratto di vna Giouane di Casa Cenci, dipinta da Titiano, la quale fù decapitata, per hauere fatto morire il proprio Padre.

Nella quinta stanza vi sono cinque pezzi di quadri, che rappresentano le principali feste, che si fanno in Venetia, dipinte da vn Fiamengo, la strage degl' Innocenti, di Pietro da Cortona

F 4 di

di buon gusto; vn quadro del Mola, che rappresenta la Città di Castro, destrutta da Innocentio Decimo, per hauere li Castrensi ammazzato il Vescouo, mandato dal Papa. Nella stanza rotonda, ouero la sala, vi sono due pezzi di Cannoni fatti in Venetia, li busti di Galba, di Giulio Cesare, di Seuero, di Faustina, e le statue di Diana, di Adone, & il Gladiatore.

Nella prima stanza dell' Appartamento di sopra, vn quadro della scola del Domenichino, la Carità del Guercino.

Nella seconda stanza, trè quadri del Tempesta, il busto di Giulia Pia, la rara testa di Nerua, vnica in Roma; si vede ancora la statuetta di Bacco di pietra Egittia rossa, vn'altra di Ercole Giouinetto, la Vergine Vestale.

Nella terza Camera, due quadri, che rappresentano l'Arca, del Bassano, due battaglie del Borgognoni.

Nella quarta Camera si osserui sopra di vn tauolino la rara testa di Tullia, moglie di Tarquinio Superbo, il fiume Nilo di pietra Egittia di singolar maniera, due quadri, posti sopra le porte, di buon gusto, del Bassano.

Nell'vltima Camera vi sono buone pitture, cioè vn ritratto di Titiano, vna Madonna della scola di Raffaelle, vn

qua-

quadro con molte figure, del Bordeno-
ne, la battaglia del Tempeſta, due bu-
ſtini, l'vno di Veſpaſiano, e l'altro di
Tito; di ſopra vi è l'Armaria per armare 500. huomini, ſopra l'eſtremità del
Palazzo vi è vna gran ſtanza, con vn'
aſtrico, che gira all'intorno, & in queſta, ſi dice, ſia ripoſto il Teſoro della
Caſa Pamfilia, & è loco ben fortificato
con Porte, e Cancelloni di ferro.

Nell'Appartamento terreno vi ſono
molte ſtatue: Cibelle ſopra al Leone,
vna ſtatua colca, creduta per vn'Ermafrodito, ſotto la quale vi è vn ſepolcro
con baſſo rilieuo, il Gruppo di Giacob
con l'Angiolo, che lottano, opera dell'
Algardi; li due buſti, di Donna Olimpia, e di Don Benedetto Pamfilij, le
ſtatue di Diana, e di Ercole, la Muſa,
l'Ermafrodito, il Sepolcro di Diadu-
meniano figliolo di Oppelio Seuero
Macrino Imperadore, raro.

Nella ſtanza tonda, le due ſtatue di
Auguſto. Le volte di queſte quattro
ſtanze ſono ornate di Stucchi, che rappreſentano varie Iſtoriette, fatte dal
Caualier Algardi con diligenza, eſſendo egli ſtato l'Architetto di tutta la
Villa.

Della

Della Villa Benedetti.

QVesta Villa è posta fuori di Porta
S. Pancratio vn tiro di schioppo, vi è vn bel Palazzo, quale è situato
nel più alto del Monte Gianicolo, gode all'intorno bellissime vedute, il circuito non è troppo grande, nondimeno vi è d'ogni sorte di frutti, & agrumi, come pure tutte sorti di fiori al suo
tempo, vi sono belle Fontane con vaghi scherzi d'acqua, vi è pure la Vigna,
che produce varie sorti d' Vue, sosten-
tate sopra Architraui di legno. Entrarete nel Palazzo, le muraglie del quale,
tanto al di dentro, che al di fuori sono
ornate di vn numero infinito d'Iscrittioni molto curiose, & esemplari.

Nella Galleria prima da basso vi sono molti ritratti di Dame Francesi, &
Italiane, trà le quali Madama di Monte Span, Madama la Valiere, Madama
Colonna; la Contessa Laura Marescot-
ti, il ritratto del Caualier Bernini.

Nell'Appartamento nobile di sopra,
vedrete la bella Galleria, ornata di
grandissimi Specchi, e di varij trofei
messi à oro, e nelle finestre, e porte vi
sono parimente varie Iscrittioni, il simile si osserua nelle due Gallerie colla-
terali, fatte nouamente, vi sono li ritratti

tratti del Rè di Francia, del Delfino, di Monsiur d'Orleans, e di Madama sua moglie, della Regina Madre, e della Regina la Giouine. Li Pauimenti delle trè Gallerie sono di maiolica bianca, e nera. Vi sono stanziole per dormire, molto commode, in vna delle quali è il ritratto della Regina Cristina di Suezia, e del Cardinale Mazzarino.

Nella stanza doue sono alcuni letti per riposo, fatti à modo di scabelloni, vi è il bagno di marmo, per bagnarsi l'Estate, la Cappella molto galante secondo il sito: di quì si sale di sopra nell' altro Appartamento per la scala à lumaca, vi sono altre stantiole per dormire; di quì si passa più alto, e si entra in vn terrazzo, che copre tutto il Palazzo, vi si vede alcuni Specchi, che fanno l'effigie mostruosa, si monta sopra alla loggetta, doue si vedono le longhe vedute. Hoggi è del Duca di Niuers.

Della Villa Aldobrandini.

Questo Giardino è posto sopra al Monte Quirinale verso al mezzo giorno, vicino alle Monache de' SS. Domenico, e Sisto, il Giardino è ornato di belli Viali con spalliere di Bussi, in varie parti vi sono Vasi, ò sepolchri antichi di marmo, sotto alla loggia vi è

vna pittura à freſco antica ſopra al muro di molte figure, che rappreſenta vn
maritaggio di quelli tempi antichi, è di
ſingolar maniera, la quale fù trouata,
cauando nelli Bagni di Tito Veſpaſiano
nel Monte Eſquilino, fù tagliato il muro, e portato doue hoggi ſi conſerua.
La facciata del Palazzo verſo l'Occidente è ornata da molti baſſi rilieui rari, e conſeruati. Dentro delle ſtanze
vi ſono rare pitture, e trà queſte il ritratto di Bartolo, e di Baldo, opera di
Raffaelle d'Vrbino, il Baccanale di Titiano con Arianna fugitiua, e Bacco,
che ſcende dal Carro per ſeguirla, opera rara, e vnica, la Giuditta del medeſimo Titiano, la Madonna con S. Girolamo, e S. Lorenzo, l'Incoronatione della
Vergine, Pſiche che contempla Amore
ſopra vn letto, tutte opere famoſe di
Annibale Caracci, vn'altro Baccanale
di Giouanni Bellino, il ritratto della
Regina Giouanna di Leonardo da Vinci, le quattro Teſte di Filoſofi, e ſono
quelle di Omero, di Marcello, di Virgilio, e di Seneca, Venere à cauallo à vn
Pauone, belliſſima, l'Ermafrodito à ſedere con vn Fauno, che li và incontro,
& è rariſſimo.

Del Giardino dell'Eccellentiſs. Sig. Prencipe Chigi.

IL Giardino dell'Eccellentiſſimo **Sig.** Prencipe Chigi è poſto ſopra il Monte Viminale nella Via Felice, trà S. Maria Maggiore, e le quattro Fontane, è longo 50. e largo 25. paſſi in circa, vi ſono 35. giochi d'acqua, tutti differenti, con belli Viali, e ſpalliere di Gelſomini, le muraglie all'intorno ſono coperte di ſpalliere di Agrumi d'ogni ſorte, e quantità di Vaſi della medeſima qualità, con ogni ſorte di fiori.

Nel Palazzo vi ſono rare pitture, cioè il ritratto di Aleſſandro Settimo, vn'altro di D. Mario Chigi, fratello del Papa, e quello della bon.mem. del Sig. Cardinale Flauio Chigi, quando era Giouane. Di ſopra nella prima ſtanza vi ſono due Carobine compagne interſiate d'oro, e guarnite di granate di Boemia, ſtimate 3000. ſcudi, furono donate dall'Imperadore al Conteſtabile Colonna, & il Conteſtabile lè donò al detto Sig. Card. Chigi. Vi ſono belli Archibugi da caccia con Canne fine di Spagna, il più bello de'quali hà la Caſſa interſiata di argento, il quale io vendei al detto Sig. Card. quarantadue ſcudi, vi è vn'Archibugio, che ſi carica

con

con il vento , & vn'altro , che tira 20.
ò 24. colpi . Vi sono stendardi de' Turchi, letti Indiani, cioè reti, che si lega-
no da vn'albero all'altro , alcuni abiti ,
fatti di penne di Pappagalli, delli quali
-si coprono le Donne le parti vergogno-
se nell'Indie Orientali, portando il rimanente del corpo nudo . Quì vedrete
il famoso Museo , nel quale sono infinite rarità , farò mentione solamente di
alcune cose più rare , per non essere
troppo longo . Entrarete, e voltarete
à mano dritta, e vedrete Diana Trifron-
te di bronzo , vna Tazza di Elitropia
verde, due balle di Belzuar, l'vna Orientale, e l'altra Occidentale, il bell'Idolo
delle Donne Maritate, chiamato Priapo Sonore , il quale era adorato dalle
dette Donne per la fecondità , & hà la
testa del Gallo ; vi farete mostrare vno
delli trenta denari , co' quali fù venduto Nostro Signore Giesù Christo , il
quale fù donato da vn Vescouo Greco
alla santa mem. di Alessandro Settimo,
vn dente di Gigante , vn pezzo di Cala-
mita di tutta perfettione, la Bolla d'oro
antica , che la portauano li Caualieri
al collo per segno di nobiltà , la bella
moneta d'argento , chiamata Siclo, con
Carattere Ebraico , si donauano cinque
di queste monete, quando si presentauano li Bambini di Persone ricche al Tempio,

pio, e la Madonna Santiſſima per eſſere
pouera donò li Colombi; l'abito, e tutto il fornimento del Cauallo del Marcheſe Francipani, che fù decapitato à
Vienna, il Campanello di Siſto Quinto
di argento, ornato di diuerſi animali,
e fatto da buon Maeſtro, vi ſono molte
figurine di bronzo, e d'Idoli Egittij,
varij Moſchetti di Turchi, con diuerſe
altre armi curioſe, il Tripode con il
Vaſo di ſopra, che ſeruiua per fare li
Sacrificij delli Gentili, il Moſtro del
Vitello con due Teſte, nato nelle Cam-
pagne di Roma l'Anno Santo 1675. la
più rara coſa, che ſi veda, è la Mumia
d'Egitto intiera, la quale fece venire il
detto Sig. Card. da Egitto, e li coſtò
quattro mila ſcudi, vi ſono cinque cor-
ni di Cauallo Marino, il raro buſtino
dell'Imperadore Adriano, antico d'Elitropia di gran valore, la pelle di vn
Turco, come vn dante, & infinite altre
curioſità.

Del Giardino del Prencipe Giuſtiniani.

Queſto Giardino è fuori della Porta Flaminia, hoggi del Popolo,
à mano dritta vn tiro di ſaſſo, vi è vn
Vialone aſſai longo, ornato tutto dalle
bande di vn grandiſſimo numero di Statue,

tue, e quantità di Vrne, ò Vaſi di marmo con belli baſſi rilieui.

Del Caſino del Sig. Card. Carlo Barberino.

QVeſto bel Caſino è ſopra li Ba-
ſtioni di S. Spirito, fù fabricato
da Don Taddeo, Fratello di Vrbano
Ottauo, vi è vn bel Giardino con longhi viali, e fontane, vi ſono alcune Vrne molto grandi di terra cotta intorno
al Fontanone. Nel Caſino vi ſono alcune belle pitture, le rarità maggiori da
oſſeruarſi, ſono quaranta Piatti di Raffaelle d'Vrbino, di quì ſi vede la Città
in proſpettiua. Sopra queſto Monte vi
era vn Palazzo per diporto di Nerone,
ſopra del quale ſtaua il Crudele à vedere martirizzare li Santi Martiri nel Campo Vaticano, di quì ſi vedono le fortificationi, fatte da Vrbano Ottauo.

Della Villa Medici.

LA Villa Medici è ſopra del Monte
Pincio, oggi Monte della Trinità, vi è vn ſpatioſo Giardino, con vn
belliſſimo Palazzo, ornato di Statue, e
pitture; il Giardino è longo 321. e largo 80. paſſi, la ſtatua di Roma Trionfante ſedente, più grande del naturale,
e la

e la Cleopatra; à piedi allo ſtradone di
mezzo verſo al Settentrione ſotto à vn
Tetto vi ſono quattordici Statue, & vn
Cauallo, che rappreſenta la fauola di
Niobe, di quì andarete di ſopra al Boſchetto, vi è vn gran Terrazzo; alla fine
del Boſchetto di Leccini verſo al mezzo giorno vedrete vn Maſſiccio alto, e
tondo, circondato da piante di Cipreſſi,
queſto anticamente era il Tempio del
Sole, come molti vogliono. Modernamente i Gran Duchi vi fecero vna grandiſſima Fontana, conducendo l'acqua
per Iſtromenti di Matematica; eſſendo
il luogò troppo alto per portarla, benche l'Acquedotto hoggi è tutto guaſto,
per andarui di ſopra ſi monta vna ſcala
di 60. ſcalini in circa. Nella Piazza
auanti il Palazzo vi ſono due gran Vaſi
di granito orientale, delli quali ſe ne
ſeruiuano li Antichi per bagnarſi, ſono
longhi 4. e larghi 2. paſſi, auanti alla
ſcala le trè Statue di bronzo, l'vna del
Gladiatore, l'altra di Saturno, e l'altra
di ſopra di Mercurio. La facciata del
Palazzo è ornata tutta di baſſi rilieui,
al numero di 16. pezzi, e ſono delli belli, che ſi trouino in Roma, rappreſentano varie Iſtorie, Ercole, che combatte
con il Leone, l'altro, che paſſa vn fiume
à Cauallo, & alcuni Sacrificij, le Statue della detta facciata, e buſti ſono 40.

il

il Leone di marmo, fatto da buoniſſimo
Artefice. Sotto la loggia le ſei Matrone Sabine, il vaſo di Alabaſtro Orientale, l'altro vaſo tondo di marmo, ornato
di bel baſſo rilieuo, nella ſala vi ſono
18. Colonne, 4. di verde antico, 2. di
breccia, rare, il Gruppo del Satiro con
il Fauncino, la teſta di Liuia, due figlioli di Niobe, di buon Maeſtro, quattro
Bacchi, il buſto di Tullia, il buſto di
Giulia Titi, bella, e di Lucio Vero, la
teſta di Seneca, di Martiana, e di Vitellio. Nella ſtanza, che ſegue, à mano
dritta la ſtatua di Ganimede, rara, vn'
Apollo, la rara ſtatua di Martia, legato
all'arbore per eſſere ſcorticato da Apollo, l'Amore alato, due Veneri, la Tauola di pietre fine, longa 10. larga 6.
palmi, vn'altra Tauola con varij diſe-
gni di Titiano, coperti di Criſtallo di
Monte, il ritratto di Leone XI. di marmo di Caſa Medici. Trà le pitture, il
quadro di Noſtro Signore, che porta la
Croce, fatto di buon guſto da Scipione
Gaetano, due altri quadri d'Andrea
del Sarto, la Madonna, con il Bambino,
S. Giouanni, e S. Gioſeppe, è pittura
ſingolare, creduta di Titiano. In ſala
ſopra la Porta, il quadro della battaglia di Lepanto del Tempeſta, ſei pezzi
del Baſſano, la Galleria è longa 38. e
larga 4. paſſi, all'intorno nelle ſue nicchie

chie vi sono 45. figure di marmo, trà Statue, e Busti diuersi, sopra del finestrone della Ringhiera vi è il Medaglione di Costantino Magno di Alabattro Orientale, il Sepolcro di marmo, coperta di rame, vi è vn Sacrificio di vn Toro con molte figurine, al primo capo scala la statua di Apollo. In questo Giardino vi sono Giardinetti secreti, pieni d'ogni sorte di fiori rariffimi, in cima del Palazzo vi è la loggia, doue si vede tutta la Città di Roma.

Della Villa del Marchese Costaguti.

QVesto bel Giardino è sopra del Monte Quirinale vicino à Porta Pia, congiunto alle muraglie della Città; vi sono noue viali, trè sono maggiori dell'altri, con gran spallieroni di Cipresso; questi viali cominciano dal Palazzo, vanno verso l'Oriente à terminare alla fine del Giardino, sono longhi 190. larghi 4. passi, la larghezza del Giardino è 100. passi. Vi sono belli giochi d'acqua quanto si puol dire, e vedere, e sono in varie parti per li Boschetti, nella Grotta di S. Antonio, e di S. Paolo primo Eremita; la quantità de' vasi, e spalliere di Agrumi d'ogni sorte. Vedrete il sontuoso Palazzo,

auan-

auanti del quale vi è vna Piazza quadrata, ornata di dieci Statue all'intorno, l'Adone, Traiano, Marco Aurelio,
Esculapio, Ercole, Geta Giouine, la
Flora, vi sono altre Statue, le quali si
tralasciano per non essere di tedio, dalle parti del Palazzo vi sono due Giardinetti secreti con belli giochi d'acqua.

Nel Palazzo al primo Appartamento à terreno vi sono giochi d'acqua singolari, il primo alla sedia, l'altro al
gioco del Trucco, vn'altro al Tauolino, e molt'altre Statue, e Busti. L'Appartamento di sopra è ornato di ricche
Tapezzarie, e belli quadri di Titiano,
di Guido, del Tempesta, non mancarete di farui mostrare li trè Gabinetti,
ricchi di esquisite pitture, e ritrattini,
Studioli, e Tauolini d'Ebano, & altre
infinite galantarie. Mi è parso bene di
fare mentione del Giardino di questo
Signore per essere degno della vista di
qualsiuoglia Signore, il sito è bello, e di
buon'aria.

Della Villa di Paolo Antonio Torri.

Questa bella Villa è posta fuori di
Porta S. Pancratio nella Via Aurelia vn quarto di miglio, vi è il bel
Giardino, composto di belli giochi d'
acqua,

acqua, Agrumi di tutte forti, e varij frutti.

Della Villa Corsini.

LA Villa Corfini è incontro alla fopradetta del Torri; per entrarui bifogna tornare à dietro al Cancello di ferro in faccia alla Villa Benedetti. Vi è vn belliffimo Palazzo di bella Architettura con la fcala doppia, come in Campidoglio, & à Monte Cauallo; Confifte in vn folo Appartamento, nel quale vi fono vaghe pitture, e belliffimi bufti moderni di Donne, e d'altri Perfonaggi, molto belli, creduti d'Ercole Ferrata, e d'Aleffandro Rondoni; Non mancarete di montare di fopra, per vedere la belliffima vifta, non credo, che vi fia luogo intorno di Roma, che gode più bella veduta di quefto Palazzo; non mancarete di vedere il vago Giardino, pieno di tutte forti d'Agrumi rariffimi in grande abondanza.

Il fine de' Palazzi, e Ville di Roma.

DELLE

DELLE VILLE,

E SVE RARITA'

Che sono da vederfi in Frafcati, e in Tiuoli, in Caprarola, in Bagnaia, e nel Giardino, e Palazzo della Famiglia Ginnetti in Velletri.

Del Giardino di Bagnaia del Sig. Duca Lanti.

Vesto belliffimo Giardino è ornato di belle Fontane, e Bofchetti, fatto con mirabil fpefa dal Cardinal Gio: Francefco Gambàra, e fempre dalli Succeffori è ftato accrefciuto di quelle delitie, che puote hauere vn vago, e bel Giàrdino. Vi fono belle Pefchiere, e vaghi giochi d'acqua, il gran Barco, doue fi conferuano quantità d'Animali d'ogni forte, il vago Cafino fabricato dal Cardinale Aleffandro Montalto, degna memoria di quefto Prencipe, vi fono rare pitture dell'opere del Taffo, il bel fonte delle Sirene, ornato di Statue, il Bofco

fco dell'Abeti , le ftanze delle Mufe , il
Diluuio , le Fonti del Dragone , dell'
Anetre, di Bacco, dell'Vnicorno, delle
Ghiande , e di Parnafo , e la Conferua
della Neue . In quefto delitiofo luogo
fono riceuuti li Ofpiti foraftieri , è publica delitia , oue il tutto vien bene ornato dalla fplendidezza di quefto generofo Prencipe .

Del Palazzo di Caprarola del Duca di Parma .

QVefto vago , e ricco Palazzo fù
fabricato dalla fplendidezza del
Cardinale Aleffandro Farne-
fe , fuperbiffimamente ornato di rare
Statue , e pitture di famofi Artefici ,
l'Architetto di quefta famofa fabrica fù
Giacomo Barotio da Vignoia , è tutto
in ottangolo , le ftanze fono quadrate ,
il Cortile rotondo ; il Portone ornato
di Statue , fopra del quale vi è vna vaga
Fontana artificiale . Nella loggia vi
fono più piani , con l'Appartamenti
per l'Eftate, e per l'Inuerno : la fontuofa Cappella , ornata di belle pitture di
Taddeo Zucchero con l'inuentioni Poe-
tiche fuggeriteli dal grand' Annibal
Caracci , il Cortile ornato di propor-
tionate Colonne , che forma vn giufto
Teatro, ornato di belle Statue, vi è vna

ftan-

ſtanza marauiglioſa, doue ſi ſente l'Eco;
Il più che deue ammirarſi in queſta ſtanza è, che ſtando in vn cantone della Camera, ſi puole parlare piano quanto ſi
vuole, che ſi ſente dall'altra parte della
Camera. Si cala poſcia in due delitio-
ſi Giardini, vi ſono belle fontane, ornate di rare Statue antiche, la prima è la
Fontana del Paſtore, l'altre tutte diuerſe, vi ſono ſtradoni reali, ornati di ſpalliere di vaghe piante, nell'eſtremità
fanno come vn'arco, che rende il ſito
ombroſo, e delitioſo, tutto è circondato da groſſe, & alte muraglie, e Baluardi à guiſa di Fortezza ben fortificata,
eſſendo degno, e notabile teſtimonio
della generoſità di quel ſplendidiſſimo
Prencipe.

Del Giardino Eſtenſe in Tiuoli,
e dell'altre Curioſità,
che vi ſono.

IL grandiſſimo Palazzo, e Giardino
del Cardinale di Ferrara, poſto
nella Città di Tiuoli, fù fabricato con
grandiſſima ſplendidezza, e doppo re-
ſtaurato dal Cardinale d'Eſte, vi fù ſpe-
ſo nella prima fondatione vn milione
di ſcudi Romani, vi ſono belliſſime Fontane artificioſe con varij ſcherzi d'acqua, il gran Palazzo molto bello, capace

ce d'alloggiare qualſiuoglia gran Prencipe con tutta la Corte più grande, che
ſia, è ornato di ricche Tapezzarie con
Statue, e pitture à freſco, fatte da eccel-
lenti Artefici, la facciata del Palazzo è
della medeſima larghezza del Giardino. Parlaremo ſolamente delle curioſità più rare del detto Giardino, e prima oſſeruarete la bella Fontana dell'
Alicorno con vn padiglione di quattro
Fontane, che verſono acqua in forma
di ſpecchio, il gioco della palla, la Fontana di Leda, e di Eſculapio, di Aretu-
ſa, di Pandora, di Pomona, e di Flora,
vn Viale con acqua ſotterranea, la quale attrauerſa il Giardino, che getta acqua alla Fonte del Cauallo Pegaſeo, e
di Bacco, la Grotta di Venere, le Fontane grandi con li Coloſſi della Sibilla,
Eſculapio con le Ninfe, che verſono
acqua, la Grotta della Sibilla, la Fontana di Diana, e l'altra di Pallade, la
bella Fontana, che rappreſenta Roma,
l'altra Fonte dell' Vccelli, quali canta-
no à forza del vento commoſſo dall'acqua, le Fontane delli Draghi, vi è la
Dea Natura, che per forza d'acqua ſuona vn'Organo, come anco quella di
Antinoo. Vi ſono varie, e belle Peſchiere con la Fontana di Venere, di
Nettuno, e delli Tritoni. Il Laberinto, le ſcale che gettano acqua per tutto,

G   li

li Boschetti , & è impossibile potersi
guardàre dall'essere bagnato , per la
quantità delli giochi dell'acqua, che
all'improuiso vengono dal Fiume Aniene , oggi il Teuerone. Vi è la Roma
antica con molti Tempij delli falsi Dei,
sono in circa 50. mà piccoli, la marauiglia di questo gran Giardino, è la famosa Girandola curiosissima da vedere ,
vi sorge vn capo d'acqua, che alza vn'
altezza straordinaria di così gran forza,
che potrebbe alzare vna machina di
500. libre di peso , e nell'alzare fà strepito come se tirassero mortaletti, per
tanto niun Forastiero dourebbe lasciare
di vedere questo vago Palazzo, e Giardino del Duca di Modena.

Dentro della Città di Tiuoli verso
l'Oriente vi passa il fiume Aniene , che
vi fà vna famosissima Cascata, celebrata
per tutta l'Europa, che mette terrore à
chi la mira , và in vn grandissimo precipitio, che si chiama la bocca dell'Infer-
no , doue si perde per vn gran pezzo , e
và à sortire à basso nella Pianura. Di
sopra alla detta Cascata sopra di vn
scoglio, vi è il bel Tempio della Sibilla Tiburtina, ouero come alcuni vogliono d'Ercole , quale era adorato da questi Popoli di Tiuoli, quali, secondo Liuio, si chiamauano Popoli Ercolani,
perche adorauano Ercole ; questo Tempio

pio è per anco intiero con il ſuo Portico all' intorno ſoſtentato da molte Colonne, al numero di dieci, le altre vi
mancano.

Nella Piazza della Città vi ſono due
Idoli grandi al naturale di granito
orientale, prima erano nella Città di
Norcia, & eſſendo guerra trà queſti due
Popoli, e reſtando vittorioſi li Tiuoleſi, nell'aggiuſtamento contratto da ambe le parti, volſero i Tiuoleſi queſti
due Idoli, quali ſono rari, e molto ſti-
mati.

Della Villa d' Adriano, poſta vicino à Tiuoli.

Qveſta nobiliſſima Villa non era
troppo lontana da Tiuoli, haueua ſette miglia di circuito, vi
erano tutte le delitie, che immaginare ſi
poſſino, come Selue per la Caccia, con
quantità, e diuerſità d'Animali, e Cir-
coli, Teatri, Anfiteatri, Peſchiere, queſto gran Giardino era vna delle belle
delitie dell' Italia, e dell' Imperio Romano, era circondato tutto da groſſe, &
alte muraglie, in mezzo vi era il famoſo
Palazzo, ornato di vn numero infinito
di rare Statue, e pitture ſecondo l'vſo
di quel tempo. Queſto bell'edificio
haueua nouanta Cortili, tutti di diffe-

rente architettura, con triplicati Portici foſtentati da Colonne di diuerſi marmi fini orientali, vi erano alcuni belli Tempij di quel tempo, baſti dire, che era delitia dell'Imperadore Romano, hoggi ſe ne vedono le ſue reliquie, di grotte, alcuni Corritori, ſtanze ſotterranee, con alquanti ornamenti di ſtucchi, e Moſaici, queſto luogo è delli Padri Gieſuiti, e vi hanno vna belliſſima Vigna. Nel Contorno di Tiuoli vi erano molte altre Ville, delle quali preciſamente adeſſo non ſi sà il luogo, i loro nomi però ſono.

Prima, la Villa di Caio Ceſare, ouero di Caio Ceſare Caligola, in quel tempo Ceſoriano, hoggi Ceſarano.

La Villa di Adriano Imperadore, hoggi Puzzale, già deſcritta di ſopra.

Villa di Siface Rè di Numidia, nella via Valeria, hoggi detta di Abruzzo.

Villa di Zenobia Regina de' Palmereni, ſi chiamaua Conchi, vicino la Villa di Adriano, hoggi Colli di San Stefano.

Villa di Marco Lepido, hoggi Campo Limito.

Villa di Caio Mario Maggiore, che ancora ne ſerba il nome; hoggi vi è la Chieſa detta Santa Maria in Colle Marij, ſi chiama ancora Santa Maria della Carità.

Villa.

Villa di Quintilio, hoggi si chiama Quintiliano.

Villa di Ventidio Baffo era vicina à quella di Varro.

Villa di Lucio Munatio Planco, non si sà il luogo certo doue questa fosse.

Villa di Caio Turpilio, hoggi Turtiliano.

Villa delli Rubellij, famiglia Tiburtina, hoggi Ripoli in Poggi.

Villa delli Plautij, hoggi il luogo si chiama Paterno.

Villa de i Pisoni era vicino à quella di Adriano.

Villa di Caio Casicio Persecutore di Cesare, era sopra la detta Villa de i Pisoni.

Villa di Quinto Cesilio Pio Metello Scipione staua vicino à quella di Mario, hoggi è là Chiesa dell'Annuntiata.

Villa di Crispo Salustio era, doue è hoggi la Porta di S. Croce, corrottamente si chiama lo Stimo.

Villa de i Lolli, il luogo non si sà.

Villa di Caio Mecenate Cilnio era, doue è hoggi la Porta, che và à Roma, detta hoggi Porta oscura.

Villa di Catullo Poeta era, doue è hoggi il Monastero delli Monaci del Monte Oliueto.

Villa d'Oratio Poeta fù quella di Mecenate, donatali dal medesimo.

Villa

Villa di Manilio Vopiſco Poeta Comico era, doue è hoggi il Conuento di S. Antonio di Padoua.

Villa di Martiale Poeta, non ſi sà il luogo doue fuſſe.

Villa di Centronio, hoggi ſi chiama Centione.

Villa di Oſtia, amata da Propertio, era vicino alla caſcata del fiume.

Villa di Foſco, il luogo non ſi sà.

Villa di Padronio, hoggi il Caſale de i Croti, fuora della Porta de' Prati.

Villa di Lutio Caſſinio era lontana da Tiuoli trè miglia verſo Roma, hoggi ſi chiama il Truglio.

Villa di Tito Coponio, le rouine della quale ſi vedono ſotto la Vigna delli Padri Gieſuiti.

Villa de i Coccelli, era in contrada detta Carciano, in vn Colle, detto Poſ-ſiano.

Villa de i Sireni era, doue hoggi ſi chiama Cocirino, in vna ſtrada della Città.

Il fine delle Ville di Tiuoli degl' antichi Romani. Per tutto doue erano queſte Ville, vi ſi vedono molte ruine.

DELLE VILLE

DI FRASCATI,

E fue rarità.

Della Villa Aldobrandini.

SOtto al Pontificato della felice memoria di Clemente Ottauo, Pietro Card. Aldobrandini fabricò queſta marauiglioſa Villa, che dalle ſue rare bellezze hebbe il nome di Beluedere, hà la ſua entrata verſo al mezzo giorno, vi ſi vede in proſpettiua vn bel ſtradone con ſpallieroni, che conduce ad vn Fontanone, con due ſalite, vna per banda, che conducono ad vn nobil Piano, doue è il famoſo Palazzo; nell'entrata vi è vna gran Sala; dalle parti vi ſono due vaghi Appartamenti, ornati di belle pitture dal Caualier Gioſeppe d'Arpino, vi ſono varij ornamenti di ſtucchi, le numeroſe, e belle Fontane, con varij ſcherzi di limpidiſſima acqua, la caſcata, detta d'Alcide, che raſſomiglia quaſi vn fiume, & è in forma di vn Teatro di Fontane, la ſtatua del Centauro, che ſuona il Corno à forza del vento dell'acqua, e ſuona con

G 4 ſtre-

strepito così grande, che leua l'vdito à chi vi stà presente. Le vaghe stanze dell'Organo, e delle Muse, che tutte suonano con il vento dell'acqua, vi sono diuersi giochi secreti per bagnare chi manco ci pensa, la famosa Girandola, che và in alto più di 40. palmi con grandissimo strepito.

Vi sono infinite delitie di Agrumi, Boschetti, frutti d'ogni sorte; Onde con notabile stupore à se tira i nobili animi de'Prencipi, e Principesse più curiosi dagl'vltimi confini dell'Europa. Questa bella Villa fù l'vltim'opera dell'Architettura, che fece il felice Ingegno di Giacomo della Porta.

Della Villa Ludouisi in Frascati.

LA Villa Ludouisi, hoggi del Duca di Guadagnolo, è vicino alla Città vn tiro di schioppo verso al mezzo giorno, partendosi dalla Città entrarete in vn bel stradone con alte muraglie, che vi mena à questo bel Giardino.

Prima si vede il Palazzo, di poi si entra nel Piano del vago Giardino con bellissimi viali coperti, e scoperti, di fronzuti alberi, che di tutti i tempi, si puol dire vi sia vna bella Primauera, con vaghi Boschetti, vi sono rari giochi d'acqua delli migliori, che siano in Frascati, fcati, la Girandola belliffima fenza paragone. In concluſione chi non hà guſto di eſſere bagnato non venghi in queſto Laberinto d'acqua, vi ſi ammira la famoſa caſcata, di limpidiſſima acqua, e queſta delitioſa Villa, era il diporto della felice memoria di Gregorio XV. della famiglia Lodouiſi.

Della Villa Borgheſe in Fraſcati.

QVeſta Villa è vicino alla Città verſo al Settentrione, fù dalla generoſità del Cardinale Scipione Borgheſe notabilmente ingrandita, è bella per il ſuo ingreſſo, e Cortile, & arricchita di tante commodità, e così varie delitie, che puol'eſſere inuidiata dalle più ſplendide Ville vicine, vi albergarono ſpeſſe volte gran Signori, Prencipi, Porporati, & Ambaſciatori Regij, al tempo della felice memoria di Paolo Quinto, nel tempo, che ſtaua per ſuo diporto à Monte Dragone, del quale appreſſo ſi tratterà. Li Appartamenti ſono ornati di ricche Tapezzarie, pitture, e Statue, il vago Giardino con belli viali, ornati di belle ſpalliere, & altre varie galantarie.

Della

Della Villa Borghese in Monte Dragone à Frascati.

Questa nobilissima Villa fù princi-
piata dal Cardinale Altemps, e
poi accresciuta da Gregorio XIII. Papa,
appresso il Cardinale Borghese vi spese
gran somma di denari, e la ridusse nella
magnificenza presente, che seruiua per
delitia di Paolo Quinto, è lontana da
Frascati vn miglio in circa, verso il
Settentrione, per andarui si passa per
l'altra Villa descritta per vn stradone
coperto di Leccini longo di molto: è vn
poco scommodo per la salita, si arriua
al ricco Palazzo sopra al Monte, domi-
nato da i venti più felici, signoreggia
dal suo sublime sito tutta la spatiosa
Campagna di Roma, e le circostanti
Ville.

Il superbo Palazzo è composto di diuersi, e ricchi Appartamenti con numero infinito di stanze, tutto il Palazzo
contiene 374. finestre, da questo si puol
considerare il numero delle stanze, e
commodità. Veramente è vna Reggia,
per riceuere qualsiuoglia gran Prencipe, come giornalmente sono riceuuti
dalla splendidezza del Sig. Prencipe
Borghese, e dal Sig. Prencipe di Rossano, suo figliuolo, si osserui la bella Galleria

leria di vna longhezza ſtraordinaria, ornata di varie pitture ; l'ampio Teatro, Loggie, Balconi, Cortili ſpatioſi, Vigne,Oliueti, Selue con vn largo Territorio, che hà all'intorno; credo certo, che l'Italia non habbia Villa di maggior grandezza, e commodità di queſta, ſi che ſi potrebbe aſſomigliare al gran Palazzo incantato della bella Armida, del Taſſo. Quì gareggiano le pitture, le Statue, i baſſi rilieui, il vago Giardino con delitioſe Fontane, varij giochi d'acqua, la gran Girandola, che pare vn fiume,che vadi per l'aria, con vn ſtrepito coſì grande, che ſembra vn tempeſtoſo Cielo, per le ſtanze li ſtucchi meſſi à oro con la magnificenza dell'Appartamenti,degna abitatione del gran Paolo Quinto Papa, di Caſa Borgheſe.

Sopra li Cappuccini vi ſi vedono molte ruine dell'antico Tuſcolo di Cicerone, e andando à Velletri, paſſarete per Albano, fuori della Porta vn tiro di ſchioppo, che và à quella parte, vedrete cinque Piramidi, che furono i Sepolchri delli due Oratij Romani, e delli trè Curiatij Albaneſi.

Del Palazzo, e Giardino della Famiglia Ginnetti in Velletri per la via di Napoli.

Ogni Forastiere, che paſſa per Velletri, non deue mancare di vedere il bel Palazzo, e Giardino della Famiglia Ginnetti, degno da eſſere veduto da' Curioſi, il Palazzo hà trè commodi Appartamenti con gran numero di ſtanze riccamente addobbate di Tapezzarie diuerſe, di Statue, e rare pitture, la famoſa ſcala di marmo fino, è ſtimata la più bella d'Italia, la facciata del Palazzo è verſo l'Oriente, vi ſono trè loggie, vna ſopra all'altra, ornate di ſtucchi, e baſſi rilieui, il gran Giardino, che gira ſei miglia di circuito, ornato di ſtradoni con belle, e alte ſpalliere, di Statue antiche, e moderne, le rare Fontane con vaghi ſcherzi d'acqua, che viene dalla Faiola, condotta con grandiſſima ſpeſa, paſſa per Monti forati per lo ſpatio di 5. miglia, vi ſpeſero cinquecento mila ſcudi, l'Architetto del tutto fù il famoſo Martino Longo.

Nella Piazza di detta Città vi è la ſtatua di Vrbano Ottauo.

Fine del ſecondo Libro.

IN-

INDICE

Delli Palazzi, Ville, e Giardini di Roma, e suo Distretto,

Che si contengono nel primo, e secondo Libro.

Del

Delle Ville, e Giardini di Roma.

LIBRO II.

                                Del

Delle Ville poste nel Territorio Romano.

IL
MERCURIO
ERRANTE
Delle Grandezze di Roma, tanto antiche, che moderne
DI PIETRO ROSSINI
Da Pefaro Antiquario, e Profeffore
di Medaglie antiche.

*In quefta feconda Editione diligentemente revifto,
e corretto dall'ifteffo Autore, ed ampliato di
diverfe altre rarità, con l'aggiunta delle
Fabriche fatte in Roma, e fuori da
Innocenzo XII.*

LIBRO III.

Nel quale fi contengono tutte le
Antichità, che di prefente
fi vedono in Roma, e
fuo Contorno.

Dedicato all'Emin. e Rev. Sig. il Sig.

GIO: FILIPPO
CARD. DI LAMBERGH,
Vefcovo di Paffavia, Prencipe del Sacro Romano
Imperio, Configliero di Stato di
Sua Maeftà Cefarea.

IN ROMA, Per Antonio de' Roffi. 1704.

Con lic. de' Super. E Privilegio Apoft.

Si vendono da Gaetano Capranica all'infegna del
Ercole alle due Catene della Sapienza.

Reimprimatur,

Si videbitur Reverendifs. Patri Magiſtro
Sacri Palatij Apoſtolici.

Dominicus de Zaulis Epiſc. Verulanus
Vicesg.

‹‹

Reimprimatur,

Fr. Jo: Baptiſta Carus Magiſter, & Soc.
Reverendifs. P. Fr. Paulini Bernardinij
Sac. Apoſt. Palatij Mag. Ord. Prædic.

IL
MERCVRIO
ERRANTE.
DELLE ANTICHITÀ
DI ROMA,

Che di presente si vedono, di
Pietro Rossini Antiquario
in Roma.

LIBRO III.

*Dell'Edificatione di Roma, e suo circuito,
fatto da Romolo.*

OMOLO edificò Roma
di forma quadrata di mi-
glia quattro di circuito,
incominciò il Solco con
l'Aratro con vn Boue, &
vna Vacca, nel principio
della via Appia, vicino alla Chiesa,
doue è oggi S. Anastasia, dritto alle radici del Monte Palatino, di poi per la
Valle trà il detto Monte Palatino, & il

A   Ce-

Celio, all'Arco di Coſtantino, doue di
preſente habitano le Zitelle del P. Carauita; verſo la Torre de' Conti, alla
Colonna Traiana, alle radici del Campidoglio, per Piazza Montanara; e di
nuouo ſi và riunendo doue principiò,
cioè vicino alla Chieſa di S. Anaſtaſia,
vi furono rinchiuſi li due Colli, cioè il
Palatino, & il Capitolino. Queſta nobil Città fù edificata (ſecondo la dili-
gente Cronologia di Giouanni Luci-
do) 432. anni doppo la deſtruttione di
Troia, dalla Creatione del Mondo l'
anno 3209. auanti la Natiuità di Chriſto 752. e fù alli 21. d'Aprile. Nel
principio fù gouernata da' Rè per lo
ſpatio di 243. anni; doppo i Rè fù fatta
Republica, e ſi mantenne per lo ſpatio
di 467. anni (ſecondo il computo di
Feſto Rufo) correndo dall'edificatione di Roma ſino all'anno preſente 2452.
anni, e dalla Creatione del Mondo anni 5661. quero (ſecondo il Martirolo-
gio Romano) anni 6899.

*Del Circuito di Roma, e ſuo
accreſcimento.*

DOppo Romolo queſta nobil Città
andò ſempre creſcendo, ſecondo
l'acquiſto delle Prouincie, che faceua
il Popolo Romano. Scriue Plinio,
che

che al tempo ſuo giraua Roma 13. miglia, & vn quarto, tanto n' haueua nel tempo di Claudio, e di Veſpaſiano. Claudio la fortificò di belle muraglie di mattoni con duplicate Gallerie coperte per commodità de' Soldati. Haueuano le muraglie per ſua difeſa 644. Torri, delle quali oggi ſe ne vedono molte, l'opinione di molti è, che foſſero 740. Torri. Vopiſco dice, che Aureliano Imperadore l'ampliò in modo, che giraua 50. miglia, cinta d'alte, e groſſe muraglie, la cagione di queſto accreſcimento fù l'acquiſto, che fece il ſudetto Aureliano di molti Popoli dal medeſimo ſoggettati all'Impero Romano, e trà queſti di Zenobia Regina de' Palmereni, della quale trionfò. Doppo di che è ſtata riſtaurata, ſecondo il biſogno. Beliſario riſtaurò buona parte delle muraglie, e ſucceſſiuamente li Pontefici, Leone Quarto, Pio Quinto, & Vrbano Ottauo, queſto vi incluſe il Monte Gianicolo, & oggi ſi vedono nuoue muraglie con molti Baluardi. La Città di Roma al preſente hà di circuito 15. miglia, e 360. paſſi d'Architetto, & ogni paſſo è di cinque piedi. Hà parimente Roma 16. Porte, delle quali à ſuo luogo ne tratterò.

A 2　　　　*Del*

Del Foro Romano, oggi Campo Vaccino.

IL Foro Romano incomincia dalla radice del Campidoglio dalla parte Orientale. Fù chiamato Bouario, perche fù facrificato da Ercole vn Bue fopra l'Ara maffima, la quale era in mezzo al detto Foro, in honore di Gioue. Vedafi Ouidio ne' fuoi fafti. A piè della fcefa del Campidoglio fi vedono le Carceri, le quali furono fabricate da Appio Claudio, vno delli Decemuiri, fecondo l'opinione del Marliano, & in quefte egli medefimo reftò racchiufo, e da fe fteffo morto, per hauer volfuto violare Virginia, come fi dirà al Cap. del Tempio della Pudicitia. Plutarco dice, che in quefte Carceri morirono parimente Cetego, e Lentulo Cofpiratori con Catilina. In quefte parimente furono riftretti li Gloriofi Apoftoli Pietro, e Paolo, per lo fpatio di noue mefi: fi vede in vna pietra efpreffa la forma della guancia dritta del Prencipe degl' Apoftoli, iui miracolofamente impreffa, quando fù da' Barbari, e Pagani nella muraglia refpinto: fi vede parimente la Fontana miracolofamente fatta fcaturire dal fudetto Prencipe degl' Apoftoli, con la di cui acqua lauò col fanto

Batte-

Battefimo Proceffo, e Martiniano, Cuftodi delle Carceri, affieme con quarantafette altri, dal medefimo con la predicatione ridotti alla Fede di Chrifto. Queft'acqua hà il fapore del latte. Si vede parimente la tauola di marmo, fopra della quale diffe Meffa S. Siluestro Papa ; la Colonna, alla quale furono legati li fopradetti Santi Apostoli . La Prigione è di forma rotonda, fabricata di groffe pietre, la Volta è piana, & è parimente di groffe pietre, larga 4. paffi. La Chiefa, che è posta fopra detto Carcere, è confecrata allo Spofo di Maria S. Giofeppe, di longhezza 11. e larghezza 7. paffi. Viene offitiata da' Sacerdoti, e vi è aggregata la Confraternità delli Falegnami, vi fono belle pitture, e trà l'altre la Natiuità di Nostro Signore, fatta da Carlo Maratti celeberrimo Pittore de' nostri tempi .

Del Tempio di Marte .

Q Vefto Tempio fù fabricato da Augufto per vendicare la morte di Giulio Cefare, di quefto ne tratta Suetonio al cap. 29. & Ouidio al libro 5. de' fafti . In quefto fi riponeuano li vafi, & altre cofe facre del Popolo Romano ; al prefente è Chiefa confacrata à S. Martina, è ftà fotto la Cuftodia dell'

Vniuerſità de' Pittori. Il quadro dell'
Altare Maggiore rappreſentante S. Luca è di Raffaelle d' Vrbino, e la ſtatua
della Santa, di Nicolò Minghini. Queſta Chieſa fù rifabricata da' fondamenti
da Vrbano Ottauo, & è diſegno di Pietro da Cortona, nella Chieſa ſotterranea vi è vna ſontuoſa Cappella, ornata
di diuerſi marmi fini, con l'Altare di
bronzo, ncl quale è ripoſto il Corpo
della Santa, e li due baſſi rilieui d'Alabaſtro Orientale ſono ſtati fatti da
Coſmo Fatteli.

Del Tempio di Gioue Tonante.

Vicino al Campidoglio ſi vedono
trè Colonne, delle quali più della metà è ſotto terra, ſopra di queſte
ſono Architraui, ornati di varij fogliami d'eſquiſita maniera. Queſto Tempio fù dedicato à Gioue Tonante da
Auguſto, in occaſione, che eſſendo caduto vn Fulmine vicino alla lettica,
nella quale egli era, rimaſe illeſo, morto però il Lettighiero dal Fulmine, onde attribuendolo à miracolo di Gioue,
le fabricò il ſudetto Tempio. Queſto
ſucceſſe quando queſto Prencipe andaua in Francia.

Del

Del Tempio della Concordia .

Vicino al Tempio di Gioue Tonante ſi vede vn Portico compoſto di otto Colonne di granito orientale di ordine Ionico. Queſto fù fatto da Camillo Conſole, e dedicato alla Concordia, e ciò per la pace ſeguita trà la Plebe, e la Nobiltà, le quali erano in grandiſſima diſcordia. Vedaſi Liuio al libro 6. & Ouidio al 2. de'faſti. In queſto Tempio furono condannati dal Senato Cetego, e Lentulo, vedaſi Plutarco.

Dell' Arco Trionfale di Settimio Seuero .

Vicino al Tempio della Concordia ſi vede l'Arco di Settimio Seuero, d'ordine compoſto, queſto gli fù eretto dal Popolo Romano per la vittoria ottenuta dal medeſimo contro i Parti, & altre Nationi Barbare, ſoggettate all'Impero Romano, come ſi legge nell'Iſcrittione d'ambi li fronteſpitij, che è la ſeguente.

Imp. Cæſ. Lucio Septimio M. Fil. Seuero Pio, Pertinaci, Aug. Patri Patriæ Parthico Arabico, & Parthico Adiabenico. Pont. Maximo . Tribunic. Poteſt. XI.

Imp.

Imp. XI. *Cof.* III. *Procof.* & *Imp.* *Caf.*
M. Aurelio L. Fil. Antonino Aug. Pio
Felici, Tribunic. Poteft. VI. Cof. Procof.
P. P. Optimis, Fortiffimifque Principibus
ob Rem Publicam reftitutam, Imperium-
que Populi Romani Propagatum Infigni-
bus Virtutibus eorum Domi Forifque.

S. P. Q. R.

Viene ornato con otto Colonne, con
baffi rilieui, hà trè Archi, & vna buona
parte di quefto è fotto terra, il rimanente refta rouinato dalla crudeltà del
tempo, inimico di così belli edificij,
nondimeno fi offerua la di lui vaghezza;
& è di marmo greco.

Del Tempio di Saturno.

DEl Tempio di Saturno, hoggi
Chiefa dedicata à S. Adriano,
ne tratta Plutarco, è di longhezza
paffi 18. e di larghezza 13. e mezzo, eri
il luogo, doue da' Romani fi conferua-
ua il Teforo, e feruiua per Erario Publico, auanti la guerra Cartaginefe, e
fecondo l'opinione di Liuio, fi confer-
uauano in quell' Erario vndici mila, e
200. libre d'oro, e quiui fi conferuauo-
no i libri publici della Città, e ciò viene comprobato da Afcanio, il quale
volle, che l'Erario foffe nel Foro Romano nel Tempio di Saturno : fù eretto
que-

quefto Tempio da Tullo Oftilio in vo-
to, quando il medefimo due volte trionfò degl'Albanefi , & vna volta delli Sabini, & in quefto Tempio vi è rimafta di
grand' offeruatione l'antica facciata per
anche intiera . Per vn gran tempo fù
chiamato S. Adriano in Treforo, per effere ftato in mezzo à trè Fori , cioè di
Cefare, di Nerua, & il Romano.

Della Colonna pofta incontro al Tempio di Saturno, hoggi S. Adriano.

Q Vefta è vna fola Colonna eretta
fopra vna bafe , Plinio dice , che
vi era vn fuperbiffimo Portico, fopra
del quale il Magiftrato faceua il Parlamento al Popolo : vogliono altri , che
fuffe eretta à Caio Duillio, mà ciò non
può effere , ftante che la Colonna , la
quale fù eretta al fudetto Caio è pofta
nel Cortile del Palazzo del Magiftrato
in Campidoglio, adornata di roftri di
naue, con l'Ifcrittione , nella quale fi
narra, come Caio Duillio vinfe li Cartaginefi nella battaglia nauale. Vogliono, che quefta Colonna foffe eretta à
Domitiano, e di fopra vi foffe la fua ftatua d'oro .

Del Lago Curtio, del Tempio di Gioue Statore, di quello della Dea Vesta, e del Tempio di Quirino.

ANçaro Figliolo del Rè di Lidia si gettò volontariamente in vna voragine con tutte le più belle gioie, che hauesse, per liberare la Patria: il medesimo fece Marco Curtio Cittadino Romano, quale per liberare Roma, si gettò in vna profondissima Voragine; quale fosse però il luogo di questa, precisamente non si sà, mà la più commune opinione, e particolarmente di Tito Liuio è, che fosse vicino alla via Sacra, non lungi dal Tempio di Gioue Statore.

Il Tempio poscia di Gioue Statore, è d'ordine Corinthio, fù edificato da Romolo in quel medesimo luogo, doue fece faccia alli Sabini, restandone vittorioso; Ouidio parlando di questo Tempio, fabricato da Romolo, dice:

Quod Romulus olim
Ante Palatini condidit ora iugi.

E Plutarco parlando di Cicerone, dice, che in questo Tempio fosse scoperta la congiura di Catilina contro la Repu-

publica Romana . Dice Vitruuio, che
haueua questo Tempio vn sontuoso Portico composto di 30. Colonne d'opera
Corinthia, di questo al presente si vedono trè sole Colonne con grandissimi
Cornicioni, e s'osseruano vicino alla
Chiesa di S. Maria Liberatrice .

Il Tempio, e Boschetto delle Vergini
Vestali era posto, doue è hoggi S. Maria
Liberatrice alle radici del Palatino, per
detto di Marco Tullio , il quale dice,
che il Boschetto delle Vestali fusse vicino al Tempio di Gioue Statore ; è ancora opinione d'alcuni, che il Tempio
della Dea Vesta fosse posto in quel luogo, doue è oggi la Madonna delle Gratie, contiguo alla Consolatione, vedasi
Plutarco trattando di Numa .

Il Tempio di Quirino , era dietro al
Tempio, ò Boschetto delle Vestali alle
radici del Palatino, si vede anche intiero, & è di forma rotonda, di grossi muri, parte del quale è sotto terra, e da
questo può considerarsi , quanto fosse
più bassa l'antica Roma : vogliono, che
sia il più antico Tempio, che fosse edificato in Roma dal Popolo Romano in
honore delli due Fanciulli Romulo , e
Remo suoi Fondatori. In questo luogo fù trouata la bella Lupa di bronzo
in atto d'allattare li sudetti Fanciulli,
& è la medesima, che hoggi si vede in

A 6 Cam-

Campidoglio. Questo Tempio hoggi
è confacrato à S. Teodoro, volgarmente S. Toto, nella qual Chiefa fi portano
quelli Fanciulli, i quali hanno qualche
infermità incurabile, e fi dice, che fe
deuono morire, muoiono prefto, e fe
per il contrario hanno da guarire, pre-
ftamente guarifcono. Si deue offeruare, che quefta nobiliffima, & antichiffi-
ma Città è ftata fottopofta à molte di-
fgratie d'incendij, e faccheggiamenti,
che perciò molti edificij fono rimafti
fotterrati, come può cognetturarfi dal
fudetto Tempio mezzo fotto terra, dall'
Anfiteatro di Vefpafiano, dall'Arco di
Seuero, dalle Carceri Tulliane, dal
Tempio di Giano Quadrifronte, dalla
Colonna Traiana, e da altre infinite fabriche, deftrutte dalla crudeltà degl'
Inimici di quefta Regia del Mondo, mà
molto più dall'ingordigia del tempo,
confumatore del tutto.

Del Tempio di Antonino, e di Fauftina.

DI quefto antico Tempio fi vede
hoggi il fuo belliffimo Portico,
compofto di dieci Colonne d'ordine
Corinthio; fù fatto dal Popolo Romano in honore d'Antonino, e di Fauftina
fua

sua moglie per decreto del Senato, come si vede dall'Iscrittione.

Diuo Antonino, & D. Faustina ex S.C.

Questo Tempio è consacrato à S. Lorenzo, detto in Miranda, & è la Chiesa della Confraternità delli Spetiali di Roma, la quale è longa 17. larga 11. passi, e mezzo; vi si ammirano gl'Architraui del Portico di marmo greco, il quadro dell'Altare Maggiore di S. Lorenzo, è di Pietro da Cortona.

Del Tempio d'Iside, e Serapide, hoggi SS. Cosmo, e Damiano.

QVesto Tempio fù fabricato da Cornelio Console doppo la vittoria dal medesimo ottenuta contro i Sanniti in honore di Romolo, e Remo. Era la Curia di Romolo, nella quale si radunaua il Senato per li affari della Republica.

Nel primo ingresso si troua vn Tempietto piccolo di figura rotonda, di longhezza di 9. passi: Vrbano Ottauo fece restaurare questa Chiesa, la di cui porta è di bronzo, e le Colonne di porfido antiche: vi si vedono vaghi Mosaici. Il quadro nel Soffitto delli Santi Cosmo, e Damiano è di Pietro da Cortona, vi è la Chiesa vecchia sotterranea longa 59. passi. Vi sono li Corpi de' SS. Cosmo, e Da-

e Damiano, di S. Antimo di Lonzi, e di
S. Eupreppi, e nel detto Altare vi cele-
brò la Messa S. Gregorio Magno.

Del Tempio della Pace.

Questo famoso Tempio fù fabricato da Vespasiano, haueua trè ordini d'Archi, l'vno sopra l'altro, il Portico era composto di sei Colonne, vna
delle quali è quella posta auanti à Santa Maria Maggiore, con la statua della
Madonna di sopra di bronzo. Auanti
alla porta vi era il famoso Colosso d'
Apollo di marmo, alto 3c. cubiti, come appare nella Medaglia di Vespasiano, al riuerso della quale vi è scolpito
il Tempio. Di questo Tempio si seruiuano anticamente per Publico Erario,
e Tito Vespasiano vi ripose le spoglie
del Tempio di Salomone, le Tauole
della Legge, li vasi d'oro, il Candelabro aureo, il quale si vede hoggi in basso rilieuo nell'Arco di Tito, & altre
ricchezze, quali portò nel Trionfo.
Questo Tempio fù il più grande, che
fosse al Mondo in quel tempo, doppo
il Tempio di Salomone, essendo largo
200. passi. Al tempo di Commodo vi
cadde vna saetta, & acceso il fuoco ab-
brugiò tutto il Tempio, & era tanta la
quantità dell'oro, e dell'argento, che

vi era dentro, e si liquefece, che fù veduto scorrere fuori delle Porte del Tempio à guisa d'acqua, e per questo incendio li ricchi diuennero poueri, e li poueri ricchi, stante che tutte le ricchezze, che si trouarono nel Tempio, erano della nobiltà. Vi è opinione, che vna parte di questo Tempio diroccasse, quando nacque Nostro Signore Giesù Christo, mà ciò è falsissimo, stante che è chiarissimo, essere stato fabricato questo Tempio. 45. anni doppo la Nascita del Saluatore. Dicono alcuni, che questo famoso Tempio fù principiato da Claudio, e finito da Vespasiano; Questo però lo rimetto alli Virtuosi.

Del Tempio del Sole, e della Luna.

NEll'Orto di S. Maria Noua si vedono le rouine del Tempio dedicato al Sole, & alla Luna, quale fù eretto, & alli medesimi inalzato da Tito Tatio Rè de' Sabini, & era d'ordine Corinthio, vi si vedono le due Tribune, l'vna delle quali riguarda l'Oriente, e l'altra l'Occidente.

Nella Chiesa poi s'ammira il bello, e vago deposito di S. Francesca Vedoua Romana di bronzo, ornato di varie pietre fine, & è disegno del Caualier Berninino; vi fono le pietre, fopra delle quali s'inginocchiò San Pietro, quando orando, fù da'demonij trafportato in aria Simon Mago, & indi precipitato; vi è parimente il bel depofito di Gregorio Vndecimo, ornato di vn bel baffo rilieuo, rapprefentante il Sommo Pontefice, quando ritornò da Auignone in Italia, e fece la fua folenne entrata in Roma, opera di Pietro Paolo Oliuiero, è alto 11. e largo 7. palmi, vi è vna Madonna nel Tabernacolo, dipinta da S. Luca, la quale fù portata dal Caualier Angelo Frangipani da Grecia.

Quefta Chiefa è habitata dalli Monaci bianchi di S. Benedetto del Monte Oliueto, & è longa 27. e larga 12. paffi.

Dell'*Arco di Tito Vefpafiano*.

QVefto famofo Arco fù eretto dal Popolo Romano in honore di quefto gran Prencipe per la vittoria, e trionfo ottenuto di Gerufalemme, viene ornato di baffi rilieui, i quali rapprefentano il fuo gloriofo trionfo, honore veramente douuto à sì degno Prencipe, delitia, e gloria del Genere humano: vi fi vedono le fpoglie, li vafi d'oro, le Tauole della Legge, il Candelabro aureo, e

tutte

tutte le vittorie dal sudetto Imperadore ottenute.

Nella Volta dell'Arco si vede il ritratto di Tito, sopra l'Aquila. Nel frontespitio si leggono queste parole.

Senatus Populusque Romanus
Diuo Tito, Diui Vespasiani F.
Vespasiano Augusto.

quest'Arco è d'ordine Composito.

Della Via Sacra.

INcomincia la Via Sacra dall'Arco di Settimio Seuero, e si distende sino all'Arco di Tito, è longa 288. passi, larga 11. Fù chiamata dall'Antichi Sacra per la pace, la quale in questa fù fatta trà Tito Tatio Rè de' Sabini, e Romolo: viene anche chiamata Sacra, perche per quella passauano li Sacerdoti con li vasi sacri, quando dal Tempio di Gioue Capitolino andauano nell' Esquilino, doue si prendeuano gl'Auguri. Fù chiamata ancora Via Trionfale, perche vi passauano con li proprij Trionfi, quelli che ritornauano Trionfanti in Roma. Vedasi Varrone, che diffusamente ne tratta.

Del

Del Velabro, della Cloaca Maſſima, del Tempio di Giano, e dell'Arco di Seuero, fatto da' Mercanti di Boui, e dalli Orefici.

IL Velabro era vn luogo, doue ſi paſſaua con la barca dal Foro Romano al Monte Auentino, quando ſuccedeuano l'eſcreſcenze del Teuere, e ſi pagaua vn ſtabilito prezzo.

Contiguo al Velabro era vn luogo baſſo. nel quale ſi gettauano tutte le immonditie della Città, veniuano affittate le dette immonditie 600. mila ſcudi, onde da queſto vil datio può conſiderarſi, quanto foſſero le grandezze di Roma in quei tempi.

La Cloaca Maſſima, ſecondo Varrone hebbe principio dal Lago Curtio, & aſſeriſce Tito Liuio, che Tarquinio Priſco ne foſſe l'Autore : era queſta vn recettacolo di tutte le ſorti d'acque della Città di larghezza di 16. piedi, era però vna fabrica delle più grandi di quel tempo, e molti huomini ſi dauano volontariamente la morte, per non lauorare in eſſa, eſſendo luogo vmido, e ſotterraneo. Plinio afferma, che queſta Cloaca Maſſima foſſe fabricata 800. anni prima di lui, & al ſuo tempo, era anco-

cora intiera, hoggi se ne vede vn pezzo, e vi paſſa ſotto l'Acqua, che và al
fiume.

Il Tempio di Giano è poſto vicino à
S. Giorgio, fù queſto fabricato da Numa, ſi vede per anche intiero, è di forma quadrata di marmo greco, hà quattro porte, le quali ſignificano le quattro Stagioni, hà dodici nicchie per facciata, le quali denotano li dodici meſi
dell'anno.

Dell'Arco di Seuero fatto da' Mercanti di Boui, & Orefici.

Qveſt'Arco fù fatto dalli Mercanti
de' Boui, e dagl'Orefici in honore di Settimio Seuero, e di Marco Aurelio Imperadori, e di Giulia Pia, come ſi
vede nell'Iſcrittione dell'Architraue,
la quale dice coſì.

Imp. Cæſ. L. Septimio Seuero Pio Per-
tinaci Aug. Arabic. Adiabenic. Parth.
Max. Fortiſſimo, Feliciſſimo Pontif. Max.
Trib. Poteſt. XII. Imp. XI. Coſ. III. Patri
Patriæ, & Imp. Cæſ. M. Aurelio Anto-
nino Pio Felici Aug. Trib. Poteſt. VII.
Coſ. III. P. P. Procoſ. Fortiſſimo, Feliciſ-
ſimoque Principi, & Iuliæ Aug. Matri
Aug. N. & Caſtrorum, & Senatus, &
Patriæ, & Imp. Cæſ. M. Aureli Antoni-
ni Pij Felicis Aug. Partbici Maximi, Bri-
tan-

tannici Maximi . *Argentari , & Nego-*
tiantes Boari huius loci, qui deuoti numini
eorum inuehent .

Si vede per anco intiero, ornato di baſſi
rilieui, che rappreſentano Settimio , e
Giulia Pia ſua moglie ſacrificanti ad
vn'Ara da vna parte , e dall'altra Antonino Caracalla parimente ſacrificante,
vi ſi vedono l'iſtromenti , per fare i Sacrificij, e il Vittimaio , che ammazza la
Vittima .

Del Tempio di Acca Laurenza .

A Ttaccato al detto Arco , doue è
hoggi la Chieſa di S. Giorgio , vi
era l'Altare, ò Tempio di Acca Lauren-
za moglie di Fauſtulo Paſtore del Rè
d'Alba la quale allattò li due Fanciulli Romolo , e Remo Fondatori di queſta nobil Città , gli fù eretto queſto
Tempio dal Popolo Romano , e poſta
nel numero delli Dei . Queſta Chieſa
è longa 19. e larga 11. paſſi , doppo vi
fù il Palazzo di Scipione Africano .

Del Tempio della Fortuna Virile .

D Oue è di preſente la Chieſa di
S. Maria Egittiaca , fù il Tempio
della Fortuna Virile, della Pudicitia, ò
della Miſericordia , fabricato da Tullo

Oſti-

Oſtilio, entro à detto Tempio era la ſtatua del ſudetto Tullo di legno dorata: ſi
acceſe il fuoco, & abrugiò il Tempio, e
la Statua non patì leſione alcuna, come
vuole il Marliano, hoggi è anco intiero, & è conſacrato à S. Maria Egittiaca,
& è l'Oſpitio per gl'Armeni, è longa
11. e larga 5. paſſi. Vi è vna Cappelletta, la quale rappreſenta giuſto il
modello del Santo Sepolcro di Noſtro
Signore Gieſù Chriſto, hà di giro ſei
paſſi.

Del Tempio del Sole.

QVeſto Tempio fù edificato da Numa Pompilio al Sole; Fuluio dice, che era dedicato ad Ercole, ouero
alla Dea Veſta, ſi vede ancora intiero,
le di cui muraglie ſono di marmo greco, è di forma rotonda, & il Portico,
che lo gira è di 18. Colonne, hoggi è
conſacrato alla Madonna, detta del
Sole, & à S. Stefano.

Della Bocca della Verità, ò S. Maria in Scola Greca, ò Tempio della Pudicitia.

QVeſta è vna pietra rotonda, la quale era nell'Ara Maſſima, in mezzo della medeſima vi è la forma d'vna
boc-

bocca, & in quella li malfattori poneuano la mano per giurare sopra qualche
loro fallo per mano della Giustitia, fù
fabricata questa Chiesa sopra le ruine
del Tempio della Pudicitia, eretto in
honore di Virginia, la quale, per conseruare illesa la sua pudicitia, restò vc-
cisa per le mani del proprio Padre alla
presenza d'Appio Claudio, vno delli
Decemuiri, che gouernauano la Republica, che di questa inuaghito, l'haueua
barbaramente fatta rapire. Tito Liuio
al lib. 3. Fù la seconda Chiesa consecrata alla Madonna in Roma, si chiama
Santa Maria in Scola Greca, perche
S. Agostino leggeua in questo luogo la
Grammatica Greca. Dietro all'Altare
Maggiore vi è la sedia del detto Santo
di marmo, la Chiesa è longa 21. larga
10. passi e mezzo. Sotto l'Altare Maggiore vi è l'Oratorio, doue offitiauano
li Sacerdoti della primitiua Chiesa, curioso da vedersi.

Del Circo Massimo.

NOn tralasceremo di parlare del
Circo Massimo, per essere stato
il maggiore di tutti gl'altri fabricati in
Roma, era questo di lunghezza vn quarto di miglio in circa, posto nella Valle,
trà il Palatino, e l'Auentino, incomin-
cia-

ciaua alla drittura, doue è hoggi S. Anastasia, & arriuaua sino al Molino sotto à
S. Gregorio, vedonsi al presente le sue
ruine di forma ouale vicino al detto
Molino, vi si rappresentauano varij
giochi, cioè le corse di Bighe, e Quadrighe battaglie trà Gladiatori, e combattimenti nauali, era circondato di vaghe muraglie, e scalinate, Gallerie, e
duplicati Balconi vi poteuano commodamente stare 260. mila Spettatori à
vedere le feste, e giuochi, che vi si rappresentauano; l'Imperadore Eliogaba-
lo vi rappresentò i combattimenti nauali, & in vece d'acqua, vi pose il vino : questo famoso Circo fù fatto da
Tarquinio Prisco nella Valle Martia
trà li due Colli; come si è detto ; quando il medesimo riportò la vittoria d'
Appiole Terra de'Latini. Augusto poscia l'ornò mirabilmente di bellissimi
Portici, & il medesimo fece Traiano.

Della Curia Ostilia.

LA Curia, & il Palazzo di Tullo
Ostilio era, doue è oggi la Chiesa de'Santi Gio: e Paolo; Liuio dice,
che la Curia fosse nel Monte Celio, si
vedono le ruine d'alcuni Archi nel
Conuento della detta Chiesa : era vna
nobil fabrica, pigliaua tutto lo spatio
del

del detto Monte verso l'Anfiteatro di Vespasiano : Io però tengo, che queste non siano ruine della Curia Ostilia, mà bensì della Casa Aurea di Nerone, la quale pigliaua tutto il Celio, & vna buona parte dell'Esquilino, e fù fabricata sopra la detta Curia : dunque le ruine sono della Casa Aurea, e non della Curia, secondo anche l'opinione di molti. Vi corse da vna fabrica all'altra 700. anni in circa; nel fine di questo Monte verso il Coliseo si vedono ancora le ruine della Casa Aurea, e nel medesimo luogo vi era l'entrata del Palazzo Imperiale.

Dell' Arco Trionfale di Costantino Magno.

Questo nobilissimo Arco d'ordine Corinthio fù fabricato dal Popolo Romano in honore di questo grand'Imperadore per la vittoria riportata dal medesimo contro Massentio Tiranno sopra del Ponte Miluio, hoggi Ponte Molle, si vede ancora intatto, e composto di trè Archi, come quello di Seuero : le due facciate sono ornate di bassi rilieui, che rappresentano la sudetta vittoria. Questi bassi rilieui sono 28. pezzi, 2. delli quali furono per ornamento al famoso Arco Trion-

Trionfale di Traiano, che era poſto
nella via Flaminia , hoggi Piazza di
Sciarra , & il Corſo di Roma ; Queſti
baſſi rilieui rappreſentano varie hiſtorie
di Traiano , come parlamenti à i Soldati, cioè : *Adlocutio Cohorti.* Eſpeditio-
ne che fà l'Imperadore contra nemici ,
ſi vedono battaglie , ſacrificij , & altre
hiſtorie di quel gran Prencipe.

Li altri ſei pezzi ſotto li Medaglioni
non ſono di buon Maeſtro, furono fatti
al tempo, che fù edificato l'Arco : rappreſentano alcuni fatti di Coſtantino ;
Li due pezzi grandi ſotto l'Arco con
molte figure , nell'vno ſi vede Coſtantino in piedi, e di dietro vi è vna vittoria, che l'incorona , ſi vede vno à cauallo con vn Cattiuo di ſotto, e di ſopra
vi ſono le ſeguenti lettere : *Fundatori
Quietis.* Nell'altro incontro ſi vede
Coſtantino à cauallo con vn Cattiuo
ſotto li piedi del cauallo , con l'Iſcrittione di ſopra : *Liberatori Vrbis.* Le
otto Colonne quattro per parte ſopra
piediſtalli , ornati di baſſi rilieui di Le-
gionarij, ſchiaui , e otto vittorie ; Tutto è fatto all'honore di Coſtantino, e ad
onta del crudel Maſſentio . Chi deſidera la ſpiegatione delli Archi Trionfali
con le figure delli baſſi rilieui, legga li
Archi Trionfali del Sig. Gio: Pietro
Bellori. Vi ſono lettere che dicono :

B   *Imp.*

Imp. Cæf. Fl. Conftantino Maximo P.
F. Augufto S.P.Q.R. quod inftinctu Diui-
nitatis mentis magnitudine cum Exercitu
fuo tam de Tyramno, quàm de omni eius
factione vno tempore iuftis Rempublicam
vltus eft armis Arcum Triumphis Infi-
gnem dicauit.

Della Meta Sudante.

Vicino al detto Arco fi vede vn
pezzo di muro alquanto alto, e
rotondo, quefto era vna grandiffima
Fontana, fatta per rinfrefcare il Popolo, che concorreua à vedere li giochi
nell'Anfiteatro, minacciaua di cadere
quefta muraglia, fù fatta riftaurare dalla gloriofa memoria d'Aleffandro Settimo Papa di Cafa Chigi.

Dell'Anfiteatro di Vefpafiano.

Quefta famofa fabrica fù incomin-
ciata da Vefpafiano, e finita da
Tito fuo Figliuolo, molti vogliono, che
fuffe cómpita nello fpatio di quattro
mefi : vi lauororono 12. mila Ebrei menati fchiaui dalla deftruttione di Gerufalemme, vi fpefe dieci milioni di fcudi
Romani, haueua quefto trè ordini, il
primo confifteua in fcalinate, doue fe-
deua la Plebe. Il fecondo ordine era
com-

composto di Balconi , & in questi staua l'Imperadore con il Senato . Nel terzo ordine vi stauano li Caualieri dell'ordine Equestre , era capace di 85. mila Spettatori , per vedere le funtioni , che vi si rappresentauano , cioè Comedie , Battaglie trà Gladiatori,& anco contro Animali feroci,& in particolare il martirio di diuersi Santi . Quest'Anfiteatro è di forma ouale , hà trè ordini d'Archi , & è di perfettissima Architettura , terminata che fù quèsta nobilissima fabrica, Tito vi fece per lo spatio di 200. giorni continue feste , variando ogni giorno noui spettacoli, vi furono sacrificati 20. mila Animali di varie specie ; fù poscia questa gran machina barbaramente ruinata da i Goti per disprezzo , e si vede hoggidì le muraglie tutte sbusciate, vsando la medesima barbarie anche contro l'Arco del medesimo Tito , di Costantino, del Tempio di Giano , & altri infiniti , e nobili edificij : dalla parte del mezzo giorno è in parte ruinato, delle pietre del quale si seruì il Cardinal Farnese per la fabrica del superbissimo Palazzo dal medesimo fabricato , che si chiama con il suo nome il Palazzo Farnese . Fù chiamato questo Anfiteatro Coliseo, e ciò , perche in mezzo al medesimo vi era il Colosso di Nerone,di grandezza di 60.piedi . Mol-

ti vogliono, che vi foffero 5. Coloffi,
cioè di Nerone, di Apollo, di Mercurio, di Domitiano, e di Commodo; Io
però credo, che fia falfo, perche Commodo fece leuare la tefta dal Coloffo
di Nerone, e la fece fondere, e formarne la fua, e doppo la fece ponere fopra
il detto Coloffo di Nerone, che era di
bronzo. Quefta famofa machina è di
longhezza 820. palmi Romani, e 700.
di larghezza. Gl'Archi, che la girano
fono in numero di 80. e fono larghi 14.
palmi per ciafcheduno. Hà di circuito
2388. palmi Romani, & è alta 222. Il
primo ordine à terreno è Dorico, il fecondo Ionico, il terzo Corinthio, il
quarto Compofito, di perfettiffima Architettura. Fù quefta fatta, fecondo l'
opinione d'alcuni, l'anno di Chrifto
65. in circa.

In cima di quefta nobil Mole nel
Cornicione dalla parte di fuori vi fi
vedono molti buchi, fotto delli quali
vi fono fperoni di marmo, che corrifpondono à i detti buchi, nelli quali vi
erano trauicelli di bronzo, che pofauano fopra li detti fperoni, in cima delli
quali trauicelli vi erano girelle con
corde per tirare vna ricca tela di porpora, per coprire quefto famofo Anfiteatro, mentre fi rapprefentauano in
effo i Giuochi, & i Spettacoli, come
ha-

hauemo parlato di fopra. Quefta nobil tela era per riparare il Sole, e la pioggia.

E' ancora curiofa da offeruarfi la famofa Architettura di quefta nobil fabrica: fi deue offeruare li pofamenti delli quattro ordini dalla parte di fuori, che il primo è più in fuori degli altri, gli altri ad vno ad vno pofano più in dentro, e così la machina non porta pericolo di cadere, per effere più larga da piedi, e più ftretta da capo.

Delli fette Colli di Roma, e prima del Monte Capitolino, e della Fortezza, e del Tempio di Gioue Feretrio, e delle Carceri Tulliane.

Quefto famofo Monte hà hauuto più nomi. Primieramente fù chiamato Capitolino à caufa d'vna Tefta di huomo, che fù trouata fecondo l'opinione di Varrone, nel fare li fondamenti del Tempio di Gioue Ottimo Maffimo, che perciò fù chiamato il Tempio di Gioue Capitolino; fù anco detto Tarpeio, qual denominatione hebbe da Tarpea Vergine, la quale tradendo i Romani, confegnò la Fortezza alli Sabini, liberando Tatio loro Rè, il quale era reftato prigione de' Ro-

mani nella Guerra, che haueuano trà
quefti per il ratto delle Sabine, fatto da'
Romani. Vedafi Tito Liuio, che piena-
mente ne tratta l'Iftoria. Fù anche detto il Monte di Saturno, e ciò, ò perche
Saturno vi habitaffe, ò perche à piè di
quefto v'era vna Città, chiamata Satur-
nia. Era ornato di belliffimi edificij,
fù foggetto più volte all'incendio : il
primo dalli Galli Sennoni, il fecondo
fucceffe al tempo di Vitellio, il terzo al
tempo di Vefpafiano. Quefto fù riedi-
ficato pofcia da Domitiano, il quale vi
fpefe fette milioni, e fettecento mila
fcudi. Hebbe il Campidolio le Porte
di bronzo, il Tetto del medefimo indorato, fatto da Catullo, fcriue Marcellino, che venuto in Roma Coftante Figliuolo del Gran Coftantino reftaffe
attonito, e marauigliato nel vedere le
marauigliofe grandezze di Roma, mà
molto più del Campidoglio : viene
anco magnificato da Caffiodoro, il quale dice, che il Foro di Traiano era vn
miracolo, mà che affai maggior miracolo, e marauiglia recaua il vedere il
Campidoglio, mentre in quello fi vedeuano vnitamente tutti gl'ingegni raf-
finati, e tutte l'artî di perfetta Architettura.

Il Tempio di Gioue Feretrio edificato da Romolo, fù il primo fabricato in
Ro-

Roma. Il Gambucci dice, che in questo Tempio dal Generale de' Romani
s'offeriuano le spoglie degl' vccisi inimici. e Plutarco parlando di Marcello,
asserisce, che questo vcciso Britomaro
Rè de' Galli, offerisse le di lui spoglie
à questo Dio, il che viene confermato
da Virgilio nelle sue Eneide, e Romolo
fù il primo, che vi offerì le spoglie,
quali furono chiamate Opime. Questo
Tempio fù poscia consacrato da S. Gregorio Magno, e presentemente è la
Chiesa detta Ara-Celi.

Tutta quella parte del Campidoglio,
la quale è dietro al Palazzo del Magistrato, e doue è hoggi il Palazzo delli
Signori Caffarelli, era il sito, che pigliaua la Rocca, ò Fortezza del Campidoglio, e presentemente si vedono li
vestigij de' suoi fondamenti di pietre
quadrate, & io ne viddi cauare nell'Orto delli sudetti Sig. Caffarelli gran quantità. E perche di questo Palazzo del
Campidoglio ne hò diffusamente trattato nel compendio de' Palazzi, non mi
allongherò di vantaggio.

Le Carceri Tulliane fabricate da
Tullo Ostilio terzo Rè de' Romani, nelle
quali Prigioni stettero carcerati i Santi Pietro, e Paolo, come in altro luogo
si è trattato.

Questo santo luogo fù consacrato
B 4 da

da S. Siluestro in honore delli SS. Apostoli, & il Santo Pontefice vi çelebrò la Messa sopra vna tauola di marmo, che hoggi si vede nel detto luogo.

Del Monte Esquilino.

IL Monte Esquilino fù famoso per l' habitatione delle più principali famiglie di Roma, vi teneua le guardie Romolo, perche non si fidaua di Tito Tatio Rè de' Sabini suo Compagno. Questo Colle fù altresì chiamato Quisquiglie, e questa denominatione fù cauata dalli Vccellatori, i quali vi spargeuano certa sorte di esca, con la quale allettauano gli Vccelli, chiamata Quisquile, questo è il nome più vniuersale, che venga dalli Scrittori attribuito à questo Colle, hoggi vi è la Chiesa di S. Martino de' Monti.

Del Colle Viminale.

DIce Varrone questo Colle essere nominato Viminale à causa di certi Vimini, ò Vinchi, che nacquero intorno all'Altare del Tempio di Gioue, posto sopra al detto Colle, era questo Tempio aperto di sopra, perche la pioggia potesse entrare, e vi nascessero li sudetti Vimini, per questo gl'Antichi

vo-

vogliono,che fosse chiamato Gioue Vi-
mineo , hoggi vi è la Chiesa dedicata à
S. Lorenzo Panisperna .

Del Colle Quirinale.

IL Colle Quirinale , secondo l'opinione degl' Antiquarij , & antichi
Scrittori , fù detto Quirinale da Quire
Città de' Sabini , ouero da vn Tempio
dedicato à Quirino , il quale era sopra
detto Colle . Fù anco chiamato Quirinale dal Popolo della Città di Quire ,
il quale vi habitò : la più probabile
opinione però è di quelli , che vollero
questo Colle chiamarsi Quirinale dalli
Sabini , quali s'impadronirono di questo Colle , combattendo contro li Romani , al presente , è chiamato Monte
Cauallo, e ciò per li due famosi Caualli
di marmo , che vi sono , opera delli famosi Scultori Fidia , e Prassitele , delli
quali ne hò già trattato nel discorso de'
Palazzi di Roma.

Del Monte Celio.

IL Monte Celio fù chiamato così da
Celio Vibbeno Capitano delli Toscani , che venne in aiuto di Romola
con le sue genti , e vi morì , & hebbe ho-
norata sepoltura sopra al detto Colle, il
qua-

quale fù denominato Celio dal ſuo nome, Tullo Oſtilio vi fabricò la ſua Curia, hoggi vi è la Villa Mattei.

Del Colle Palatino.

VArie ſono anche l'opinioni ſopra
le denominationi di queſto Monte, Tito Liuio però vuole, che foſſe
chiamato Palatino da Palanteo Città
d'Arcadia, ouero da Pallante Figliuolo
d'Euandro, il quale fù ſepellito ſopra
queſto nobil Colle, da queſto Monte
hebbe il ſuo principio queſta Regia del
Mondo Roma, e Romolo ſuo Fondatore vi fabricò la ſua habitatione, & ad
imitatione di queſto furono accreſciute
l'habitationi dalli Rè ſuoi Succeſſori,
& ampliate in tempo della Republica,
e ſucceſſiuamente, e con maggior ſplendidezza dagl'Imperadori, i quali quiui
eleſſero le loro habitationi, di preſente
ſi chiamano li famoſi Horti Farneſiani,
& hà di circuito mille paſſi Romani.

Del Colle Auentino.

QVeſto Colle preſe il ſuo nome, ſecondo alcuni, da Auentino Rè d'
Alba, il quale reſtò quiui ſepolto, altri
vogliono prouenire da Auentino figliuolo d'Ercole, il quale vi habitò
gran

gran tempo, queſt'opinione vien corroborata dalla ſuperba Statua del ſudetto Auentino coſtrutta di pietra Egittia, la quale fù ritrouata in queſto Monte, & hoggi ſi conſerua in Campidoglio nel Palazzo del Magiſtrato, & è di vna ſingolar maniera, ſopra queſto Monte al preſente vi è edificata la Chieſa in honore di S. Sabina .

Queſto Monte al preſente hà di circuito 2000. paſſi, ſecondo l' opinione del Gambucci .

Delli Monti, che non ſono compreſi nelli ſette Colli di Roma.

IL primo trà queſti è il Gianicolo chiamato coſi da Giano, queſto Giano fù il primo, che capitò in Latio, & aſſiſtè alli Latini, quali coſtrinſe à guerreggiare contro le Terre de' Toſcani, & eſſendo vecchio morì, e fù ſepelito ſopra queſto Colle, & edificatole vn Tempio, fù annouerato nel numero delli Dei . Riferiſce Tito Liuio, che queſto Monte fù circondato di mura da Anco Martio : e che Numa Pompilio Secondo Rè de' Romani fù ſepolto nel medeſimo Monte Gianicolo, perche vi fù ritrouato il ſepolcro del ſudetto Rè; qual ſepolcro era priuo d'ornamenti, vi era il Corpo attorniato da 14. libri, ne' quali erano defcritte le Leggi dal medefimo promulgate al Popolo : vi era parimente l'ordine delli Sacerdoti , il tutto fcritto in Lingua Greca , e Latina : hoggi è il Monte di S. Pietro Montorio.

Del Monte Vaticano.

QVefto Monte fù chiamato Vaticano, per efferui vn Tempio dedicato al Dio Vaticano, come vuole Sefto Pomponio, dal quale fi haueuano i Vaticinij, e vi cóncorreua immenfità di Popolo: Varrone dice, che il Dio Vaticano era quello, che haueua la Deità, & il potere nelle prime voci delli Fanciulli tofto che nafceuano, quali voci veniuano fpirate da quefto Dio, cioè và và, e quefte denotano pianto ; nella cima dunque di quefto Monte era il Tempio dedicato à qnefto Dio Vaticano, & hoggi ne porta il nome : di prefente in fua vece vi è il famofo Tempio dedicato alli Prencipi delli Apoftoli Pietro, e Paolo.

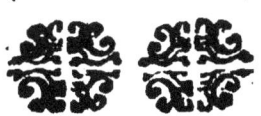

Del Monte Pincio, e degl'Orti di Domitio, e Laberinto di Nerone.

QVesto Monte hebbe tal denominatione da vn Palazzo iui fabricato da Pincio Senatore; si chiamò ancora il Colle delli Ortoli, per li Orti di Salustio, i quali erano intorno à detto Monte, conserua ancor hoggi il suo nome primiero di Pincio, e vi è la Villa Medici, e Lodouisi.

Come pure la Vigna delli Padri del Popolo, doue prima erano gl'Orti di Domitio, del sepolcro del quale si vedono le ruine con belli Corritori, & è posto trà il Casino di detta Vigna, & il Conuento, nel quale fù sepelito Nerone e molti vogliono, che il sepolcro di questo Imperadore fosse, doue è hoggi l'Altare della Beata Vergine, come si può leggere nel Compendio di Roma antica, trattando di detta Chiesa. Sotto al Casino poscia di detta Vigna si vede vn grandissimo stantione antico, e le muraglie sono incrostate di finissima calce della grossezza di cinque dita; era questo vn Castello, ò sia botte per conseruare l'acqua, vedendosi anche in alto il condotto, per il quale veniua l'acqua per li bagni di Domitio, de'quali si ve-

do-

dono le ruine, e feruono di muraglia alla Città, e trà l'altre Muro torto, nel qual luogo fi fepelifcono le Meretrici, che muoiono impenitenti.

Attaccato à detto Cafino alquanto fotto terra fi entra nel Laberinto di Nerone, come alcuni vogliono, il quale è fenza gradini, vi fono infinite ftrade cauate, larghe egualmente 4. palmi in circa, & alte à proportione, & incroftate di calce bianca alta 4. dita, onde per la quantità delle ftrade, e varietà delli giri Io ftimo vno trà i maggiori Laberinti, e forfe in quefto luogo il crudel Nerone teneua racchiufi li Chriftiani, li quali trà l'altre pene fentiuano quella di non poterfi colcare, e prender fonno, mentre vi era l'acqua dell'altezza poco più d'vn piede, ricauandofi ciò dalla quantità del Tartaro, che è intorno à quefto Laberinto fino all'altezza d'vn piede. Il fito di quefta fabrica piglia tutta la Vigna delli Padri della Madonna del Popolo.

Del Monte Celiolo.

Vicino alla Porta Latina à man finiftra della Via Appia vi fi vede il picciolo Monticello dagl'Antichi chiamato Celiolo, fopra di quefto vi era vn famofo Tempio dedicato à Diana,

na, hoggi vi è la Chiefa di S. Gio. ante
Portam Latinam.

Del Monte Citorio.

SOpra di quefto Monticello era pofta
vna Colonna chiamata Citatoria,
perche à quefta fi attaccauano le cita-
tioni di quelli, che haueuano lite. Di
prefente vengono portate alle proprie
cafe dalli Curfori. Ouero (come molti
vogliono) vi fi attaccauano le citatio-
ni, per chiamare li Magiftrati à chi toc-
caua per eleggere, e creare li Miniftri,
& Offitiali del Popolo Romano. Quefta Colonna fi vede nell'Orto delli Padri della Miffione, pofto fopra al fudetto Monticello.

Del Monte Teftaccio.

QVefto Monte è compofto tutto di
vafi rotti, e la cagione è quefta ;
al tempo di Numa Pompilio in quefto
luogo vi lauorauano quelli, che hoggi
fi chiamano Vafellari, ò Vafari, e tutte
le materie rotte erano da quefti gettate
nel fiume, il quale riempiendofi per la
multiplicità delli Cocci nell'efcrefcen-
za fortiua fuori; il Rè Numa Pompilio
fece vn Editto, che neffuno gettaffe più
tali materie nel fiume, mà che foffero
get-

gettate tutte in questo luogo, e dalla
quantità grande della materia se ne for-
mò questo Monte, hoggi è chiamato
Testaccio, & hà di circuito vn terzo di
miglio, & è alto 160. piedi. L'antica
Roma haueua sette Colli, hoggi ne hà
vndici, quali hò già descritti. Si fà
mentione ancora di trè Monticelli.

Il primo Monticello è detto Briante,
hoggi l'Orso, doue stanno li Vetturini.

Il secondo è il Monte Giordano così
chiamato dal Palazzo di D. Paolo Giordano di Casa Orsina.

Il terzo è il Monte Sauelli cioè à dire il Teatro di Marcello, sopra di questo
è fabricato il Palazzo della Famiglia
Sauelli.

Della Curia Vecchia.

SI vedono le ruine di questa Curia
nel principio del Monte Esquilino
in faccia alla Porta del Giardino delle
Zitelle del Padre Carauita. In questa
Curia ogni mese veniuano li Sacerdoti
del Tempio di Gioue Capitolino, portando li vasi sacri per riceuere gl'Auguri di ciò trattammo sopra al Capitolo della Via Sacra. Era quiui parimente il Vico scelerato, detto *Vicus scelera-*
tus, perche Tullia in questo Vicolo
passò barbaramente con il Cocchio so-

pra il Cadauere del proprio Genitore, andando alla detta Curia. Come dice Liuio.

Di S. Pietro in Vincola, e delli Bagni di Traiano.

NEll'Orto del Conuento di S. Pietro in Vincola, si vedono le ruine delli Bagni di Traiano, sopra delle quali ruine è fondata hoggi la Chiesa dedicata à S. Pietro in Vincola, sotto l'Altar Maggiore vi riposano i Corpi delli sette Fratelli Macabei, e le Catene con le quali fù legato S. Pietro. Questa Chiesa fù fondata da Eudosia moglie del primo Arcadio, la quale vi ripose le sudette Catene : vi è il bellissimo deposito di Giulio Secondo, fatto dal celeberrimo Michel'Angiolo, & in quello si osserua la famosa statua di Moisè, la quale è la più bella Statua moderna, che sia in Roma. Il quadro rappresentante la Pietà, opera singolare del Guercino. Vi sono 22. Colonne antiche, la detta Chiesa è di longhezza 32. e larga 20. passi.

Nel Cortile del Conuento vi è vna Palma, & è la più alta, che sia in Roma, & il Pozzo famoso, disegno di Michel' Angelo Bonarota.

Delle

Delle sette Sale, e delli Bagni di Tito Vespasiano.

NElla Vigna delli Padri sudetti di San Pietro in Vincola vicino à San Martino si vedono noue stanze, chiamate hoggi le sette Sale , e ogni stanza hà otto porte , e da ciascheduna porta si vede la prospettiua in quattro parti per profilo. Sotto di queste vi sono altre noue stanze della medesima grandezza , & io medesimo l'hò vedute , in occasione che in detto luogo si cauaua : erano queste Sale, vn ricettacolo d'Acqua , la quale seruiua per li Bagni di Tito Vespasiano, & ogn'vna di queste è longa 37. larga 17. & alta 12. piedi.

Vicino à dette Sale, si vedono le ruine delli detti Bagni, e del Palazzo, che vi era della Casa Flauia. Scriue Plinio, che in questo Palazzo vi era vna famosa statua di vn Laocoonte, e che fosse la più bella che fosse al Mondo, fatta da trè famosi Scultori , e sono Gesandro, Polidoro, & Antenodoro Rodiani, modernamente fù ritrouata, & al presente si conserua nel Cortile del Vaticano, detto Beluedere.

Di 2

Di *S. Martino nelli Monti* .

Vicino alle fudette fette Sale vi è la Chiefa dedicata à S. Martino, la quale è fondata fopra le ruine delli Bagni di Tito Vefpafiano : vi fono 24. Colonne antiche tutte di vna mifura, li Paefi à frefco dipinti, fono di Gafparo Poffini, e di Paolo Brillo. Nella Chiefa fotterranea vi è il luogo, doue fù fatto il Concilio da S. Siluefro Papa, e da Coftantino, e S. Elena fua Madre. In quefto luogo per lo fpatio di dieci anni vi rifiedè il detto Santo Pontefice. L'effigie della Madonna fcolpita in Mofaico fù fatta fare da Coftantino il Grande, fù la prima Imagine della Beata Vergine pregata in Roma dalli Romani, quefta Chiefa fù fabricata dal fudetto Coftantino, è longa 30. larga 16. paffi e mezzo.

Di *Santa Praffede* .

QVefta Chiefa era la Cafa, & habitatione di quefta Santa, in mezzo della Chiefa vi è vn Pozzo, nel quale v'è del fangue delli Santi Martiri, che era raccolto, e ripofto dalla medefima Santa, come fi vede dalla Statua della detta, fatta dal Caualier Bernino, in atto

di

di spremere con la sponga il sangue de'
Santi Martiri raccolto : la pietra sopra
la quale dormiua detta Santa è di granito orientale : vi sono 22. Colonne antiche.

Le pitture poste sopra gl'Architraui,
le quali rappresentano la Passione del
Saluatore, sono di buon gusto, fatte da
diuersi Pittori.

Nella Cappella di Mosaico si conser-
ua la Colonna di marmo, alta trè pal-
mi, alla quale fù legato, e battuto il
N.S. Giesù Christo, reliquia in vero di
grand'estimatione, e veneratione, tra-
sportata in Roma dall'Oriente da vn
Cardinale di Casa Colonna. Sotto l'
Altare Maggiore vi sono 3500. Corpi
Santi, vi habitano gli Monaci di Vall'
Ombrosa, & è longa 27. larga 16. passi.

Dell' Arco di Galieno.

SI vede quest'Arco liscio, e senza ornamento alcuno. Hoggi si chiama
l'Arco di S. Vito, qual denominatione
hà hauuta dalla Chiesa dedicata à questo Santo, la quale è attaccata à detto
Arco.

Nel frontispitio di detto Arco vi si
leggono queste parole:

*Gallieno Clementissimo Principi, cuius
inuicta virtus, sola pietate superata est, &*
Sa-

Saloninæ Sanctiſſimæ Aug. M. Aurelius Victor dedicatiſſimus Numini, Maieſtatique eorum.

Delli Trofei di Mario.

Vicino alla Chieſa di Sant'Euſebio ſi vedono le ruine delli Trofei di Mario, li quali furono eretti dal Popolo Romano à queſto gran Capitano per la Vittoria da lui riportata contro li Cimbri. Fù queſta la maggiore, e più ſanguinoſa battaglia, che ſia mai ſucceſſa in tempo della Republica, volendo molti, che vi reſtaſſero eſtinti 100. mila de' nemici, Suetonio dice, che queſti Trofei furono gettati per terra da Silla inimico, & inuidioſo della gloria di Mario. Furono però di nuouo da Ceſare riſtorati per honorare la memoria di sì celebre Duce. Seruono hoggi per ornamento del Campidoglio.

In queſto medeſimo luogo vi era il Caſtello dell'Acqua Martia, cioè il ricettacolo della medeſima, la quale ſi diſtribuiua in molte parti della Città, e ſe ne vede vna parte intiera.

Di Santa Pudentiana, e Pudente.

ERa questa Chiesa anticamente l'
Ospitio, doue si congregauano li
Christiani, e quiui habitò S. Pietro la
prima volta, che venne à Roma, con-
uertì in questo luogo alla Santa Fede di
Christo li Santi Pudente, e Pudentiana, e S. Praßede, essendo questa la loro
casa, & habitatione, l'Anno di Christo
44. fù consecrata questa Chiesa dal Prencipe delli Apostoli, e fù il primo Tempio, che fosse consecrato in Roma, come si vede da vn lapide in marmo, nella quale il tutto si legge, vi è il Pozzo,
doue si conseruano molt'ossa, e sangue
de' Santi Martiri, ripostiui dalla Santa,
l'Altare doue celebraua Meßa S. Pietro,
sopra detto Altare vi è la statua di Nostro Signore, che dà le Chiaui à S. Pietro, fatta da Gio: Battista della Porta,
vi si ammira la famosa Cappella della
Famiglia Gaetani dedicata à S. Pastore,
& è vna delle belle Cappelle di Roma,
ornata di ricchissimi marmi, e depositi
di detta Famiglia, e Mosaici nella Volta.

Nell'Altare la bella Tauola di marmo, che rappresenta l'adoratione delli
Rè Maggi, scultura bellissima di Pietro
Paolo Oliuieri, è alta 14. palmi, e larga

ga 8. di canna . Vi ſi oſſeruano nell' ingreſſo della Cappella 4. famoſe Colonne di giallo, & all'Altare le due Colonne di granitello orientale , alte 12. palmi . Queſta Cappella è di longhezza 9.
e larga 4. paſſi, & è Architettura di Franceſco da Volterra , ſotto la detta Cappella vi è la bella Camera con diuerſi
ſepolchri della Famiglia Gaetani , vi è
anche nella Chieſa la pietra , ſopra della quale San Pietro battezzaua li Chriſtiani .

Della Mole d' Adriano .

Queſta belliſſima Mole fù fatta fabricare da Elio Adriano Imperadore, perche ſeruiſſe per la di lui ſepol-
tura, e de' ſuoi deſcendenti . Era il più
grande, e magnifico ſepolcro di Roma ,
haueua ricchi ornamenti di Statue nell'
eſtremità v' era vna Pigna di bronzo ,
doue ſi conſeruauano le ceneri del detto Imperadore, e queſta ſi vede nel Giardino Vaticano aſſieme con due Pauoni
parimente di bronzo , quali erano per
ornamento al ſepolcro di Scipione Africano . Fù anche chiamata queſta Mole
il Caſtello di Creſcentio , perche vn tale di queſto nome ſe ne impadronì. Bonifatio Ottauo Sommo Pontefice fù il
primo , che la riduſſe in ſtato di fortifi-
ca-

catione, perche feruiffe di Fortezza à
Roma, hoggi fi chiama Caftel Sant'Angelo . Quefta denominatione l'hebbe
da vn'Angelo, quale comparue fopra
detta Mole, e fù veduto da S. Gregorio
Papa in occafione, che detto Sommo
Pontefice affieme con tutto il Clero, fe-
guitato da tutto il Popolo, andaua can-
tando le Litanie della Beata Vergine in
rendimento di gratie per la liberatione
di Roma dalla pefte, e quefto Santo Papa vidde, che il fudetto Angelo rimet-
teua vna rilucente fpada dentro il fo-
dero, e fubito fparue, e cefsò in Roma la
pefte : Li quattro Baluardi con il Ma-
fchietto li fece fare Aleffandro Sefto di
Cafa Borgia Spagnolo, come pure il
Corritore, che và al Vaticano, che ferue per ficurezza del Papa in cafo di
guerra, per paffare in Caftello fenza effere veduto. Le fortificationi efteriori
furono edificate da Vrbano Ottauo : vi
è vn'Armaria per armare fei mila fol-
dati, vi è vn'Armatura di velluto cremefino con piaftrini d'Acciaro, la quale portò Clemente Ottauo, quando andò à pigliare il poffeffo di Ferrara ; vi fi
vedono diuerfe fpecie d'armi prohibi-
te, frà le quali le Piftole del Duca di
Parma . Spartiano dice, che Adriano
edificò à canto al Teuere vn fepolcro
del fuo nome. Procopio dice, che il
fepol-

sepolcro d'Adriano Imperadore era à guisa d'vna Fortezza, posto fuori della Porta Aurelia. Prima, doue hora è questa gran Mole, vi era la Piramide di Scipione Africano.

Del Ponte Elio.

QVesto nobil Ponte sù fabricato dal sudetto Imperadore Adriano, acciò per questo si passasse al suo sepolcro, è il più bello, che sia hoggi sopra il Teuere, vltimamente sù ristaurato da Clemente Nono, il quale vi fece il pauimento, le balaustrate di ferro con dieci Angeli di marmo, fatti da diuersi Maestri, ogn'vno de'quali rappresenta vn Mistero della Santiss. Passione. Il più bello è quello, che tiene la Canna fatto da Giorgetto: tutto è disegno del Caualier Bernini, il Ponte è longo 70. passi, e largo 5.

Del Ponte Trionfale.

PAssato il sopradetto Ponte Sant'Angelo alla drittura verso San Spirito si vedono le ruine del Ponte Trionfale, sopra del quale passauano quelli, che Trionfanti per le vittorie delle Prouincie sottomesse alla Republica Romana ritornauano in Roma. A questo Ponte vi stauano le guardie, le quali

C   non

non permetteuano, che per quello paſſaſſero Perſone vili.

Il primo che trionfaſſe in Roma fù Romolo primo Rè de'Romani, e l'vltimo fù l'Imperadore Probo. Il Gambucci numera da Romolo ſino à Probo 322. Trionfi.

Della Strada, che faceua il Trionfante per andare in Campidoglio.

DOue è hoggi la Chieſa di S. Pietro era anticamente il Campo Trionfale, & in queſto Campo ſi poneua all'ordine il Trionfante, di là paſſaua al Ponte Trionfale, e per vn'Arco Trionfale, che iui era poſto. paſſaua per la via Giulia, la quale al preſente ne conſerua il nome, e ſi portaua nel Campo di Fiore vicino al Teatro del Gran Pompeo, ſeguiua drittamente per la Piazza Giudea, e di lì à S. Angelo in Peſcaria. (Queſta Chieſa era anticamente il Tempio di Giunone.) Paſſaua di quì vicino al Teatro di Marcello per via retta, doue è hoggi S. Maria in Coſmedin, poſcia per la via Appia alle radici del Palatino, voltaua à mano manca, paſſando per la Valle trà il Palatino, & il Celio all'Arco di Coſtantino Magno, voltaua, e paſſaua ſotto l'Arco di Tito Veſpaſiano per la via Sacra,

cra, ò Trionfale, e dall' Arco di Settimio Seuero saliua il Trionfante in Campidoglio. Entraua nel Tempio di Gioue Capitolino per sacrificare à quel Dio
in rendimento di gratie delle vittorie
ottenute. Delli Trionfi de' Romani:
vedasi Caio antichissimo Scrittore, il
quale diffusamente ne tratta, & infiniti
altri Autori, come Eusebio Cesariense
al libro 2. cap. 25. Pirro Ligorio, & altri. Basti hauer dimostrato breuemente il di sopra descritto, per appagare la
curiosità de' Signori Forastieri.

Del Mausuleo d'Augusto.

SI vede vna gran parte intiera di questo marauiglioso edificio, qual' è di
forma rotonda, e molto consumato dal
tempo, vi si riconosce nulladimeno là
gran magnificenza vsata in quel tempo.
Il suo centro consiste in vn stantione rotondo, simile alla Chiesa, detta la Rotonda, era à volta, vi era la statua d'
Augusto di bronzo di sopra. Haueua
trè ordini esteriori, sotto ciascheduno
de' quali vi erano stanze, nelle quali si
sotterrauano i Parenti degl'Imperadori, si vedeuano sopra questi ordini belle
strade, ornate d'alberi, e statue. e seruiua di passeggio la sera alli Nobili Ro-

C 2   ma-

mani, era alto 25 o. cubiti, & il famoſo
Portaco, che lo giraua, era di mille piedi. Dice Suetonio, trattando del Mor-
torio d'Auguſto, che furono traſporta-
te le ſue reliquie nel Mauſoleo, e Caſ-
ſiodoro nelle ſue Epiſtole ne fà mentione; chi deſidera vedere queſta bella Antichità, è nella ſtrada delli Pontefici,
dietro à San Rocco. Il Gambucci da
S. Geminiano dice, che vicino à queſto
Mauſoleo, era collocato l'Anfiteatro di
Caio Ceſare. Oggi vi è il Palazzo del
Marcheſe Correa Portogheſe.

Del Pantheon.

QVeſto famoſo Tempio è il più
grande, & il più conſeruato trà
tutti li Tempij antichi, che ſi vedono
hoggi in Roma, è d'ordine Corinthio,
& hà tanto di altezza, che di longhezza
cioè 154. piedi, le muraglie groſſe ſono di 30. palmi, è di forma rotonda: non
hà altro lume, che quell'apertura, che
ſi vede di ſopra larga 12. paſſi andanti.
La gran Porta antica è di metallo giallo, gli portali, ò ſtipiti ſono tutti d'vn
pezzo, & anche l'Architraue. Gl'Architraui del Tempio ſono ſoſtenuti da
16. colonne di giallo antico molto ſtimate, negl'Altari vi ſono 26. colonne
di Porfido, e di Granito. Queſta magnifica fabrica fù eretta da M. Agrippa,
il

il quale lo dedicò à Cibele, Madre delli Dei. Plinio scriue, che la dedicatione di questo Tempio fù fatta à Gioue Vltore, e poi vniuersalmente à tutti li Dei : vi era vna statua di Ercole colcata in terra, e li Cartaginesi vi sacrificauano vn'huomo viuo ogni anno, come vuole Vitruuio.

Il sontuoso Portico di questo Tempio vien sostenuto da 16. grosse colonne di granito orientale, vi si vede vn sepolcro di porfido, molti vogliono, che fosse la sepoltura di M. Agrippa. Per quello, che riguarda al Portico io sono d'opinione, che questo sia stato fabricato qualche tempo doppo al Tempio, e ciò lo ricauo dalla sua facciata, dalli Cornicioni, e da altri ornamenti, come puole ogn'vno osseruare. Il detto Portico è longo 20. passi, largo 12. nella facciata sono queste parole :

M. Agrippa L. F. Cos. Tertium fecit. di sotto vi sono altre lettere di Marco Aurelio, e di Settimio Seuero, i quali fecero restorare il detto Tempio. Il Gambucci però è d'opinione, che questo famoso Tempio hauesse due Portici, e che l'vno fosse fatto in vn tempo medesimo con il Tempio, e l'altro da Marco Agrippa, hauendo demolito il primo.

Bonifacio Quarto ottenne dall'Im-

peradore Foca di poter confecrare quefto Tempio alla Beata Vergine Maria,
& à tutti i Santi. Li traui del Portico
erano di bronzo, quefti furono leuati da
Vrbano Ottauo, delli quali ne coftruffe
il bel Ciborio dell'Altare Maggiore del
Prencipe degl'Apoftoli S. Pietro, in
Vaticano.

Per entrare in quefto Tempio fi fcen-
deuano dieci fcalini, perche in quel
tempo la terra era molto alta per le ruine, & incendij, che in diuerfi tempi fono occorfi. Aleffandro Settimo di Cafa
Chigi fece ridurre il pauimento al fuo
priftino ftato, fece mettere trè colonne
nel Portico, che vi mancauano dalla
parte verfo Oriente, quali fece leuare
con gran fpefa di fotto terra in faccia
alla Chiefa di San Luigi de' Francefi, e
Clemente Nono vi fece i Cancelli di
ferro.

Delle Terme di Marco Agrippa.

Dietro alla Rotonda fi vedono molte ruine delli Bagni di M. Agrippa verfo li Ceftari per andare all'Arco
della Ciambella. Plinio dice, che furono belliffimi, e trà gl'altri fuoi ornamenti haueuano gl'Archi, & i Pauimenti di vetro le muraglie incroftate di pietre fine, e li Soffitti meffi à oro.

Delli

Delli Bagni di Aleſſandro Seuero, di Nerone, e di Adriano Imperadori.

DOue è hoggi la Chieſa di S. Euſtachio, e di S. Luigi de' Franceſi, il Palazzo de' Sig. Giuſtiniani, quello delli Sig. Rondanini, & il Palazzo de' Medici, ſi vedono le ruine delli Bagni di queſti Imperadori.

Il primo à coſtruirli fù Nerone, e poi furono riſtaurati da gl'altri due Imperadori. Plinio, e Martiale dicono, che furono delle belle fabriche di quel tempo.

Del Foro di Antonino Pio, e della Colonna del medeſimo.

IL Foro era vna Piazza publica, nella quale ſi faceua il Mercato, al preſente non vi ſi vede reliquia alcuna.

La Colonna detta Antonina ſi vede hoggi tutta intiera, era poſta in mezzo al detto Foro : hà 190. ſcalini, e 40. feneſtrelle, & è d'altezza di 175. piedi, è ornata di baſſi rilieui, quali rappreſentano li fatti, e l'impreſe di queſto Prencipe, ſi deue oſſeruare, che al noſtro occhio ſembra, che le figure ſiano tutte grandi, & vniformi, non è coſì,

C 4 men-

mentre le prime sono piccole, e di mano in mano vanno crescendo à segno,
che l'vltime figure sono quasi grandi
tanto, quanto le naturali. Fù fabricata
questa magnifica Colonna da M. Aurelio Figliuolo adottiuo di Antonino,
come si legge nell' Iscrittione della Base, che dice:

*M. Aurelius Imp. Armenis, Parthis,
Germanisque, bello maximo deuictis,
triumphalem hanc Columnam rebus ge-
stis insignem Imp. Antonino Pio Patri
dedicauit.*

La statua posta sopra la Colonna è di
S. Paolo, è alta 14. palmi, vltimamente
fù ristaurata da Sisto Quinto, vi mise la
detta Statua di bronzo, indorata. L'anno
1670. alli 9. d'Agosto, questa Colonna
fù percossa dal fulmine verso al mezzo
giorno, vi fece cascare vn pezzo di basso
rilieuo di 4. palmi, quale vi fù rimesso,
e veduto da me. Vi furono riposte le
ceneri d'Antonino Pio.

Della Basilica Antonina.

PVblio Vittore parlando della Basilica di Antonino Pio, dice, che
hauesse vn bellissimo Portico di 42 colonne di ordine Corinthio, e che fosse
vno delli belli edificij di quel Secolo,
vi si vedono hoggi vndici colonne dritte
te per ordine nel suo luogo, come erano

no al suo tempo , nella Piazza detta di Pietra . Vogliono però molti , che fosse il Tempio fabricato da Marco Aurelio in honore di Marte .

Del Foro di Traiano , e della sua Colonna .

IL famoso Foro di Traiano fù il più bello di tutti gl'altri di Roma . Dionisio ne fà mentione , e dice , che Polidoro ne fù l'Architetto , e che per farlo fosse leuata tanta terra , quanto è alta la Colonna , che hoggi si vede , la quale era in mezzo al detto Foro , haueua all' intorno vn sontuoso Portico di così smisurata grandezza , che ogn'vno diceua essere fatto per mano di Giganti , era d' ordine Corinthio . Celio dice , che si vedeuano per ogni parte Statue in piedi , & à cauallo , & insegne di Guerra . Scriue Marcellino , che essendo venuto in Roma Costanzo figliuolo di Costantino il Grande , restasse ammirato nel vedere la magnificenza di questo Foro , e particolarmente della bella Statua di bronzo , la quale rappresentaua Traiano à cauallo , e disse , che quella hauerebbe volsuto immitare , al quale rispose Ormida suo Maggiordomo , bisogna Signore , che Tu facci prima la stalla , volendo inferire , che era impossibile di fare vn Foro fimile à quefto.

La famofa Colonna, che hoggi fi vede intiera, era pofta in mezzo al detto
Foro, è alta 128. piedi, hà 173. fcalini,
e 40. feneftrelle : dice Dione, che in
quefta furono ripofte le ceneri di Traiano, è ornata di baffi rilieui, che rapprefentano li fatti, & imprefe di quefto
buon Prencipe, come Armate di mare,
e di terra, Parlamenti alle Cohorti Pretorie, Congiari, ò donatiui al Popólo,
e l'iftefle Iftorie fono nella Colonna
Antonina. In quel tempo vi era fopra
la ftatua del Prencipe di bronzo, come
fi vede nelle Medaglie dell'vno, e dell'
altro. Nel Piedeftallo vi fi leggono
quefte parole :

Senatus P. Q. R. Imp. Cæfari Diui Ner-
uæ F. Neruæ Traiano Aug. Germ. Daci-
co Pontif. Max. Trib. Potef. XVII. Imp.
VI. Cof. VI. PP. Ad declarandum quan-
tæ Altitudinis Mons, & locus tantis ope-
ribus fit egeftus.

Sifto Quinto Sommo Pontefice fece
riftaurare la fudetta Colonna, come l'
Antonina, e vi fece mettere la ftatua di
S. Pietro di bronzo indorata, alta 14.
palmi, con quefte lettere :

Sixtus V. Pont. Max. B. Petro Apoftolo
Pont. A. IIII.

Quefta famofa Colonna è compofta
di 24. pezzi, li fcalini fono fatti delli
me-

medefimi pezzi, e di quì procede la fortezza di detta Colonna.

Del Foro di Nerua.

ALle radici del Monte Quirinale verſo mezzo giorno, doue è hoggi l'Arco de'Pantani, ſi vedono grandiſſime muraglie di pietre groſſe; molti vogliono, che foſſe il Foro di Nerua, io non credo, che fuſſe tale, non hauendo tal forma, perche il Foro era di forma ouale, ò quadrata, mà non di forma larga, e longa, come rappreſenta queſto. Altri vogliono, che foſſe il Palazzo di Nerua, mà ne tampoco queſto puol'eſſere, perche ſe foſſe ſtato Palazzo neceſſariamente doueua hauer le feneſtre, e non ſi vedono, che muraglie altiſſime ſenza ſegno, che vi ſian mai ſtate feneſtre. La comune opinione è, che foſſe la Zecca, doue ſi batteua la moneta, ouero l'Erario. Vi ſi vede vna parte del ſuo Portico con trè groſſe colonne di marmo greco ſcannellate, con gran capitelli di ſopra, & Architraui di ordine Corinthio : ſe era Foro, come vogliono, doueua chiamarſi Foro tranſitorio, perche ſortiua nel Foro Romano, Suetonio dice, che Domitiano l'incominciaſſe, e foſſe terminato da Nerua, fù ornato di Statue, come vuole Spar-

tiano, che queſte foſſero degl'huomini
illuſtri, Capitani della Republica Romana; ſcriuono, che in mezzo à queſto
Foro vi foſſe vna colonna di bronzo
grandiſſima, la quale ſoſteneua vn certo
coperto da mettere, e leuare, e queſto
per riparare dal Sole, e dall'acqua, mentre ſi celebrauano Comedie, battaglie
de' Gladiatori, e altri ſpettacoli, per
compiacimento del Popolo.

Del Tempio di Minerua.

NEl medeſimo Foro, ò almeno vicino, vi era il Tempio di Minerua;
hoggi ſi vede la ſua facciata con colonne, con la ſtatua di Minerua di ſopra,
ornato di vaghi baſſi rilieui, buona parte del quale è ſotto terra, & è poſto vicino à Tor de' Conti.

Delle Terme di Diocletiano, e del ſuo Palazzo.

ESſendo Imperadore Diocletiano il
Tiranno perſecutore delli Chriſtiani, quali perſeguitò per tutte le Terre dell'Imperio, diede principio à queſta gran Mole, e furono li più grandi
Bagni, che foſſero mai ſtati fabricati in
Roma. Vi fece lauorare per lo ſpatio
di ſette anni quaranta mila Chriſtiani
schia-

schiaui, terminata la fabrica fi trouorno
matrcanti trenta mila . quali reftorono
oppreffi dalla gran fatica , & il poco ci-
bo, e da altri patimenti, & il rimanente
reftò gloriofamente martirizzato in varie maniere nel luogo detto , *Macellum
Chriftianorum*, quale era doue è al prefente la Chiefa delle trè Fontane. Quefti Bagni furono sì grandi, che vi fi poteuano lauare in vn medefimo tempo
3200. perfone , fenza che l'vno vedeffe
l'altro, fi vedono le fue gran ruine, doue
è hoggi la Chiefa , & il gran Conuento
delli Certofini . Vi fono otto gran colonne di granito orientale.

Pio Quarto fece ridurre quefta Chiefa in quefta forma, fù difegno di Michel'
Angelo Buonarota , il quale vi fece il
depofito del Papa, vi è anche quello di
Saluatore Rofa famofo Pittore , ed il
depofito di Carlo Maratti parimente celebre Pittore ; le pitture à frefco nella
Tribuna fono di Danielle Tedefco.
Quefta Chiefa è tanto longa, che larga,
e forma vna Croce perfetta , larga , e
longa 63. paffi . Il Cortile del Conuento è quadrato e li Portici fono foftenuti
da 100.colonne di trauertino moderne;
Quefto Chioftro è quadrato, & è longo
per ogni verfo 60.paffi. Il bel fepolcro,
gia detto, di Carlo Maratti,fatto fare da
lui medefimo, è molto bello , di marmi
fini,

fini, con il suo ritratto, & vn'Vrna di
Porfido, adornato di festoni di bronzo,
costa 1600. scudi Romani.

Dietro al Giardinetto del Prencipe
Chigi si vedono alcuni pezzi d'Archi
antichi, quali sono le ruine del Palazzo
di Diocletiano.

Del Tempio delle Matrone al tempo di Eliogabalo.

IL Tempio delle Matrone Romane era
doue è hoggi la Chiesa di S. Susanna: queste si radunauano in questo Tempio, doue trattauano del modo di ben
reggere le loro case, e d'alleuare bene
li loro Figliuoli.

Delli Torrioni delli Bagni di Diocletiano.

LI Bagni di Diocletiano, secondo
la Pianta di Roma antica, erano
circondati da' Torrioni così, che per
ogni cantonata vi era vn Torrione, vno
di questi si vede anco intiero, & è hoggi
la Chiesa di S. Bernardo, quale è rotonda perfetta, hà di larghezza 14. passi. Entrando nell'Orto del detto Conuento si
vede vn muro alto, che forma vn mezzo
circolo di forma ouale, e da tutte quattro le parti delli Bagni ve ne era vno simile.

mile . Più à baſſo vicino al Portone della Villa Montalto ſi vede la metà d'vn'altro Torrione rouinato.

Della Botte dell'Acqua delli Bagni di Diocletiano.

SE ne vedono le ruine nella Villa Montalto . Queſto era vn gran ricettacolo, per conſeruare l'acqua, e per darla à ſuo biſogno alli detti Bagni.

Della Madonna della Vittoria.

QVeſta Santiſſima Imagine della Vergine fù portata dal Padre Domenico Carmelitano nella battaglia , che diede l'Imperadore à Guſtauo Adolfo Rè di Suetia , per mezzo della quale ne riportò vittoria, hoggi ne porta il nome della Madonna della Vittoria, ſi conſerua nell'Altare Maggiore di queſta Chieſa con molte Inſegne guadagnate in quella battaglia.

Vi è la famoſa Cappella del Card. Cornaro, ornata di diuerſe, e rare pietre fine, con molti ritratti della detta famiglia, di ſopra vi è la bella ſtatua di Santa Tereſa con l'Angelo di marmo, fatta dal Caualier Bernini, & è vna delle più ſingolari opere, che habbia fatto.

Nel

Nel Conuento vi è vna Corona d'oro, ornata di gioie, la quale fù donata dall'Imperadore, & altre rare gioie.

In vna Camera vi fono quattro pezzi di quadri, che rappresentano la battaglia trà l'Imperadore, e Guftauo Rè di Suetia.

Il bel quadro pofto nella Càppella à mano dritta della Madonna con il Bambino, e S. Francefco, è opera del famofo Domenichino, come pure il quadro di Chrifto in braccio alla Vergine pofto in Sacreftia.

Del Tempio di Bacco, e di S. Agnefe, delle Catacombe, e di vn Circolo antico.

NElla via Nomentana fuori di Porta Pia nella diftanza d'vn miglio v'è l'antichiffimo Tempio di Bacco di tutta conferuatione, di forma rotonda, di dentro vi è vn Portico, che lo gira con 24 colonne di granito orientale, quali foftengono gl'Archi, nella Volta vi fono vaghi Mofaici di Baccanali, cioè Carri con Boui carichi d'Vue, Perfone in atto di fare il Vino, & il ritratto di Bacco, e diuerfi Vccelli. Vi fi vede il raro Sepolcro detto di Bacco, e ciò fi caua da alcuni Fanciulli con l'Vue nelle mani. Non fi sà per certo di chi

fia ftato; molti vogliono, che foffe di
Tulliola figlia di Cicerone, ouero di
Tullia moglie di Tarquinio Superbo.
In quefto era chiufo il Corpo di S. Coftanza, fia però come fi voglia, certo è,
che è vno delli più belli pezzi di Porfido, che fi poffi trouare nell'Europa.

Paolo Secondo Venetiano lo fece leuare per portarlo in S. Pietro, perche
feruiffe per fua fepoltura, mà nel medefimo tempo dicono, che il Papa moriſ-
fe, & il fepolcro fù ritornato al fuo luogo, doue di prefente ftà. Quefto Tempio era circondato per di fuori da vn
Portico foftenuto da 40. colonne, come
ogn' vno puol vedere. Il Portico dauanti era quadrato con due Cappelle
dalle bande, quali ancor hoggi fi vedono. Tutto il Tempio è d'ordine Corinthio: fù quefto Tempio confacrato
à S. Coftanza da Aleffandro III. Papa,
il Corpo della quale con altre reliquie
è ripofto nell'Altare in mezzo alla
Chiefa, quale è di longhezza 75. piedi.

In faccia al detto Tempio vi è vn circolo di molta conferuatione, nel quale
gl'Antichi vi faceuano le Corfe di Bighe, e Quadrighe. non fi sà però di chi
foffe, dicono alcuni, che foffe di Settimio Seuero. In quefto luogo fi faceuano li Baccanali, per efferui il Tempio
del Dio Bacco.

Poco

Poco lungi ſi diſcende vna ſcala di 43. ſcalini, fatta dal Cardinal Veralli, e ſi entra nella Chieſa di S. Agneſe, fabricata da S. Coſtanza in honore di queſta Santa è della medeſima forma antica con ſedici colonne di diuerſi marmi, che ſoſtengono gl'Architraui. Nella Tribuna ſi vedono antichi Moſaici. Il bel Ciborio ſoſtentato da quattro colonne di Porfido, l'Altare è compoſto di diuerſi marmi fini, dentro del quale è ripoſto il Corpo di S. Agneſe, e di Santa Mariniana. Sopra l'Altare vi è la ſtatua della Santa, la Teſta della quale con le mani, e le gambe è di bronzo indorato, Il Corpo è d'Alabaſtro Orientale qual ſtatua è opera di Nicolò Cordieri. Tutto l'Altare è ſtato fatto da Paolo Quinto. La Chieſa è longa 19. paſſi, e larga 11. ſotto la Chieſa vi è il Cimiterio di S. Priſcilla, detto le Catacombe, ouero vna parte di Roma ſotterranea, è vno delli belli Cimiterij di Roma, vi ſono Corpi de' Santi Martiri intieri: per la ricerca, e ricognitione de'quali vi è iſtituito vn Sacro Tribunale, pieno di ſapere, & attentione.

Nelle Stanze dell'Abbate ſi vede vn bel Chriſto di Terra cotta, fatto da Michel'Angelo Buonarota, con la Teſta parimente di vn Chriſto del medeſimo, di marmo.

Delli

Delli Bagni di Antonino Caracalla.

ALle radici del Monte Auentino fi vedono le grandiſſime ruine delli Bagni di Antonino Caracalla, li quali furono di gran magnificenza. Si pote-uano lauare in queſti 2300. perſone in vn medeſimo tempo, ſenza vederſi l'vn l'altro. Il Gambucci però è di parere, che queſti Bagni non foſſero d'Antoni-no Caracalla, mà di Antonino Pio, e ciò lo ricaua dall'Architettura delli me-deſimi, mentre al tempo di Caracalla l'Architettura non era di quella perfet-tione, come al tempo d'Antonino Pio. Lampridio dice, che la maggior parte de' Bagni degl'Antichi erano fabriche eccelſe, e quelli, che erano piccoli, era-no ornati di diuerſe pietre pretioſe, la magnificenza delli quali ſi puol dedur-re dalle gran ruine delli medeſimi, che al preſente ſi vedono. Vicino à detti Bagni vi era vn gran Palazzo del mede-ſimo Imperadore, & in queſto luogo fù trouato il famoſo Toro, che hoggi ſi conſerua nel Palazzo Farneſiano, del quale hò trattato nel primo Compen-dio delli Palazzi.

Del Tempio di Diana.

SOpra al Monte Auentino era il famoso Tempio di Diana, quale fù fabricato da Seruio Tullio, sopra le di cui ruine al presente v' è fabricata la Chiesa dedicata alli Santi Sabina, e Domenico, in questo luogo si vede vna marauiglia, & è vn merangolo piantato dal medesimo Santo, che ogn' anno fà quantità di merangoli, e si pigliano per deuotione. In questo luogo fù la prima habitatione delli Sommi Pontefici Romani.

Del Tempio d'Ercole.

VIcino al sopradetto vi era il Tempio d'Ercole, & hoggi è la Chiesa dedicata à S. Alessio, che fù anche la Casa del medesimo Santo. Vi si conserua il suo Corpo, e la Scala, sotto la quale stette tant' anni, e finalmente vi morì.

Delle Terme di Traiano Decio.

DI questi Bagni si vedono le ruine, doue è hoggi la Chiesa di S. Prisca, sopra di detto Monte.

Dell'

Dell'Arco di Oratio Coclite.

ALle radici del fudetto Monte fotto al Priorato, vicino al Teuere fi vedono alcune ruine di muraglie antiche; molti vogliono, che fiano frammenti d'vn'Arco eretto dal Popolo in honore di Oratio Coclite, per hauere quefto difefo folo il Ponte Sublicio contro di Porfenna Rè de' Tofcani, e contro tutta la fua Armata, reftandone vittoriofo. Molti vogliono, che quiui foffe l'antica Porta Trigemina.

Della Taberna Meritoria, hoggi S. Maria in Trafteuere.

LA Taberna Meritoria era vn luogo, nel quale fi nutriuano li Soldati Vecchi, e quelli che reftauano feriti nelle guerre per feruitio della Republica Romana. In quefto luogo fcaturì vna Fontana d'oglio miracolofamente, nel tempo, che nacque Noftro Signore Giesù Chrifto, il luogo è vicino all'Altare Maggiore. Quefta fù la prima Chiefa, che fù confacrata in Roma alla Beata Vergine Maria, quefta Chiefa è longa 18. paffi, e larga 9.

Sotto l'Altare Maggiore vi è il Corpo di S. Califto Papa; vi è la pietra, che fù fù legata al collo del detto Santo, quando fù gettato nel Pozzo . Vi sono 23. colonne di granito , le quali erano 24. mà di queste vna fù, come dicono , portata dal diauolo à Praga in Germania , nel tempo che vn Prete diceua la Messa. Vogliono anco, che quiui fosse il Tempio d'Esculapio , nel quale si sacrificaua dalli antichi ad Esculapio per gl' infermi .

Dell'Isola Teuerina.

QVest'Isola è posta in mezzo al fiume , hebbe questa il suo fondamento dalle Biade , che vi furono gettate di Tarquinio Superbo , quando fù discacciato dal Regno da Bruto primo Console , per essere stata violata Lucretia da Sesto Tarquinio , come scriue Liuio.

La prima fabrica , che fù fatta sopra questa Isola fù il Tempio d'Esculapio : dice Suetonio, che in questo Tempio vi era la statua di Caio Cesare, la quale fù veduta da per se stessa riuoltarsi dall' Oriente all'Occidente. Sopra le ruine di questo Tempio fù fatta la Chiesa dedicata à S. Bartolomeo Apostolo , v'è il suo Corpo sotto l'Altare Maggiore posto in vna Vrna di Porfido bellissima. Fù anche fabricato sopra questa Isola vn

Tem-

Tempio à Gioue Licaonio , & vn' altro
à Fauno Dio del Bosco ; scriue Liuio,
che fossero edificati da Gneo Domitio
Enobarbo , e da Gneo Scribonio Edili.
E' posta quest' Isola trà due Ponti Il
primo è verso Trasteuere il quale fù
chiamato Cestio , e fù ristaurato dalli
due Imperadori Valentiniano e Valen-
te, come si caua dall'Iscrittione del detto Ponte Questo fù vltimamente ristaurato dalla fel. mem. d' Innocentio Vndecimo Sommo Pontefice .

L'altro Ponte fù chiamato Fabritio,
hoggi Ponte quattro Capi , qual denominatione hà per vn sasso che hà quattro faccie. Questo Ponte fù chiamato
Tarpeo da Tarpea Vergine , la quale
diede la Fortezza alli Sabini. E' di longhezza quest'Isola 425. passi Geometrici, e di larghezza 50. La punta di quest'
Isola verso l'Oriente è composta di belli pezzi di marmo, li quali rappresentano la forma della naue, che portò il
Serpente da Epidauro .

Le ruine del Tempio di Fauno si vedono vicino la dett' Isola verso l'Occidente in mezzo al Teuere .

Del

Del Teatro di Marcello.

DI questo nobil Teatro se ne vede vna gran parte, fù fabricato da Augusto Cesare in honore di Marcello suo Nipote, Figliuolo di Ottauia sua Sorella, era composto di due ordini, l'vno Dorico, e l'altro Ionico. Plinio in Andrea Fuluio dice, che prima fosse il Tempio della Pietà : Questo Teatro era così grande, che vi poteuano stare commodamente à sedere sessanta mila persone, come vuole Plinio, al presente è il Palazzo della Nobilissima Famiglia Sauelli : Soggiunge Plinio, che il Tempio della Pietà fosse (doue è hoggi S. Nicola in Carcere) per le Carceri publiche, che iui erano.

Delle Guglie, che di presente sono erette in Roma.

QVarantadue in circa furono anticamente gli Obelischi eretti in Roma trà piccoli, e grandi, la maggior parte de'quali si vedeua nel Campo Marzo, come luogo riguardeuole, e doue si radunaua il Popolo, per creare li Magistrati ; tutti li sudetti Obelischi furono trasportati dall'Oriente, e dall'Egitto con grandissime spese, tanto per mare,

che

che per terra : fi deue confiderare, che
vn'Obelifco folo, rende marauiglia a'
Riguardanti curiofi, onde da quefto può
confiderarfi qual ftupore doueua recare
la quantità delli medefimi, tal' vno de'
quali valeua quanto vn Regno.

Dell'Obelifco del Vaticano.

LA Guglia, che hoggi fi vede in mezzo della Piazza del Vaticano di
rimpetto alla Chiefa del Prencipe degl'Apoftoli, era prima pofta nel Circo
di Nerone, il quale era doue è hoggi la
fudetta Chiefa. Queft' Obelifco era
confecrato ad Augufto, & à Tiberio
Cefare, come fi ricaua dall' Ifcrittione
pofta à piedi del medefimo. Fù trouato
mezzo fotto terra vicino alla Sacreftia
di S. Pietro : la gloriofa memoria di
Sifto Quinto volfe rauuiuare le grandezze degl'antichi Romani, fece inalzare quefta bella machina, e vi fpefe fet-
tantanoue mila fcudi, e vi erano 160.
caualli, che voltauano gli Argani, è alta 72. piedi, e con la Bafe 108.
Nella Croce pofta fopra la medefima
vi è del Legno della SS. Croce di Noftro Signore. Sono ftati conceffi dieci anni d'Indulgenza, & altrettante quarantene à quelli, che paffando auanti à quella
diranno vn Pater, & vn' Aue.

D　　　　*Della*

Della Guglia poſta auanti la Chieſa di S. Gio: in Laterano.

QVeſta Guglia fù fatta traſportare da Egitto à Roma da Coſtinzo Figliuolo di Coſtantino, quale fece erigere nel Cerchio Maſſimo, doppo molti Secoli, ò dalla crudeltà del tempo, ò dall'empietà de' Barbari inimici della grandezza, e magnificenza di queſta Città, fù gettata à terra, il ſudetto Sommo Pontefice Siſto Quinto la fece parimente inalzare à guiſa di quella di S. Pietro. Nella Croce di ſopra vi è ancora del Legno della Santiſſima Croce, & è alta cento quarantacinque palmi.

Della Guglia poſta in faccia à S. Maria Maggiore.

QVeſta Guglia ſeruiua d'ornamento al Mauſoleo d'Auguſto, & eſſendo per terra come le altre, Siſto Quinto la fece traſportare, & erigere auanti la Baſilica di S. Maria Maggiore, & è alta quarantadue palmi.

Della

Della Guglia posta nella Piazza del Popolo, nella Via Flaminia.

QVesta Guglia fù fatta condurre da Ottauiano Augusto à Roma dalla Città di Heliopoli da Egitto con spesa incredibile, la fece erigere nel Cerchio Massimo la dedicò al Sole, come si vede dall'Iscrittione scolpita nella sua Base, è tutta ornata di Gieroglifici, ò caratteri Egittij, come sono l'altre, eccettuata quella di S Pietro, e quella di S. Maria Maggiore. Questi caratteri contengono la Filosofia occulta delli antichi Rè d'Egitto. Anche questa Guglia prostrata à terra fù fatta erigere dalla magnificenza di Sisto V. in questa Piazza, sopra la Guglia v'è vna Croce, nella quale è riposto del Legno della Santissima Croce.

Deue osseruarsi, che questa bella Guglia è posta nel più bell'ingresso di Roma, e che riguarda le trè strade principali della Città, tanto questa, che l'altre fù Architettura di Domenico Fontana, hà questa d'altezza ottant'otto piedi.

Della

Della Guglia di Piazza Nauona.

QVefta Guglia era pofta nel Cerchio di Antonino Caracalla nella Via Appia era gettata à terra, Innocenzo Decimo la fece trafportare, & erigere in mezzo à quefta gran Piazza, fopra vna belliffima Fontana, & è copiofa di caratteri Egittij.

La Fontana è degna di grandiffima ammiratione, effendo forfe la più bella, che fia nel Mondo. Hà per ornamento li quattro Fiumi principali del Mondo.

Il primo rapprefenta il Danubio, fiume grande nell'Europa, è il maggiore trà tutti, perche v'entrano feffanta altri Fiumi, quafi tutti nauigabili. Nafce quefto dal Monte Arnoba, pofto nella Germania. Vedafi Plinio nel libro 4. cap. 12. & Ammiano nel libro 22. & altri.

Il fecondo è il Gange con vn remo nelle mani, hà quefto fiume la denominatione da Gange Rè de'Mori, come vuole Suida. Dalle facre Carte però viene annouerato trà quelli, che fcaturiuano dal Paradifo Terreftre.

Il terzo di quefti è il Nilo, il quale fi vede con la Tefta coperta; hà quefti il fuo principio dall'Appendici de'Monti Atlanti, pofti nella Mauritania,

nia, vedaſi Seneca, parlando di Nerone, come pure Solino, S. Girolamo, Pietro Cimeſtore, & altri.

Il quarto è il fiume della Platta, rappreſentante vn Moro, nell'America, ſcorre queſto per l'America Meridionale, ed entra nell'Oceano Etiopico.

Si vede parimente vn Cauallo con vn Leone, grandi al naturale. Il tutto è diſegno del Caualier Bernini famoſo Architetto.

Della Guglia auanti la Chieſa della Minerua.

Queſta Guglia fù trouata nell'Orto del Conuento di queſta Chieſa, Aleſſandro Settimo la fece erigere ſopra il dorſo d'vn' Elefante di marmo, fatto dal Caualier Bernino, è alta 23. piedi. La Chieſa poſcia della Minerua è fondata ſopra il Tempio della Dea Minerua, & hoggi ne porta il nome. Queſto Tempio fù fatto da Pompeo Magno.

Della Guglia di rimpetto alla Chieſa di San Bartolomeo de' Bergamaſchi.

Queſto Obeliſco è vno delli più piccoli, & vno di quelli che erano nel Campo Marzo, è ornato di Gieroglifici come gl'altri, gli Egittij furono i primi, come dice Tacito, che dichiaraſſero li Concetti della mente per via d'Animali, come da queſti ci viene, ſignificato, è alto 28. palmi.

Della Guglia poſta nel Giardino de' Medici nel Monte Pincio.

Qveſta è anche picciola, e bella, ornata con li medeſimi caratteri.

Della Guglia nel Giardino del Duca Mattei nel Monte Celio.

Qveſta è di due pezzi, fù eretta da Ciriaco Mattei, eſſendoli ſtata donata dal Magiſtrato Romano, è parimente vna di quelle del Campo Marzo, la metà di queſta ſi vede ornata con ſoliti caratteri, & è alta 36. palmi.

Delle Guglie colcate, che ſono ſopra terra, e ſotto terra.

Si vede vn' Obeliſco nella Villa Lodouiſi per terra rotto, era vno trà li più grandi, ornato delli ſoliti caratteri, era eretto nel mezzo degl' Orti di Saluſtio, quali erano in queſto luogo.

Della

Della Guglia nel Palazzo Barbarino.

QVesta è in più pezzi rotta per terra con li soliti caratteri. Il Caualier Bernini vi fece il fondamento per erigerla in faccia al Ponte, che entra nell'Appartamento del Sig. Cardinale Carlo Barbarino.

Della Guglia in Campo Marzo.

SCriuono, che quest'Obelisco fosse il maggiore, che fosse eretto nel Campo Marzo, è ricoperto di caratteri, & è alto 72. piedi; hoggi si vede in vna cantina vicino à San Lorenzo in Lucina.

Della Guglia vicino à S. Luigi de' Francesi sotto terra.

QVesta parimente è vna delle più grandi, ornata delli sudetti caratteri, è tutta sotto terra, & è à trauerso della strada, trà il Palazzo del Prencipe Giustiniani, e quello delli Signori Patritij. Io la viddi in occasione, che si accommodauano li Condotti della Fontana di Piazza Nauona, quali passano per questo luogo.

Delle

Delle Colonne poste nella Chiesa di S. Maria in Traspontina.

IN questa Chiesa vi sono due colonne di Diaspro di Sicilia, alle quali furono flagellati li Prencipi degl'Apostoli Pietro, e Paolo, in mezzo alle dette colonne di sopra si vede vn miracoloso Crocifisso, il quale parlò alli sudetti Apostoli. Questa Chiesa si chiama in Traspontina, per essere posta di là dal Ponte Elio. hoggi di S. Angelo, la quale è offitiata dalli PP. Carmelitani, & è di longhezza 16. e larga 9. passi.

Della Chiesa detta San Giacomo Scoscia Caualli.

QVesta piccola Chiesa è Parocchia, & hà vna singolar Reliquia, & è l'Altare di marmo, sopra del quale Maria sempre Vergine presentò il Bambino Nostro Signore al Tempio nelle braccia del Vecchio Simeone. Vi è parimente la Tauola, sopra della quale il Patriarca Abraham d'ordine di Dio volse sacrificar Isaach suo Figliuolo, tanto l'vna che l'altra furono portate da Sant'Elena Madre di Costantino da Gerusalemme in Roma, per riporle in San Pietro, mà successe vn marauiglioso caso, so, & è, che quando li Caualli furono vicini à quesio luogo, per forza grande, che si facesse, mai vollero proseguire il viaggio, anzi tirarono tanti calci, che tutti rimasero spallati, e scosciati. e da quesio gran caso miracoloso, quesia Chiesa si chiamò San Giacomo Scoscia Caualli; è longa 4. passi, e larga 5.

DELLI PONTI,

Quali si vedono hoggi sopra del Teuere, e delli loro nomi, tanto antichi, che moderni.

Del Ponte detto Sublicio.

Questo Ponte fù costrutto da Anco Martìo, e fù il primo Ponte fabricato sul Teuere, era di legni. commessi senza chiodi, per la commodità di potersi leuare, e mettere, secondo l'occasioni.

Sopra di questo succeffe il famoso fatto d'Oratio Coclite, il quale solo tenne à dietro Porsenna Rè de' Toscani, con la sua Armata tutta, sin tanto che fù rotto il Ponte. e poi gettatosi à nuoto, passò dalla parte amica. Fù di necessità,

D 5 che

che questo Ponte fosse fatto in tal forma, secondo l'opinione di Tito Liuio, acciò fosse sicura Roma. Emilio Lepido lo fabricò di pietra, e per molto spatio di tempo fù nominato dal suo nome Lepido. Fù poscia rotto dalla corrente dell'acqua, e Tiberio Cesare lo rifece. Finalmente Antonino Pio lo fece di marmo.

Da questo Ponte fù gettato nel Teuere il corpo di Elagabalo con vn sasso al collo. Dice Seneca, che à suoi tempi questo Ponte era pieno di Poueri, i quali chiedeuano l'elemosina, Al presente si chiama Marmorata, si vedono delle sue ruine in mezzo al fiume, incontro al Giardinetto del Signor Prencipe Panfilio à Ripa grande.

Del Ponte Senatorio.

Q<small>Vesto</small> Ponte fù fatto da M. Flauio Scipione, e da Lucio Mummio Censori. Fù chiamato Ponte Senatorio, perche sopra di questo passaua il Senato, quando per gl' affari della Republica andaua sul Monte Gianicolo, per consultare con li libri Sibillini. Hoggi si chiama Ponte S. Maria per la Chiesa vicina dedicata à S. Maria Egittiaca, e volgarmente si nomina Ponte Rotto, essendone la metà caduto nel Teuere.

Del

Del Ponte Sisto.

FV chiamato dagl'Antichi Ponte Gianicolo dal Monte di questo nome, che iui è vicino; fù detto anche Aurelio, dalla strada, che và alla Porta Aurelia, Antonino Pio lo fece di marmo, vltimamente fù ristaurato da Sisto Quarto Papa, come si vede dall'Iscrittione posta in vna lapide, è longo 72. passi, largo 3. e mezzo.

Delli due Ponti, che congiungono l'Isola Teuerina.

QVello, che è verso Trasteuere si chiama Ponte Cestio, e l'altro Ponte quattro Capi, & hauendo parlato di sopra di questi due Ponti, quando trattai dell'Isola, non m' estenderò d' auantaggio.

Del Ponte Trionfale.

DI questo Ponte parimente trattai al capitolo dell'ordine de' Trionfi, & à quello mi riporto.

Del

Del Ponte Elio, ò Adriano.

Vedasi sopra al capitolo, doue tratta della Mole d'Adriano.

Del Ponte Emilio nella Via Flaminia.

FVori della Porta del Popolo nella
Via Flaminia lontano vn miglio,
vn quarto si troua il Ponte Emilio, fatto da Marco Emilio Scauro al tempo
di Silla, sopra di questo Ponte furono
presi gl'Ambasciadori Allobrogi i quali portauano le lettere di Catilina nella
Patria loro, e furono causa, che si sco-
prisse quella Congiura. Appresso al
detto Ponte l'Imperadore Costantino
vinse il Tiranno Massentio il quale con
le sue Arti Magiche credeua di restare
vincitore, e superiore alla Potenza Di-
uina: hoggi si chiama Ponte Molle corrottamente, & è di longhezza 50 passi.

Del Ponte Mammeo.

FVori della Porta di S. Lorenzo nella Via Tiburtina à mezza strada di
Tiuoli, sopra del fiume Teuerone si troua il Ponte Mammeo, qual nome hebbe
da Giulia Mammea Madre d'Alessandro

dro Seuero, che lo rifece; fù fatto prima dall'Imperadore Antonino Pio. Per
la medefima ftrada fi troua vn'altro antico Ponte fopra del medefimo fiume vicino à Tiuoli, detto Ponte Lucano.

DELLE PORTE,

Che di prefente hà la Città di
Roma, e delli loro nomi, tanto
antichi, che moderni, e delle
ftrade, che vi efcono.

*Della Porta Flaminia, e della ftrada,
che vi efce.*

Q Vefta Porta fù chiamata Flaminia dalla Via Flaminia, che vi
efce, la quale và fino à Rimini,
& arriua ad Imola; Molti
vogliono, che Roma haueffe 28. ftrade
principali. Fù chiamata Flumentana,
per effere ftata fabricata vicino al fiume, non era prima in quefto luogo, mà
vicino al fiume à piedi di ftrada Giulia
alla drittura del Ponte Trionfale. Fù
trafportata da Claudio nel prefente luogo, quando da quefto Prencipe fù racchiufo il Campo Marzo dentro della
Città. La via, che vi efce fù fatta da
Fla-

Flaminio Confole infieme con M. Lepido ; hoggi fi chiama Porta del Popolo per certi Alberi di Pioppi, che vi erano, ouero per effere la più frequentata dal Popolo.

Della Porta Pinciana, e fua ftrada, che vi efce.

QVefta Porta fù chiamata Collatina da Collatia Patria di Collatino marito della bella Lucretia Romana, Sefto Pomponio dice, che fù quefta Città così chiamata, perche in quella erano le facoltà delle Città circonuiciane, cioè l'Erario di tutte quelle. Quefta Porta fi chiama Pinciana da vn Palazzo, che haueua Pincio Senatore fopra quefto Monte, da quefta Porta fino à quella del Popolo Bellifario vi rifece le muraglie, che erano guafte dalli Barbari. e conferua hoggi l'antico nome di Pinciana. Liuio al libro 5. dice, che per quefta Porta Breno Rè de' Galli entrò in Roma l'anno 363. dalla di lei fondatione, doppo la vittoria ottenuta contro li Romani vicino al fiume Allia vndici miglia lontano da Roma.

Della

Della Porta , e Via Salara .

QVesta Porta fù chiamata Quirinale, per il Colle Quirinale, che vi
corrisponde, ouero per vn
Tempio dedicato à Quirino, che vi era
vicino, fù anco detta Agonale, perche
alcuna volta quì si rappresentauano li
giochi Agonali, e ciò succedeua, quando il fiume vsciua dal suo letto, & inon-
daua la Città, e perciò non si poteuano
rappresentare i giochi nel Circolo Agonale, e si faceuano in questo luogo. Sesto
Pomponio dice, che questi giochi si
rappresentauano con grandissima pompa appresso al Tempio di Venere Erici-
na, il quale era fuori di questa Porta;
si rappresentauano anco in honore di
Apolline, & il detto Tempio era ornato, come vuol Strabone, di vn bel
Portico. Soleuano le Fanciulle fare diuerse Pupazze bellissime (come ancora
hoggi le nostre Zitelle costumano di fare) per presentarle nel sudetto Tempio. Le Donne maritate vi andauano
con solenne processione, e vi portauano
il Dio Priapo, pregando Venere, che
gli dasse la Prole. Questa cerimonia si
faceua nel Mese d'Agosto, Plinio parla
di questa cerimonia, e che la più hono-
rata donna del suo tempo in Roma fosse

Sul-

Sulpitia figliuola di Paterculo, e moglie di Fuluio Flacco, questa portaua il membro virile in quella solennità, e lo posaua in grembo à Venere. Per questa Porta entrarono li Galli Sennoni, e posero tutta la Città à sacco, e à fuoco: hoggi si chiama Porta Salara, & è il suo antico nome cauato dalli Sabini, che portauano il sale per questa Porta.

Vicino à questa Porta, dentro però della Città, v'era il Campo detto scelerato, in questo si sepelliuano viue quelle Vergini Vestali, le quali hauessero perduta la loro pudicitia, come si legge di Amata Pinaria, la quale fù la prima Vestale, che perdendo l'honestà fù sepellita in questo Campo. In questo luogo v'era vna stantiola sotterranea, vi metteuano vn letticciuolo, vn lume, e del latte, & altre cose da mangiare, con dire, che non si poteua fare morire vn Corpo sacro di fame; dopoi vi metteuano la detta Vergine, e serrauano la bocca della stanza, mettendoui poi sopra della terra; così si puniua la Vergine, come vuole Tito Liuio.

Del Ponte Salaro.

IL Ponte Salaro, detto così dalla Via Salara, è lontano trè miglia da Roma, è posto sopra il fiume Aniene ò vogliamo dire il Teuerone, nella banda destra del quale si leggono queste parole :

Imperante Dom. Pÿssimo, ac triumphali semper Iustiniano P.P.Aug. Ann. XXXVIII. Narses Vir Gloriosissimus, ex Præposito Sacri Palatÿ, ex Conf. atque Patricius post Victoriam Gothicam ipsis, & eorum Regibus celeritate mirabili Conflictu publico superatis, atque prostratis libertate Vrbis Romæ, ac totius Italiæ restituta Pontem Viæ Salariæ vsque ad Aquam à nefandissimo Totila tyranno destructum purgato fluminis Alueo in meliorem statum quam quondam fuerat renouauit.

Il cui senso è, che nel tempo di Giustiniano Imperadore Narsete doppo la vittoria, che egli hebbe contro i Goti rifece il detto Ponte.

Della Villa di Faonte, nella quale Nerone si vccise.

SVetonio dice, che questa Villa era situata trà la Via Salara, e la Nomentana, non assegna però il luogo, doue precisamente fosse posta. Marco Lodouico Dolce parlando della Vita di Nerone asserisce, chè questa Villa fosse distante da Roma lo spatio di quattro miglia. Viene ciò confermato da vn' Iscrittione di marmo trouata nel frontespitio di due Cauerne, le quali si congiungono insieme, nella Via Salaria distanti da Roma quattro miglia nel luogo oggi detto la Serpentaria, dietro alla Villa Spada. Questa Iscrittione fù trouata l'anno 1693. e da me veduta, il tenore della quale è il seguente.

Hoc specus excepit, post Aurea Tecta Neronem,
Nam viuum inferius se sepelire timet.

Sono queste Cauerne spauenteuoli, essendo l'vna assai profonda, e l'altra al paro della terra, mà più grande della prima, e per entrarui, è necessario andare curuo, è di longhezza 22. passi Geometrici, e larga 5.

Della

Della Porta Viminale, hoggi Pia, e della Via, che vi esce.

LA Porta Viminale fù chiamata così per esserui congiunto il Colle detto Viminale, si chiamò anche Nomentana per la Terra di Nomento, che è fuori di questa Porta otto miglia lontana, e la strada ne porta il medesimo nome. Strabone dice, che questa Porta fù al tempo delli Rè, e fù posta in mezzo all'Argine di Tarquinio, si chiamò anco Domitiana, hoggi è detta Porta Pia da Pio Quarto Sommo Pontefice, che la rifece, porta ancora il nome di S. Agnese, dalla Chiesa à questa Santa dedicata lungi vn miglio da detta Porta. Vicino à questa era la Porta Querquetulana; hoggi è serrata.

Della Porta di S. Lorenzo, e della strada Tiburtina, e Prenestina.

QVesta Porta dall'Antichi fù chiamata Esquilina, per essere posta nel fine di questo Colle, fù anche chiamata Taurina da vna Terra di questo nome, che vi è di fuori, e la Via, che vi esce, è la Tiburtina, che và à Tiuoli: l'altra via, che si diuide, è chiamata Prenestina, perche conduce alla Città di di Preneſte : hoggi Paleſtrino : Prencipato della Famiglia Barberina .

Della Porta Neuia .

FV chiamata Neuia da vn certo Neuio, che haueua vna Selua in queſto luogo : Hoggi ſi chiama Porta Maggiore per la ſtrada, che và dritta alla Chieſa di S. Maria Maggiore . Vi eſce la Via Labicana . Vicino à queſta Porta contigue alle mura della Città ſi vedono le ruine della Baſilica Seſſoriana .

Della Porta Celimontana .

FV chiamata coſì, per eſſere nel fine del Monte Celio . Liuio dice, che queſta Porta reſtò percoſſa dal fulmine, e fù da quello molto rouinata . Vi eſce la Via Campana, che và à Terra di Lauoro, anticamente detta Campania : hoggi è chiamata Porta di S. Gio: Laterano per la Chieſa dedicata à queſto Santo, che vi è vicina . Per queſta Porta ſi và à Napoli, Albano, Genzano, Marino, e Fraſcati .

Della

Della Porta Gabbiusa .

LA Porta Gabbiusa è murata : era nella punta del Monte Celiolo verso al Settentrione in vn cantone della muraglia della Città, fù chiamata Gabbiusa, perche si andaua da questa alla Città di Gabbi, e vi vsciua la strada Gabbina, T. Liuio dice, che sotto à questa Porta vi passaua il ruscello dell' Acqua di Appio, benche molti l'habbino chiamata Mariana, e Crabra la quale seruiua per inondare il Circo Massimo, quando si doueuano rappresentare i Combattimenti Nauali, come si conueniua alle grandezze Romane di quel tempo . Quest' acqua hoggi vien detta la Marrana.

Della Porta Latina, e sua Strada .

NEl più alto del Monte Celiolo è la Porta Latina, per questa si và nel Latio, hoggi Campagna di Roma, fù ancora nominata Ferentina . Per questa Porta si andaua nell' Abruzzo, Strabone dice, che Ferentino è Terra delli Ernici . Di questa Porta non vi è Autore, che ne parli . L. Fauno vuole, che sia stata aperta da cent'Anni in quà; vicino à questa Porta vi è vna Cappelletta,

letta, nella quale fù meſſo S. Giouanni
Apoſtolo à bollire in vna Caldara d'
olio per ordine di Domitiano, e da
quella n' vſcì illeſo. La ſtrada, che n'
eſce porta il nome della Porta. Vicino à queſta Porta vi è la Chieſa di San
Giouanni ante Portam Latinam.

Della Porta Capena, e della Via Appia,
e del ſepolcro delli Scipioni, e del
ſepolcro della Sorella
di Oratio.

Dice Solino, che queſta Porta fù
chiamata Capena, perche da queſta ſi andaua à Capua. Aſcanio ſcriue,
che fuori di queſta Porta vi era vn Tempio delle Camene, dal qual Tempio la
Porta ne riportò il nome. Per queſta
Porta entrò trionfando Oratio della
vittoria riportatata delli trè Curiatij
Albaneſi; Vi entrò anco Scipione, e
Carlo Quinto trionfanti dell'Africa; fù
chiamata Trionfale. La ſtrada, che vi
eſce fù fatta da Appio Claudio Cieco:
Fù chiamata la Regina delle ſtrade, per
eſſere la più bella di tutte le altre, mentre era ornata di vaghiſſimi Palazzi, e
Sepolchri delle più coſpicue Famiglie
di Roma, come l'atteſta Oratio al lib. 5.
và infino à Capua, di là paſſa infino à
Brunduſio. Io mi trouai vna mattina in
que-

quefta ftrada vicino al Circo d'Antonino Caraçalla, trouai certi huomini, che
cauauano vicino alla detta ftrada, la
quale hà il fondamento di diecifette
palmi; il muro è di faffi viui. Ouidio
fcriue, che vicino à quefta Porta vi era
cert'acqua confacrata à Mercurio. Dentro di quefta Porta fi vedono li veftigij
di vn Caftello d'acqua, che fù la medefima di Mercurio, fecondo Giouenale,
vi fi vede come vn'Arco Trionfale di
ordine Corinthio. M. Gambuccio da
S. Gimignano dice, che quefto Arco fù
eretto in honore di Oratio per il trionfo, riportato delli trè fratelli Curiatij
Albanefi, fecondo Liuio il quale trionfò per quefta Porta, e trouò la fua forella, che piangeua la morte del fuo
fpofo, che era vno delli Curiatij, e pen-
fando Oratio, che piangeffe la liberata
Patria, li diede vn colpo, del quale reftò morta la pouera Donzella. Quefta
Porta fi chiama di S. Sebaftiano per la
Chiefa di quefto Santo, che vi è lontana vn miglio, e mezzo.

Prima d'arriuare alla fudetta Chiefa
fi troua vna Chiefola detta la Madonna
delle Piante; era quefta anticamente il
Tempio di Marte, doue fi daua vdienza
agl'Ambafciadori foraftieri, prima che
giungeffero in Roma. Haueua quefto
Tempio vn famofiffimo Portico, il quale

le lo circoudaua, di cento colonne. Da
quefto luogo incominciaua la folenne
Caualcata, la quale fi faceua due volte
l'anno con fontuofe liuree, fecondo la
ftagione. La prima fi faceua in honore
de i Lupi cioè di Romolo, e Remo, e la
feconda andaua al Tempio di Gioue
Capitolino. viene ciò defcritto da Plutarco nella vita di Romolo. In faccia
à quefto Tempio fi vede vna picciola
Cappelletta rotonda, la quale, fecondo
l'opinione di molti fù il fepolero delli
Scipioni. Tito Liuio però non l'accer-
ta dubitando fe foffe in quefto luogo,
ouero à Nola. In quefto medefimo luogo comparue Chrifto N. S. à S. Pietro
Apoftolo, il quale fuggiua da Roma, e
veduto il Saluatore l'interrogò dicendo : *Domine quo vadis?* à cui rifpofe.
Venio Romam iterum crucifigi, e fubito
fparue, lafciando li veftigij delli fuoi
fanti Piedi nel marmo, quale fi conferua
nel Santuario di S. Sebaftiano.

Nella Vigna di Giulio Florentij fuori della Porta di S. Sebaftiano vn tiro d'
Archibugio in circa fi vede vn Torrione, quale, fecondo quel che riferifce
Tito Liuio, fi può credere, che foffe il
fepolcro della forella d'Oratio dal medefimo vccifa.

Della Porta Trigemina, e della Via Ostiense.

FV chiamata Trigemina, come vuole Tito Liuio, dalli trè Fratelli Oratij, i quali vscirono da questa Porta, quando andorono à combattere contro li trè Fratelli Curiatij, non era però, doue si vede hoggi, mà alle radici del Monte Auentino vicino al fiume, contigua alla Salara, doue si vede vn'Arco, sotto del quale si passa. Fù questa Porta trasportata da Claudio, quando racchiuse il Monte Auentino, & il Monte Testaccio, e tutto il Piano, doue è al presente la sudetta Porta fù cinto di muraglie, e sono quelle, che hoggi si vedono : Liuio dice, che ne' libri della Guerra di Macedonia si troua, che gli Edili fecero vn sontuoso Portico fuori della Porta Trigemina, e che questo fosse posto, doue stauano li Legnaroli; i quali habitauano nel Campo di Testaccio, la strada, che esce da questa Porta, è chiamata Ostiense, la quale conduce ad Ostia, come scriue Marcellino.

Vn miglio in circa fuori di questa Porta si troua il famoso Tempio dedicato all'Apostolo San Paolo, di questo Tempio ne tratterò à suo tempo, e la

E Por-

Porta ne porta il nome, e fi dice Porta
San Paolo.

Della Porta Portefe in Trafteuere.

QVefta Porta, fecondo l'opinione
di Sefto Pomponio era chiamata
Nauale, per effere vicino al Teuere, doue vengono i Nauigli, hoggi fi chiama Porta Portefe, perche per quefta fi
và à Porto lontano dodici miglia da
Roma.

Della Porta Aurelia, e fua Strada.

QVefta Porta è nell' eftremità del
Gianicolo, fù nomata Aurelia,
come anche la ftrada,che vi efce,da Aurelio perfona Confolare, dal quale fù
laftricata, ò pure da M. Aurelio Imperadore, che fece la Porta, e la ftrada.
Fuori di quefta Porta vi haueua vn bel
Bofchetto Galba Imperadore, nel quale pofcia fù fepolto ; hoggi fi chiama Porta San Pancratio per la Chiefa
dedicata à quefto Santo, che fi troua
fuori di effa. Quefta ftrada conduce fino
à Pifa.

Della

Della Porta detta Settimiana, e della Via Vitellia.

OVesta Porta conserua ancora il nome del suo Fondatore, che fù Settimio Seuero Imperadore, e fù fabricata alle radici del Monte Gianicolo, lontana dal fiume 200. passi in circa, Tito Liuio dice, che fosse ancora nominata Fontinale, per esserui vn' Altare dedicato alli Dei delle Fonti : soggiungendo il sudetto, che gli Edili fabricorono vn Portico vicino alla Porta Fontinale appresso all'Altare di Marte. Da questa Porta vsciua vna strada, che andaua ad vnirsi con la trionfale, vicino doue è noggi San Spirito. Suétónio scriue, che dalla detta Porta, ouero dal Gianicolo vsciua vna strada bellissima, la quale conduceua fino al mare, fù chiamata Via Vitellia dall' Imperadore Vitellio, il quale la fece.

Delle sei Porte di Borgo, fatte da Leone IV. Sommo Pontefice, detto il Santo.

IL Vaticano fù racchiuso di muraglie da questo Santo Pontefice, vi fece sei Porte, delle quali susseguentemente ne tratteremo ; si chiama ancora la Regio-

E 2

gione Leonina dal nome del Santo Pontefice, il quale fece riſtaurare vna parte di Borgo abrugiato dall'incendio, & mentre, che il fuoco ardeua, il Santo lo benediſſe, e miracoloſamente ſi eſtinſe. Queſto miracolo ſi vede dipinto in Vaticano dal diuino Raffaelle d'Vrbino.

Della Porta di San Spirito.

QVeſta Porta hoggi è dentro della Città, e mai ſi ſerra, vi ſtanno ſolamente le Guardie al tempo di Sede Vacante per cuſtodia del Vaticano, nel quale ſono riſerrati tutti li Cardinali, per eleggere il nuouo Pontefice. Queſta Porta rimaſe dentro, quando Vrbano Ottauo circondò di mura il Monte Gianicolo, hoggi ſi chiama Porta di San Spirito per l'Oſpedale di S. Spirito, che vi è vicino.

Della Porta detta Poſterula.

QVeſta Porta è ſopra la Chieſa di San Pietro nel più alto del Colle Vaticano.

Della Porta delle Fornaci.

QVesta Porta è chiamata così, per esserui le Fornaci vicine fuori di detta Porta, si chiama ancora delli Cauallegieri, per esserui il Corpo di guardia di quelli vicino. Di fuori vi è vna miracolosa Imagine della Madonna, detta delle Fornaci.

Della Porta Angelica.

LA Porta Angelica, è vicino alla miracolosa Madonna, detta di Porta Angelica, da questa Porta vi esce vna bella strada larga à proportione, e longa due miglia, la quale si và à congiungere con la Via Flaminia à Ponte Molle.

Della Porta Enea.

QVesta Porta è così chiamata, perciòche vi era vna bella Porta di metallo. Questa Porta fù ristaurata da Alessandro Sesto Sommo Pontefice. La strada che da questa esce, si chiama Alessandrina. Ed è il fine delle Porte, che si numerano nella Città di Roma, che sono quattordici, senza le sei di Leone IV.

Del

Del Cerchio di Antonino Caracalla, è del Tempio dell' Honore, e della Virtù, e del Sepolcro de' Seruilij.

NElla Via Appia vicino à S. Sebastiano si vede il bel Cerchio d' Antonino Caracalla, & è per anco intiero nel suo circuito, mà alquanto rouinato dal tempo: haueua questo quattro Porte, la principale delle quali era verso l'Oriente: verso l'Occidente vi erano trè Torrioni, delli quali vi sono al presente li vestigij, dall'vno all'altro v'era vna gran Galleria, sopra della quale staua l'Imperadore con il Senato à vedere celebrare li Giuochi, le Feste, e li spettacoli, che in quello si faceuano, come Corse di Bighe, e Quadrighe, Battaglie di Gladiatori, combattimenti Nauali, Martirio de'Santi, Comedie, & altre feste, secondo l'vso di quel tempo.

In mezzo à detto Cerchio si vede il luogo, doue erano le mete, v'è vn pezzo di muro, sopra del quale era posta la Guglia, che hoggi si vede in Piazza Nauona. Dice Suetonio, che in questo luogo v'era prima il Castro Pretorio di Tiberio Cesare, era questo Cerchio capace di 160. mila spettatori. Vicino à

que-

questo verso la parte di Settentrione si
vede vn Tempietto dedicato da Marco
Marcello all'Honore, & alla Virtù, del
quale se ne vedono due Tribune, con la
porta, che passa da vna parte all'altra.

Vicino al detto Tempio si vedono
molte ruine d'antiche muraglie, sono
del Sepolcro della famiglia Seruilia;
secondo le ruine era bellissimo.

Dello Spogliatore, e del Tempio del Dio Ridicolo.

Vicino al detto Cerchio appresso
alla Via Appia si vede vna grandissima fabrica quadrata di alte muraglie, era questo vn luogo nobilissimo,
chiamato lo Spogliatore, perche in questo si vestiuano, e si spogliauano i Caualieri, i quali haueuano da fare la com-
parsa nel Circolo con bella pompa di
habiti, e liuree, secondo la Stagione.

Vi fù il Tempio dedicato dal Popolo Romano al Dio Ridicolo per la partenza, fatta da Annibale da questo luogo molto vergognosa, e per questo vi
fù fabricato il detto Tempio, per il ri-
dere, che si fece per la sua partenza.

Del

Del Sepolcro di Cicilia Metella.

NElla medesima Via Appia, doue è hoggi il luogo, detto Capo di Boue, si vede vn grandissimo Torrione rotondo, costrutto di grosse pietre : era questo il Sepolcro di Cecilia, come si vede dall'Iscrittione con lettere :

Cæcilia Q. Cretici F. Metella Crassi.

Haueua questo vago edificio la Porta di bronzo, le muraglie sono di 30. palmi di grossezza. Marco Tullio Cicerone dice, che nella Via Appia vi fossero li sepolchri delle principali famiglie di Roma, come delli Collatini, delli Scipioni, de' Seruilij, mà presentemente, non si sà il luogo, doue fussero; si può però dalla sopradetta sepoltura cognetturare la magnificenza della famiglia di Crasso, il quale fece il detto sepolcro alla sua moglie. Dentro del quale vi fù trouato quel Pilo di marmo, che si conserua nel Cortile del Palazzo Farnese, & era il sepolcro della detta Cicilia. In questo luogo, che volgarmente si chiama Capo di Boue, sonando le trombe, si sente l'Eco otto volte.

Della

Della Fontana Egeria .

DOue è hoggi la Caffarella, si vede vna Fontana di limpidiſſima acqua, era queſta detta la Fontana Egeria da Egeria moglie di Numa Pompilio, la quale piangendo per l'ecceſſiuo dolore della morte del ſuo marito, fù conuertita in fonte del ſuo nome, come fauoleggia Ouidio nel 15. delle ſue Metamorfoſi. Aggionge Giouanni Tortelio nella voce Aegeria, del ſuo Vocabolario, che la medeſima fù Ninfa, & habitatrice della Selua Aricina, qual ſelua da Roma verſo Ariccia ſi ſtendeua con tratto di 20. miglia, & in eſſa il detto Numa, *Cauo quodam , & vmbroſo ſpecu ſolus ſummotis arbitris morabatur ad fontem viuæ aquæ .* Liuio ſcriue nel lib. 1. *Lucus erat , quem medium ex opaco ſpecu fons perenni rigabat aqua, quò quia ſe perſæpè Numa ſine arbitris, velut ad congreſſum Deæ , inferebat , Camœnis eum Lucum ſacrauit , quod earum ſibi concilia cum coniuge ſua Ægeria eſſent .* Ouidio nel 3. de' faſti.

Ægeria eſt , quæ præbet aquas Dea grata Camœnis .
Illa Numæ coniux ,. conſiliumque fuit .

Il detto Numa comandò alle Vergini Veſtali, che pigliaſſero di queſt'acqua per ſeruitio delli Sacrificij, vi è la ſtatua ſenza teſta di marmo della ſudetta Dea Egeria, & vn grand'Arco antico con varij ſtucchi, e per quanto ſi puol conoſcere, era vn luogo molto nobile. In queſto luogo la prima Domenica di Maggio viene celebrata dal Popolo Romano con grandiſſime conuerſationi, &.allegrie, e vi concorre gran quantità di Popolo Baccante.

Del Porto d'Oſtia.

DEl gran Porto d'Oſtia, fatto da Tiberio Claudio alla foce del Teuere ſi vedono hoggi grandiſſime ruine. Edificò queſto vna ſuperba Torre nel mare di grandiſſima ſpeſa, formata di groſſe pietre quadrate di ſmiſurata grandezza alla maniera del Faro d'Aleſſandria, nella cima della quale vi era poſta vna gran Lanterna, che faceua lume alli Nauiganti, il fondamento di queſta Torre fù la Naue, che traſportò la Guglia, che hoggi è nella Piazza di S. Pietro : queſta Naue fù riempita di groſſi ſaſſi, e gettata à fondo nel mare, e ſopra di queſta fù fabricata la Torre, ſcriue Suetonio, che Claudio edificò il Porto Romano vicino ad Oſtia, e vi la-
uo-

uororono per lo ſpatio d'vndici anni continui trenta mila huomini ; da queſto ſolo può conſiderarſi la magnificenza del gran Porto Romano ; hoggi vi è la Chieſa dedicata à S. Lucia , & è la terza dignità Eccleſiaſtica . Molti vogliono , che li Porti d'Oſtia foſſero due , vno di Claudio , e l'altro di Nerone .

Dell' Acqua del Cerchio Flaminio .

Vicino al Palazzo del Duca Mattei nella Caſa di vn Tintore ſi ſcendono molti ſcalini , e ſi vede vn belliſſimo capo di limpidiſſima Acqua , non ſi puole penetrare veramente da doue queſta ſcaturiſca , e ſi porti . In queſto luogo era poſto il Cerchio Flaminio , ond' io ſtimo , che queſt'Acqua ſeruiſſe per il medeſimo Cerchio , ò pure che vi foſſe qualche Bagno , mentre il ſito ne dà la credenza · queſta ſol' Acqua è l'vnica trà l'antiche , che ſi veda in Roma .

Della Piramide di Caio Ceſtio .

Vicino alla Porta di S. Paolo congiunta alle mura della Città vi è la Piramide di Caio Ceſtio , fabricata di groſſi marmi grechi di forma quadrata , e nella cima è ſtretta , & aguzza . Vi

E 6 ſi

fi vede vna ftanza fatta à volta , nella quale vi fono dipinte quattro vittorie , quali fono di buona maniera , effendo pitture antiche.

Quefto Caio Ceftio fù huomo ricchiffimo , e Confole due volte , lafciò erede delle fue ricchezze M. Agrippa , il quale fù tanto generofo , che rinuntiò tutta la facoltà alli Parenti del Defonto. Ceftio era vno delli fette Epuloni , cioè vno di quelli , che poneuano all'ordine le viuande nel Tempio di Gioue Capitolino ; nella fua morte gli fù da gl'eredi eretto quefto fepolcro , quale fù fatto in cento , e trentatrè giorni , come fi ricaua dall' Ifcrittione , che vi è. Li Heredi di C. Ceftio fabricarono quefto fepolcro per C. Ceftio, e per tutti li defcendenti della famiglia , & anco per il Collegio delli 7. Epuloni.

Della Chiefa di S. Pietro in Montorio nel Monte Gianicolo.

Qvefta Chiefa fù fatta riftaurare da Ferdinando Rè delle Spagne , e la donò alli Padri Riformati di S. Francefco ; la prima Cappella di quefta Chiefa pofta à mano dritta rapprefenta la Flagellatione di Noftro Signore, & è pittura à frefco di Fr. Sebaftiano dal

Piom-

Piombo. Il quadro dell'Altare Maggiore è la Trasfiguratione di Nostro Signore, dipinto da Raffaelle d'Vrbino, & è vno delli rari quadri di Roma.

Nell'altra Cappella, che segue, vi sono le due statue delli SS. Apostoli Pietro, e Paolo, fatte da Daniello da Volterra, & è opera singolare. La Chiesa è longa 14. passi, larga sei.

Nel Cortile del Conuento si vede la famosa Cappella rotonda, fatta da Filippo III. Rè di Spagna con il Portico di 16. colonne antiche di granito orientale, che la circondano. In questo santo luogo fù martirizzato il Prencipe degl'Apostoli. Vi si vede ancora vn buco, doue era piantata la Croce, sopra della quale fù crocifisso, è luogo di gran riuerenza, e veneratione. Questa bella Cappeila è Architettura di Bramante famoso Architetto, & è alta palmi cinquanta.

Delle Acque, e prima dell'Acqua Paola.

SOpra la Chiesa di S. Pietro in Montorio v'è la famosa Fontana eretta dalla splendidezza di Paolo Quinto, la di cui gran facciata è di finissimo marmo, e le colonne di granito orientale, quest'Acqua viene dal Lago di Bracciano

no trentacinque miglia lontano, come
si legge nell'Iscrittione del frontespitio, è stata vltimamente ristaurata da
Alessandro Ottauo di vaghe balaustrate, e queste per la commodità della Gente, che vi và nell'Estate la sera à prender l'Aria fresca. Da questo luogo si
gode la bella vista di Roma in prospettiua. Quest'Acqua fù chiamata dagl'
Antichi Alsietina dal suo Acquedotto
antico, del quale se ne vedono alcuni
frammenti assieme con l'Acquedotto
moderno passata la Villa Benedetti nella Via Aurelia. Innocentio XII. vi hà
fatto guastare il Vaso dal fondamento,
e l'hà ridutto in più ampia grandezza,
circondato di bellissimo marmo bianco.

Dell'Acqua Claudia.

QVest'Acquedotto fù principiato
da Caligola, e terminato da
Claudio. Veniua quarantacinque miglia lontano da Roma dal fiume Aniene, hoggi detto il Teuerone, se ne vedono al presente grandissime ruine di molti Archi, quali incominciano da S. Giouanni, e Paolo dritto per la schiena del
Monte Celio, à S. Giouanni Laterano,
& arriuano insino à Porta Maggiore,
doue si vede il bell'Arco di marmo, nel
frontespitio del quale si legge l'Iscrittione

tione di Claudio, la quale dichiara come Claudio conduſſe queſt'Acqua, ſotto di queſta vi è l'Iſcrittione di Veſpaſiano, e di Tito ſuo figliuolo, & è la ſeguente :

Ti. Claudius Druſi F. Cæſar Auguſtus Germanicus Pontif. Maxim. Tribunicia Poteſtate XII. Coſ. V. Imperator XVII. Pater Patriæ. Aquas Claudiam ex Fontibus, qui vocabantur Cæruleus, & Curtius A Milliario XXXXV. Item Anienem nouam à milliario LXII. ſua impenſa in Vrbem perducendas curauit .

Imp. Cæſar Veſpaſianus Auguſt. Pontif. Max. Trib. Pot. II. Imp. VI. Coſ. III. Deſig. IV. P. P. Aquas Curtiam, & Cæruleam perductas à Diuo Claudio, & poſted intermiſſas, dilapſaſque per annos nouem ſua Impenſa Vrbi reſtituit .

Imp. Cæſar Diui F. Veſpaſianus. Auguſtus Pont. Max. Tribunic. Poteſtate X. Imperator XVII. Pater Patriæ Cenſor. Coſ. VIII. Aquas Curtiam, & Cæruleam perductas à Diuo Claudio, & poſted à Diuo Veſpaſiano Patre ſuo Vrbi reſtitutas cum à capite aquarum à ſolo vetuſtate dilapſæ eſſent . Noua forma reducendas ſua impenſa curauit .

Dell' Acqua Felice.

SIsto Quinto fece condurre queſt'Acqua dalla Colonna, vinti miglia lontano da Roma. Vi ſpeſe 600. mila doppie; la facciata è di belli marmi, e baſſi rilieui con la ſtatua di Moisè, tutto diſegno di Domenico Fontana; vi ſono due Leoni antichi con caratteri Egittij.

Queſt'Acqua fù chiamata Iuturna dal nome di vna Fanciulla, la quale dentro à queſt'acqua reſtò affogata.

Dell' Acqua Vergine.

L'Acqua Vergine fù condotta da M. Agrippa dal Tuſcolo, hoggi Fraſcati, e ſi perdè, e fù poſcia riſtaurata da Tiberio Claudio Druſo, come ſi vede dall'Iſcrittione nel ſuo Arco di queſto tenore:

Ti. Claudius Druſi F. Cæſar Auguſtus Germanicus Pontifex Maxim. Trib. Poteſt. V. Imp. XI. P. P. Coſ. Deſig. IIII. Arcus Ductus Aquæ Virginis Diſturbatos per C. Cæſarem à fundamentis nouos fecit ac reſtituit.

il quale ſi vede ancora intiero in caſa dell'Abbate Scarlatti alla Chiauica del Bufalo, e vi paſſa l'acqua di ſopra, & è

poco

poco meno che tutto sotto terra, vi è la medesima Iscrittione dall'altra parte. Fù nominata Vergine per vna Fanciulla, la quale mostrò la dett'Acqua alli soldati Romani, che la cercauano per la sete.

Fù prodotta di nuouo dal Beato Pio Quinto da Ponte Salaro, da vn luogo sopra del Monte, detto di Gioue. Passa quest'acqua per lo più sotto terra, e nella Villa Borghese vi è vn Pozzo con la scala all'intorno per doue si scende, e vn'altro consimile è posto nell' Orto delli Padri Minimi vicino alla Villa Medici.

Dell'Acqua Martia.

L'Acqua Martia fù chiamata con questo nome da Anco Martio Rè de' Romani, che la produsse, mà non terminò la di lei produttione, la quale fù perfettionata poscia da Quinto Martio Pretore, doppo del quale restò lungo tempo persa, e la produsse M. Agrippa. Quest'Acqua fù nominata Aufeia, & il fonte doue fù presa Piconio, posto nell'vltima parte de' Monti di Sulmona de' Peligni : passaua per Tiuoli per Monti traforati, e per il Piano sopra Archi giungeua in Roma, si vede hoggi il suo ricettacolo, dal quale si ripartiua in molte Regioni della Città;

il

il detto Castello si vede in faccia à
Sant'Eusebio, oue erano li Trofei di
Mario; per andare à S. Bibiana si vedo-
no gl'Archi delli detti Acquedotti.

Quest'Acqua fù anco prodotta da
Nerua, e fù la migliore di tutte le altre
Acque. Augusto la ristaurò, e così Marco Aurelio, e Tito Vespasiano. L'Arco di quest'Acqua è tutto intiero di
marmo, vi passa di sotto la Porta di
S. Lorenzo; nel frontespitio vi è l'Iscrittione, che il tutto dichiara, & è di questo tenore:

Imp. Cæsar. Diui Iulij F. Augustus
Pontifex Maximus Cos. XII. Tribunic.
Potestat. XIX. Imp. XIIII. Riuos Aqua-
rum omnium refecit.

Imp. Cæs. M. Aurelius Antonius Pius
Felix Aug. Parth. Max. Brit. Maximus
Pontifex Maximus Aquam Marciam va-
rijs kasibus impeditam, purgato Fonte
excisis, & perforatis Montibus restituta
forma, Adquisito, & iam Fonte nouo
Antoninian. in sacram Vrbem suam per-
ducendam curauit.

Imp. Titus Cæsar Diui F. Vespasianus
Aug. Pontif. Max. Trib. Potest. IX. Imp.
XV. Cens. Cos. VII. Desig. II. Riuum Aquæ
Martiæ vetustate dilatsum refecit, &
aquam quæ in vsu esse desierat reduxit.

Di alcune Acque, che nascono natural-
mente in Roma dolci, & acetose
salutifere.

SOtto al Portico del Cortile di Bel-
suedere in Vaticano vi è vna piccola Fontana d'Acqua limpidissima sana,
e leggiera per bere.

Vn' altra Fontanella molto esquisita
fù ritrouata, come molti vogliono, dal
Beato Felice Cappuccino, hoggi si vede nel Cortile delli Cappuccini Vecchi.

Vn'altra Fontana, quale da tutti è
stimata la migliore, e più sana per beuere, si dà à gl'Infermi, e si chiama la Fontana del Grillo, per essere nel Palazzo
delli Signori del Grillo al fine del Quirinale, sotto al Monastero de' Santi Domenico, e Sisto.

Di alcune Acque minerali salutifere,
poste fuori di Roma.

FVori della Porta del Popolo lontano due miglia alle radici del Teuere vi è la Fontana dell'Acqua Acetosa
per la sua agrezza; nel tempo del gran
caldo, vi concorre molto Popolo à be-
uerla, la quale netta perfettamente il
corpo, e rende sane le persone.

Dell'

Dell'Acqua Santa.

FVori della Porta di S. Giouanni Laterano per la via, che và ad Albano più di due miglia paſſate le Vigne, vi
è il Fonte dell'Acqua Santa, la quale
non è agra, mà dolce, e leggiera, e molto ſalutifera, ſe ne può beuere quanto vno vuole, che non pare aggraui il
corpo; fà mirabili effetti della ſua virtù, vi concorrono molte perſone, che
ne beuono tutto l'anno meſcolata con
il vino, nel tempo del caldo vi và molta gente à bagnarſi, eſſendoui il Bagno
d'acqua calda, e ſe ne caua gran beneficio.

Dell'Acqua Salſa di S. Paolo.

PEr la Via Oſtienſe lungi da S. Paolo
cinque miglia, v'è il Fonte dell'
Acqua Salſa, è più agra, che non è quella, poſta fuori della Porta del Popolo,
& è aſſai ſalutifera à chi la beue, mà più
dura à paſſare dell'altra.

Del Tempio di Minerua Medica.

Dietro alla Chiefa di S. Bibiana nella Vigna de' Signori Bentiuogli vi è il famofo Tempio di Minerua Medica. Fù quefto fatto da Augufto Cefare, e dedicato à Caio, e Lucio fuoi Nepoti, è di forma rotonda, & intiero, hoggi fi chiama le Caluzze, che vuol dire il nome delli due Prencipi Caio, e Lucio, & è largo 75. piedi è d'ordine Ionico, fi conofcono ancora le reliquie del fuperbiffimo Portico, che lo circondaua.

Di Santa Bibiana.

Quefta Chiefa fù fabricata da Papa Simplicio, e confacrata in honore di quefta Santa, e vi fono trè mila Santi Martiri, fopra l'Altare Maggiore vi è la famofa ftatua della Santa, opera del Caualier Bernino, & è vna delle belle fculture, che fiano ftate fatte da quefto celebre Scultore, fotto quefta Statua è collocato il Corpo della Santa racchiufo in vn'Vrna di Alabaftro Orientale, & è rariffimo, v'è parimente la Colonna di pietra Egittia, alla quale fù la Santa battuta con i flagelli di piombo, vi fono

rare

rare pitture à fresco di Pietro da Cortona.

Anticamente in questo luogo era il Palazzo di Licinio Imperadore, e si chiamaua l'Orso pileato, da vna statua di vn'Orso con il cappello in capo, vi sono le Catacombe di S. Anastasio Papa, dentro delle quali vi sono li trè mila Martiri sopradetti.

Si dice, che quiui sia vn'erba piantata da S. Bibiana, che guarisce il mal caduco.

Delli Bagni di Paolo Emilio.

VIcino à S. Maria in Campo Carleo, sotto il Monastero di S. Caterina da Siena vi si vedono le ruine delli Bagni di Paolo Emilio, curiosi da vedersi, fatti in forma di cerchio.

Della Torre delle Militie, e di quella di Mecenate.

DEntro al Conuento di S. Caterina si vede la Torre detta delle Militie, così chiamata dalli Soldati dell'Imperadore Traiano, che stauano per sua guardia. Molti che non sanno, che cosa siano l'historie Romane dicono, che sopra questa Torre stasse Nerone à vedere l'Incendio da lui acceso nella Città di Ro-

Roma, ciò però non è vero, perche tutti li Scrittori afferifcono, che Nerone ftaua fopra la Torre di Mecenate, la quale era pofta nel Monte Efquilino dietro là Chiefa di Sant'Antonio Abbate. Io hò veduto cauare li fondamenti di groffe pietre.

Delli Bagni di Coftantino Magno.

NEl Monte Quirinale dentro al Giardino del Conteftabile Colonna vi fi vedono le ruine, e l'alte muraglie delli Bagni di Coftantino Magno. Sopra dette muraglie molti anni fono, furono cauati grandiffimi pezzi di marmo greco con belli lauori, e fono li più groffi marmi, che fi poffmo vedere in Roma, e ftanno nel medefimo luogo, & ogn'vno li puol vedere. Io per me credo, che fiano del famofo Tempio del Sole, fatto da Aureliano, per la vittoria d'Oriente, ottenuta di Zenobia Regina de' Palmereni, come molti fcriuono, che quiui foffe.

Delli

Delli Granari publici, e del Cerchio intimo.

FRà il Monte Auentino, & il Teſtaccio vicino al fiume ſi vedono molte ruine delli Granari publici, quali erano 140. Furono riſtaurati dall'Imperadore Diocletiano, e chiamati poi dal ſuo nome. Quì appreſſo vicino ſi vedono poche ruine del Cerchio intimo.

Delli Bagni di Nouatio, d'Olimpiade, e di Agrippina.

VIcino à S. Pudentiana ſi vedono le ruine delli Bagni di Nouatio.
Sotto à S. Lorenzo in Paniſperna vi ſono le ruine delli Bagni di Olimpiade.
In faccia à San Vitale alle radici del Viminale ſi vedono molte ruine delli Bagni d'Agrippina Madre di Nerone.

Dell'Argine di Tarquinio Superbo.

NEl Monte Eſquilino dietro alla Chieſa di Sant'Antonio Abbate, dentro al Portone della Vigna del Cardinal Negroni ſi vede il principio dell' Argine del Superbo Rè Tarquinio. quale tiraua dritto, mà vn poco à mano

manca,

manca, e per la schiena del Monte andauano à terminare vicino álla Botte delli
Bagni di Diocletiano.

Del Teatro, e Curia di Pompeo Magno.

Vicino à Campo di Fiore ſi vedono
le ruine del Teatro di Pompeo
Magno, ſopra del quale è fabricato il
Palazzo delli Signori Orſini.

Pompeo fù il primo, che edificaſſe il
Teatro di pietra, quale era capace di
80. mila perſone; Nerone lo fece mettere à oro in vn giorno ſolo, il qual
giorno fù poi nelli anni ſeguenti chiamato, per la quantità dell'oro adopra-
taui, il giorno d'oro; nel qual Teatro
Nerone riceuette Tiridate Rè d'Armenia; Si dice, che giamai fù riceuuto
in Roma vn Prencipe più magnificamente di queſto.

Della Curia di Pompeo ſi vedono le
ruine vicino al Palazzo dell'antichiſſima Famiglia Cenci, in caſa d'vn Scultore vi ſono alcune Colonne di trauertino della detta Curia. Il Torſellino
dice, che Ceſare fuſſe morto in queſta
Curia; altri nel Tempio di Minerua.

Dell'Anfiteatro di Statilio Tauro.

CEfare Augufto efortaua li Cittadini Romani à fare ogn'vno, fecondo il fuo potere, qualche abbellimento nella Città, Statilio Tauro fece quefto Anfiteatro, era quefto compofto tutto di mattoni, e fe ne vede vna gran parte intiera, congiunta con le muraglie della Città, attacato al Conuento di Santa Croce in Gerufalemme. Vi fi rapprefentauano varij giochi, come fi è detto di fopra dell'Anfiteatro di Vefpafiano.

Del Tempio di Venere, e Cupido.

NElla Vigna di Santa Croce in Gerufalemme vi fono le ruine di quefto Tempio, & era famofiffimo à quei tempi.

Delli Roftri.

ALle radici del Palatino vicino à S. Maria Liberatrice, vi fono certi Granari, oue fi vedono ruine di alte, e groffe muraglie, era quefta vna fabrica con vn Balcone, il quale corrifpondeua nel Foro Romano, doue fi publicauano le Leggi al Popolo, vi fi attaccacauano le fpoglie prefe all' Inimici nelle Guerre di Mare, e di Terra , e tutte le forti d'Armi, e Roftri di Naue, e per quefta caufa fù chiamato quefto luogo *pro Roftris .* Vi fù affiffa la Tefta di Cicerone, la cafa del quale era pofta dietro à quelli .

Del Tempio di Giunone .

DOue è hoggi la Chiefa di Sant'Angelo in Pefcaria era anticamente il Tempio dedicato à Giunone , auanti del quale era vn fontuofo Portico, come hoggi fi vede.

Quiui era la Corte di Ottauia forella d'Augufto . Fù riftaurato da Settimio Seuero , e nel frontefpitio fi legge l' Ifcrittione del medefimo Imperadore .

Della Rupe Tarpea .

SOpra del Campidoglio verfo al mezzo giorno, doue è al prefente il Palazzo del Sig. Duca Caffarelli fi vede ancor'hoggi vn gran precipitio , dal quale fù precipitata Tarpea, quella che diede la Rocca del Campidoglio alli Sabini . Vedete Liuio .

Da quefta Rupe fù parimente precipitato Manlio per l'ambitione del medefimo di farfi Rè , doppo hauer liberata la Patria da i Galli .

F 2 *Del*

Del Teuere.

SOno molte l'opinioni del vero nome di questo Fiume, vogliono molti, che prima si chiamasse Albula, e poscia Teuere da Teuerino Rè di Alba,
che vi si affogò, come vuole Tito Liuio.
Nasce questo nell'Appennino, il suo
corso è di 150. miglia, e diuide la To-
scana dal Latio. Fuluio dice, che vi
inboccano quarantadue Fiumi, il principale de' quali è il Teuerone, anticamente detto Aniene, che viene da Tiuoli, & è nauigabile, e diuide la Sabina
dal Latio. L'altro è la Nera. Entra il
Teuere nel Mar Tirreno nel luogo, hoggi chiamato Fiumicino lontano da Roma 12. miglia. Scriuono molti, che sia
la migliore acqua dell'Europa per beuere, e ciò per la quantità delli minerali, che vi entrano, deue però esser pur-
gata nelli vasi di terra. Questo Fiume
per le sue escrescenze inonda spesso la
Città di Roma, e vi fà grandissimi dan-
ni. Dalla fondatione di Roma sino al
presente anno 1700. è sortito 54. volte
io l'hò veduto trè volte, la prima al
tempo di Alessandro Settimo Papa, le
altre due al tempo d'Innocenzo Vndecimo Pontefice.

Della

Della Statua di Pasquino.

QVesta statua è vna delle più antiche di Roma. Molti vogliono, che fusse l'imagine d'vn Soldato d'Alessandro Magno, ouero di Augusto, non si sà però di questi due, quale rappresentasse. Solo dirò, che è di vna singolar maniera, e molto ruinata dalla crudeltà del tempo, & è di marmo greco. Vi mancano le Braccia, e le Gambe: si chiama Pasquino, e dà il nome alle Pasquinate, che vi sono affisse dalla gente maldicente. Il vocabolo di Pasquino viene da vn Sartore chiamato Mastro Pasquino, che haueua la sua bottega vicino alla detta statua.

Del Cerchio di Flora.

NEl contorno doue è la Chiesa di San Nicola di Tolentino, era il Cerchio di Flora, fù questa Donna del Mondo, nacque à Nola dalla famiglia de'Fabij Metelli, e di questa si compiacque Pompeo Magno, fece gran ricchezze, & alla sua morte lasciò erede il Popolo Romano, con patto che gli facessero vn Cerchio in suo honore. Il che fù eseguito, & in questo Cerchio souente le Meretrici vi sacrificauano nude, e vi fa-

faceuano varij giochi lasciui . E finsero gl'Antichi, che questa fosse la Dea Flora presidente alle biade, e à gl'alberi, e come tale l'honorauano con detti giuochi ; Parendogli vergogna d'honorare la memoria d'vna Meretrice .

Della Cauerna di Cacco .

PAssato S. Maria in Scola Greca, dritto la strada di San Paolo lungi da detta Chiesa cinquanta passi à mano manca si vedono le ruine della Cauerna di Cacco Ladrone, il quale rubbò li Boui ad Ercole, e ne pagò il fio, che da lui fù morto, secondo Liuio, di questa Cauerna ne tratta ancora Virgilio .

Della Casa di Scauro, e del Tempio di Elagabalo .

TRà l'Arco di Tito, e di Costantino Magno à mano dritta si vedono le ruine della famosa Casa di Scauro, più abasso vicino all'Arco di Costantino vi sono le ruine del Tempio dell' Imperadore Elagabalo, il quale lo consacrò à se medesimo, & al Sole, e vi fece vna statua di Apollo d'oro, fù questo il primo Sacerdote, quale si arrogasse il seguente titolo : *Inuictus Sacerdos Dei Solis* .

Della

Della Cafa d'Augufto, e di Tiberio, e delli Bagni Palatini, e del Tempio d'Apollo.

SOpra del Monte Palatino in faccia alla Chiefa di San Baftianello nella Vigna del Duca Mattei, fi vedono le ruine d'alte muraglie che furono delli Bagni Palatini. Da quella parte, che corrifponde al Cerchio Maffimo verfo la Mola fi vede vna Galleria di molti Archi del famofo Palazzo di Augufto, e di Tiberio; Suetonio dice, che Augufto edificò vn Tempio ad Apollo, le ruine del quale fi vedono, cioè vn pezzo di Tribuna, che corrifponde fopra del Cerchio Maffimo. Vi fi vedono vicino le ruine di vn gran Balcone, ilquale corrifpondeua fopra del detto Cerchio, fopra del quale ftauano li Prencipi con il Senato à vedere li giochi, e fpettacoli, che vi fi rapprefentauano. Nel Cafino di quefto Giardino vi è vna piccola Galleria dipinta à frefco dal famofo Raffaelle d'Vrbino.

Del

Del Palazzo di Caligola.

SOpra del medefimo Palatino, che corrifponde verfo Settentrione in faccia a'Santi Cofmo, e Damiano fi vedono le ruine del Palazzo di Caligola. Dalla medefima parte vi era la Porta principale, & hoggi vi fi mettono le Vaccine per vendere.

Di alcuni Tempij, ò Sepolchri pofti nel contorno di Roma.

FRà la Chiefa di San Sebaftiano, e la Caffarella v'è vn Tempio affai bello, e fi vede per anco intiero, ornato di trofei di ftucco nella Volta, era quefto confacrato à Marte; hoggi è Chiefa dedicata à S. Vrbano.

Paffata la Caffarella per venire verfo Roma à mano dritta fi troua vn Tempio, che ancora è intiero, & ornato di belli ftucchi, mà rouinati dalla crudeltà del tempo.

Fuori della Porta San Giouanni Laterano lungi due miglia à mano manca per la ftrada, che conduce ad Albano vi è vn belliffimo Tempio tutto intiero. Le di cui muraglie fono di mattoni come gl'altri defcritti. Vi fi vedono li veftigij di qualche pittura antica di buo-

buona maniera. Il Pauimento è di Mu-
faico, lauoro di molta politia, queſto
ancora per quanto ſi vede era ſepolcro.
Si vede ſotterraneamente il luogo doue
ſi metteuano le Ceneri, perche vi ſono
diuerſe Vrnette di terra cotta, queſto &
altri conſimili ſono curioſi da eſſere ve-
duti. Quì vicino alcuni anni ſono fù
trouato vn Cimiterio molto nobile.

Del Sepolcro di *Aleſſandro Seuero* Imperadore.

FVori della medeſima Porta di San
Giouanni per la Via di Fraſcati
paſſato li Condotti à mano manca vn
tiro di Moſchetto ſi vedono le ruine del
ſepolcro del detto Imperadore Seuero
Aleſſandro. Hà di circuito 96. palmi,
vi ſi vede vn bel Corridore longo 45.
palmi. Cent'anni in circa Flaminio
Vacca ſcoperſe il detto ſepolcro, dentro vi trouò quel bel ſepolcro, che hoggi ſi conſerua nel Cortile del Palazzo
del Campidoglio, dentro del quale vi
era quel famoſo vaſo, che hoggi ſi conſerua nella Libraria Barbarina, & era
pieno di cenere del detto Imperadore.

Del Sepolcro di S. Elena.

NElla via detta Labicana poſta fuori di Porta Maggiore, quattro
miglia in circa lontano da Roma ſi vede vna Torre detta Torre Pignattara, &
in queſto luogo ſi vedono le ruine del
ſepolcro di S. Elena, quale era di forma rotonda, come ſi ricaua da vna parte
del medeſimo, che di preſente ſi vede.
In queſto luogo fù trouato quel gran
vaſo di porfido, quale era ſotto al
Portico di San Gio: Laterano. Vedaſi
Giacomo Boſio. Hoggi queſto ſepolcro è ſtato riſtaurato dal Capitolo di
queſta Chieſa, è il più grande che ſia in
Roma; ſi conſerua ſotto il Portico della
Canonica di S. Giouanni.

Del Sepolcro Naſonio.

DVe miglia in circa lungi da Ponte
Molle nella Via Flaminia nel
tempo di Clemente Decimo, accomo-
dandoſi la ſtrada, fù trouato il famoſo
ſepolcro della famiglia Naſonia; era
vna ſtanza, all'intorno della quale vi
erano molte Vrne di terra cotta, mà ri-
piene ſolamente di terra.
Nella Volta vi erano belle pitture,
furono queſte diſegnate, e ſtampate da
Pietro

Pietro Santi famoſo Intagliatore in rame, hoggi vi ſi vede poca coſa. Quiui ſono molti Prati con vna Torraccia antica, che hoggi porta il nome di Torre di Quinto. Perche quì erano li Prati di Quintio.

Chi deſidera appagare la curioſità puol caminare nel contorno di Roma, e vedrà nelle ſtrade diuerſi Tempij, e Sepolchri, particolarmente nella Via Appia, della quale trattai di ſopra, e feci mentione di quelli ſepolchri, de' quali ſi sà la famiglia, degl' altri non ſi puol ſapere di chi foſſero.

Del Sepolcro di Caio Poblitio.

CAio Poblitio Bibolo fù Edile della Plebe l' anno 545. dall' edificatione di Roma: per li ſuoi meriti, e virtù gli fù conceſſo dal Senato il luogo alle radici del Campidoglio per edificarui il detto ſepolcro, tanto per ſe, che per i ſuoi deſcendenti, era queſto di forma quadra, è di pietra Tiburtina; Tito Liuio ne parla in Fuluio Orſino nel Trattato delle Famiglie Romane, il rimanente di queſto ſepolcro ſi vede à piè della ſalita di Marforio, vicino à Macello de' Corui. Si vede nel Piedeſtallo la ſua antica Iſcrittione, che il tutto dichiara con queſte parole:

C. Poblicio L. F. Bibulo Æd. Pl. Ho-

F 6   no-

noris virtutiſque cauſa Senatus Conſulto
Populique iuſſu locus monumento quo ipſe
Poſterique eius inferrentur publicè da-
tus eſt.

Del Macello de' Corui, e perche
ſi chiami coſì.

SI deue ſapere, che S. Gregorio Magno partendo dalla ſua caſa paſſaua per queſto luogo, & andaua à S. Pietro per ſua deuotione, occorſe, che paſſando vidde vn Coruo, che pigliaua li
denari fuori dal Corno di vn Macello,
che quiui era. Il Santo Pontefice fece
chiamare il Macellaro, e gli domandò
come andaſſe il ſuo negotio, & il Macellaro riſpoſe, che andaua male, à cui
il Santo ſoggiunſe, dà ad ogn'vno il
ſuo giuſto, che coſì il tuo negotio ande-
rà bene, ſapendo il Santo, che non daua
il giuſto della carne, che vendeua. Doppo alquanto di tempo il Santo non vidde più il Coruo, fece pertanto di nuouo richiamare il Macellaro, e gli domandò come andaſſe il ſuo affare, riſpoſe beniſſimo, il Santo gli diſſe hauer veduto il Coruo, che eſtraeua le monete
dal Corno, & eſortò il Macellaro à dare
il giuſto, che coſì anderebbero bene le
ſue facende. Hoggi vi è ancora il Macello, che porta il nome di Macello di
Coruo,

Coruo, ouero per la famiglia Coruini, che quiui habitaua.

Delli Ergastuli, e che cosa fossero.

GLi Ergastuli erano serragli sotterranei, mà ne' luoghi alquanto alti, e che la terra fosse dura, ò rocca, ò tuffo; in questi luoghi li Romani vi metteuano li schiaui. Vno di questi Ergastuli era posto nella Via Flaminia vicino al sepolcro Nasonio : è vn picciolo Monticello tutto concauo, vi sono quantità di stanze, e strade infinite, onde si puol paragonare ad vn gran laberinto.

Vn'altro Ergastulo era fuori di Porta Portese lontano due miglia, è luogo grandissimo, parimente sotto terra, con quantità di stanze Corritori, e Mosaici, è luogo molto nobile. Per andarui si troua vna Chiesetta, si volta à mano dritta, e si camina fino che si troua vn Canneto, attaccato al quale si vede il detto Ergastulo.

Della Naumachia di Domitiano.

LE Naumachie in Roma furono molte. Quella di Domitiano era nel Campo Marzo, molto spatiosa di forma ouale, ò rotonda, recinta di vaghe mu-

muraglie con fedili, e di fopra larghe
Gallerie, e fpeffi Balconi per la commodità del Popolo, che vi concorreua à
vedere li Combattimenti nauali, che vi
fi rapprefentauano, haueua il fondo pieno d'acqua, capace per vna giufta Armata di Naui, fecondo l'vfo di quel
tempo. Le fue ruine fi vedono alle radici del Colle delli Ortoli nell'Orto di
Napoli, come vuole il Marliano. Vogliono, che quefta Naumachia foffe di
Augufto, e riftaurata da Domitiano.

Del Campo Marzo, e fua grandezza.

IL Campo Marzo fù chiamato così
da vn Campo, che vi haueua Tarquinio Superbo, il quale era confacrato à Marte. Vi fi radunaua il Popolo
per creare li Magiftrati, & altri Offitiali
per il gouerno della Republica Romana, cominciaua da vna parte, doue è
hoggi la Rotonda alla drittura di S. Gio:
de' Fiorentini fempre alla radice del
fiume fino à Ponte Mollo, dall'altra
parte cominciaua alla radice del Quirinale dritto alla fponda del Monte Pincio à drittura delli Monticelli, che vi
fi trouano. e di nuouo andaua à finire à
Ponte Mollo.

Delli

Delli Castri Pretoriani.

LI Castri Pretoriani, ò Alloggiamenti de' Soldati furono molti tanto dentro, che fuori di Roma. Augusto fù il primo, che facesse gli Alloggiamenti alli Pretoriani nel Monte Celio; Tiberio poi ne fece dell'altri, dentro e fuori della Città, come dice Suetonio, quello di fuora era, doue è hoggi il Cerchio di Antonino Caracalla nella Via Appia, à San Bastiano. Trà la Porta Pia, e quella di S. Lorenzo si vedono le ruine d'vn'altro Castro. Lucio Fauno dice, che fusse delli Soldati di Diocletiano.

Del numero delli Soldati in tempo della Republica, & in tempo degl' Imperadori.

POlibio dice, che al tempo, che venne Annibale da Spagna l'Italia sola armò cento mila Fanti, e settantamila Caualli. Affermano alcuni Scrittori, che al tempo di Augusto in Roma stauano sempre cento mila Soldati, li quali seruiuano per la guardia del Prencipe e per sicurezza della Città, come dell'incendij delle Piazze, de i Fori, i quali erano guarniti di rare Statue

tue di ogni metallo ; così delli Tempij dalli Ladri, & altre cattiue Persone, acciòche non guastassero li belli Edifitij della Città; scriue Vegetio che visse al tempo di Valentiniano Primo, che li Soldati ascendeuano à seicento quarantacinque mila, e questi erano sparsi in diuerse parti delle Prouincie per sicurezza dell' Imperio. Da questo gran numero di Soldati si deue considerare la forza dell' Imperio Romano in quei tempi.

Del Tempio di Fauno.

Questo famoso Tempio si vede per anche intiero, fù fabricato da Numa, e dedicato à Fauno Dio de' Boschi. Era questo il più grande, che fosse in Roma à quei tempi, è di rotondità perfetta di larghezza 27. passi e mezzo : e con il recinto di fuori, che prima comprendeua il vaso di dentro, era longo 33. passi e mezzo. Vi sono 56. colonne di granito orientale, che sostentano gl' Architraui. Vi sono 43. pezzi di Pitture à fresco del Pomaranci, che rappresentano il Martirio di quantità de' Santi martirizzati à tempi degl' Imperadori Romani, il bel Tabernacolo di Cipresso, dicono essere disegno di Michel'Angelo Buonarota, ed è stato fatto

fatto da vn Fornaro Tedefco. Quefto Tempio nel di fuori del muro hà di giro 115. paffi, e nel di dentro 82. paffi e mezzo, intendo de' paffi d'Architetto di 5. piedi l'vno, e così tutte le mifure, delle quali fi tratta in quefto breue Compendio s'intendono di mifura d'Architetto. Quefto Tempio è confacrato al prefente à S. Stefano, del quale il Collegio Germanico n'è Padrone. Molti vogliono, che quefto Tempio prima foffe confacrato ad Ercole.

Del Cerchio di Saluſtio.

PAffata la Chiefa di S. Nicola di Tolentino trà la Vigna del Cardinale Barbarino, e la Villa Lodouifia vi è vna Valle, la quale era anticamente il Cerchio Saluftiano. Si vedono ancora molte ruine, e trà quefte le dodici Nicchie, doue ftauano le Quadrighe, per fare le Corfe, folite farfi nel detto Cerchio, per guadagnare i premij propofti. Doueuano le Bighe, e Quadrighe fare fette giri, cioè girare per fette volte intorno alle Mete, e chi prima compiua li fudetti fette giri guadagnaua il premio à tal'effetto deftinato. Era però neceffario, che li Carri, facendo li fudetti fette giri, non vrtaffero le Mete:

che

che altrimente facendo perdeuano il premio. Onde Oratio lib. 1. Ode 1.

Sunt quos curriculo puluerem Olym-
    picum
Collegiſſe iuuat : metaque feruidis
Euitata rotis, &c.

Del Tempio di Marte.

Dietro al Tempio di Giurione, che era doue è hoggi S. Angiolo in Peſcaria, lontano venti paſſi in circa in vna picciola caſa ſi vedono due colonne ſcannellate con i ſuoi Capitelli, d' altezza 40. palmi in circa, quali ſi credono, eſſere del Tempio di Marte, che fù belliſſimo, di bella Architettura di Ermodoro Salamino; Vedete il Nardini parlando del Circolo Flaminio.

Villa di Lucullo, come molti vogliono.

Queſta Villa fù lontana da Roma ſei miglia in circa nella Via, che và à Gròtta Ferrata. Paſſata Torre di mezza via ſi vedono grandi ruine d'antiche muraglie, hoggi ſi chiamano le Grotte delli Centroni Si vedono 12. ò 16. grandiſſimi Corritori di grand'altezza, e larghezza, longhi 40. paſſi in circa:

circa : ciò è molto curioſo d'eſſer veduto . Sortiti che ſarete di quì , cami-
narete 200. paſſi per la Campagna verſo Fraſcati , oue è vn luogo ſotterraneo
grandiſſimo , e vi ſi vedono molti altri
gran Corritori di gran lunghezza ; mi
dò à credere che foſſero Alloggiamenti de' Soldati , ouero Serragli , per te-
nerui li Schiaui, queſto ancora è curioſo da vederſi . In queſti due luoghi ſi
deue andare con li lumi , perche è peri-
coloſo di perderſi .

Delli Portici di Coſtantino Magno.

Queſti Portici erano magnifici, hoggi ſe ne vedono le ſue ruine di
groſſe pietre, ſopra delle quali è hora fabricato il Palazzo del Prencipe Pamfilio nel Corſo à S. Maria in
Via Lata . Queſti Portici li mette in
queſto luogo la Pianta di Roma antica .

Delli Granari Publici.

NOn ſi deue laſciare di parlare di
queſta grandiſſima Fabrica delli
Granari, detti di Termine , fabricati ſopra le ruine delle Terme di Diocletiano : quì ſi riſerua il grano per il Publico , ſono capaci di 40. mila Rubbia:

que-

quefta bella Fabrica è ftata edificata da
trè Pontefici, da Gregorio XIII. da
Paolo V. e da Vrbano VIII. quello di
Gregorio è longo 115. paffi, largo 33.
l'altro di Paolo V. è longo 112. paffi,
largo 40 il terzo d'Vrbano VIII. è longo 128. paffi, largo 40. La lunghezza di
tutti infieme fono paffi 355. la larghezza 113. La Fabrica è tutta vnita, compofta di trè ordini l'vno fopra l'altro;
Vi è vn' altro Granaro rotondo, congiunto con li altri, il quale è longo 40.
paffi.

Delle Piazze principali di Roma, e della
loro lunghezza, e larghezza
per la commodità delli
Forastieri.

LA Piazza del Popolo è longa 103.
paffi, larga 100.
La Piazza Colonna è longa 51. paffi,
larga 39.
La Piazza di Sciarra è longa 50. paffi,
largo 10.
La Piazza della Rotonda è longa 38.
paffi, larga 22.
La Piazza auanti alla Chiefa della
Minerua è piccola, come anche la Piazza Mattei, in quefta però v'è vna bella
Fontana con quattro figure di bronzo, di
buona maniera, fatte da Taddeo Landini.

La

La Piazza Nauona è longa 154. paſſi
larga 32. In queſta Piazza , per eſſere
quaſi in mezzo della Città , vi ſi fà il
Mercato tutti li Mercordì; Anticamente era il Circolo Agonale , e per queſto
ne porta ancora il nome di Nauona .

La Piazza di Paſquino è coſì detta
per l'antichiſſima ſtatua di Paſquino che
vi è , e vi habitano i Librari principali
di Roma .

La Piazza di Campo di Fiore, e coſì
chiamata per la Dea Flora , che in queſto luogo habitaua . Queſta Flora fù
amata da Pompeo Magno , è longa 50.
paſſi, larga 26.

Vicino alla Porticella di S. Andrea
della Valle verſo Campo di Fiori vi è
vna piccola Piazza , doue ſi vendono
tutte le ſorti di legumi, che vengono di
fuori di Roma , di quì per andare alla
Cancellaria vi è vn'altra Piazzetta nella quale ſi vendono li pollami , che di
fuori vengono .

La Piazza auanti al Palazzo Farneſe
è longa 45. paſſi, larga 30.

La Piazza Giudea è coſì nominata ,
perche dicono , che quiui habitaſſe l'
Ambaſciadore Ebreo al tempo dell'Imperadori Romani , ouero dalli Giudei,
che preſentemente vi ſtanno .

La Piazza Romana in Traſteuere è
piccola , e quadrata non vi è coſa alcuna

na di raro solo il nome di Piazza Romana.

La Piazza auanti Santa Maria in Trasteuere non è troppo grande, mà però bella, in mezzo v' è vna bellissima Fontana.

La Piazza di San Pietro è longa 128. passi da piedi infino alla Catena dauanti la Chiesa del Prencipe degl' Apostoli, e larga 125. passi. Si vede in questa Piazza il magnifico Portico con 286. Colonne, le quali sostengono gl'Architraui, sopra di detto Portico vi sono 86. statue di diuersi Santi, questa nobil fabrica è tutta di trauertino, e sotto questo Portico passa la Processione, che il Papa fà il giorno del Corpus Domini con gran solennità, accompagnato dal Sacro Colleggio, e da tutto il Clero della Città; vi si portano le Corone Reali, ornate di gioie d' vn valore inestimabile. Il circuito di questo gran Portico da ambe le parti è longo 262. passi, largo 84. Il Curioso puol considerare questa bellissima Piazza, la quale non solo è la più bella di Roma, mà di tutto il Mondo, & è tutto disegno del Caualier Bernino. Io hò veduto mettere la prima pietra di detto Portico da Alessandro VII.

La Piazza di Spagna è longa 162. larga 20. passi, in mezzo v' è la Fontana

della

della Barcaccia di vaghiſſimo diſegno, fatta dal Caualier Bernino.

La Piazza de' Santi Apoſtoli è longa 125. paſſi, larga 12.

La Piazza della Colonna Traiana è piccola, in mezzo vi è la famoſa Colonna Traiana.

La Piazza del Campidoglio è di forma ouale, longa 45. paſſi, larga 34. circondata da ſcalini, in mezzo à queſta v' è la famoſa ſtatua equeſtre di M. Aurelio il Filoſofo, di bronzo, di vna ſingolar maniera.

La Piazza auanti al Palazzo Quirinale, ò Monte Cauallo è longa 37. paſſi, larga 75.

La Piazza Grimana, è coſì detta per eſſere padrona del fondo la famiglia Grimana di Venetia, è longa 80. paſſi, larga 42.

La Piazza di Santa Maria Maggiore verſo l' Occidente è longa 121. paſſi, larga 42. l'altra verſo l' Oriente è longa 50. paſſi, larga 47. in faccia alla Chieſa di Sant'Antonio Abbate v' è vn bel Ciborio ſoſtenuto da quattro Colonne di granito orientale, in mezzo v' è vna Colonna, ſopra la quale v' è vn Crocifiſſo, e la Madonna di bronzo, nella baſe vi era vn'Iſcrittione di Enrico Quarto Rè di Francia. Queſto Ciborio fù fatto per la riconciliatione di detto Rè

alla

alla Chiefa al tempo di Clemente VIII.
Papa.

La Piazza di S. Giouanni Laterano è
longa 95. paffi, larga 76.

Delle Strade principali di Roma, e ſua mi-
ſura, tanto della larghezza, che della
longhezza, per la curioſità de'Foraſtie-
ri, che le ſeruirà per guida di camina-
re, e conſiderare le rarità di queſta no-
bil Città, Capo del Mondo, doue riſiede
il Vicario di Chriſto.

LA Via Flaminia è la più frequentata dalli Foraſtieri; da Ponte
Mollo inſino alla Porta del Popolo è
longa vn miglio, e vn quarto.

La ſtrada del Corſo è longa miglia
vno, e 110. paffi (& oſſeruaſi, che trat-
tandoſi de'paffi s'intendono d'Architetto di cinque piedi l'vno) per queſta
ſtrada del Corſo ſi fanno le Maſchere il
Carnouale, e le Corſe de'Barbari.

La ſtrada dalla Porta del Popolo fino
alla Dogana è longa 931. paffi.

La ſtrada Giulia, che incomincia vicino al fiume à S. Giouanni de' Fiorentini, e và à terminare alla bella Fontana
di Ponte Siſto, è longa 780. paffi.

La ſtrada della Longara, è longa 516.
paffi, larga 7. incomincia dalla Porta
di S. Spirito fino à Porta Settignana. In
                              queſta

queſta Valle anticamente era il Circo di Giulio Ceſare.

La ſtrada, che principia dalla Barcaccia di Piazza di Spagna ſino à S. Pietro, è longa miglia due, e 300. paſſi.

La ſtrada detta Paolina dalla Porta del Popolo ſino alli due Macelli per Piazza di Spagna, è longa 525. paſſi.

La Via Sacra dall'Arco di Seuero ſino à quello di Tito Veſpaſiano è longa 288. paſſi.

La ſtrada Pia principia dalla Piazza di Monte Cauallo, e termina à Porta Pia, & è longa miglio vno, 160. paſſi.

La Via Nomentana incomincia à Porta Pia, e và ſino à Lamentana, & è di miglia 8. mà dalla Porta ſino à S. Agneſe v'è vn miglio, 185. paſſi.

La ſtrada Felice dalla Trinità de' Monti ſino à S. Maria Maggiore, è longa vn miglio, e 22. paſſi, ſi chiama Via Felice da Siſto Quinto, il quale la fece aprire.

La ſtrada da S. Maria Maggiore à San Giouanni Laterano, aperta da Gregorio XIII. è longa 350. paſſi.

La ſtrada da S. Maria Maggiore ſino à S. Croce in Geruſalemme, è belliſſima, tutta coperta d'Arbori, & è longa vn miglio, e 180. paſſi. Queſta parimente fù aperta da Siſto Quinto.

La ſtrada da S. Pietro à S. Giouanni

G La-

Laterano cioè quella, che ſuol farſi dal Papa, quando và à pigliare il poſſeſſo del ſuo Veſcouato, che è la ſudetta Chieſa di S. Giouanni Laterano, è longa miglia tre, e 250. paſſi.

La ſtrada da S. Pietro à Monte Cauallo per la via della Rotonda, è longa vn miglio, e 600. paſſi.

La ſtrada da San Pietro à S. Sabina, quella che fà Noſtro Signore, quando il primo giorno di Quadrageſima, con ſolenne Caualcata ſi porta à mettere la prima Statione à detta Chieſa, paſſa per il Ponte S. Angelo al Pellegrino, di là à S. Maria in Campitelli, per la Bocca della Verità giunge à S. Sabina, & è longa miglia due, e 650. paſſi.

La ſtrada, che ſuol fare il Papa con il medeſimo ordine da Monte Cauallo alla detta Chieſa paſſa per Monte Magnanapoli, di lì alla Colonna Traiana, per la Chieſa di San Marco, e poſcia à Piazza Montanara, e di quì à Santa Sabina, è di lunghezza vn miglio, e 500. paſſi.

La ſtrada, che ſuol fare il Papa, partendoſi da S. Pietro il giorno della Santiſſima Annuntiata alli 25. di Marzo, è la ſeguente; parte Sua Beatitudine da S. Pietro con ſolenniſſima Caualcata, paſſa il Ponte S. Angelo, và per la ſtrada delli Coronari, e da queſta à S. Euſtachio,

chio, giunge alla Minerua; in questa
Chiefa tiene Cappella folenne, doue fi
dà la dote ad vn gran numero di Zitelle
per monacarfi, e per maritarfi, & è quefta vna delle belle funtioni, che faccia
Sua Santità, è longa vn miglio, & vn
quarto.

La ftrada, che fuol fare il Papa par-
tendofi da Monte Cauallo per la medefima funtione, paffa da S. Caterina di
Siena, à San Marco, dalli Cefarini, à
S. Chiara, & indi alla Minerua, & è longa vn miglio, e 300. paffi.

Della Caualcata, e della ftrada, che fuol
fare l'Ambafciatore di Spagna nel
prefentare il Tributo del
Regno di Napoli à
Sua Santità.

L'Ambafciatore di Spagna la Vigilia
di San Pietro, doppo il pranzo fi
porta con folenne Caualcata à prefentare il Tributo del Regno di Napoli al
Papa nella Chiefa di S. Pietro. V'inter-
uengono à quefta famofa Caualcata li
Prencipi Grandi di Spagna, cioè quelli, che fono in Roma. Li Gentil'huomini dell'Ambafciatori, e Prencipi, e la
Nobiltà Romana più affettionata alla
Corona di Spagna.

Il detto Ambafciatore viene accompagnato dalle Guardie del Papa, cioè dalli Suizzeri, e Caualleggieri. Il Tributo confiste in vn Cauallo bianco con Sella, e Valdrappa riccamata di oro, con sopra l'arma del Papa d'argento, di rilieuo. Il denaro confiste in sei mila ducati d'oro, mà veniamo al camino, che fà la Caualcata. Párte l'Ambasciatore dal suo Palazzo, e và per la strada delli Condotti, & entra nel Corso sino à S. Marco, di quì à S. Andrea della Valle. e passando per la Chiesa Noua, entra in Banchi, passa Ponte S. Angelo, e per Borgo Nouo giunge alla Basilica Vaticana.

Nell' entrare in Chiesa l'Ambasciatore s' incontra con il Papa in congiuntura che Sua Santità ritorna Pontificalmente vestito dall' assistenza, hauuta à primi Vespri, e riceue dall'Ambasciatore il sudetto Tributo. Questa funtione è degna d'essere veduta da vn Mondo intiero. Questo camino è longo miglia due, e 30. passi.

Per la medesima funtione ritrouandosi il Papa à Monte Cauallo, si parte l'Ambasciatore come sopra, e per la medesima strada arriua sino à San Marco, di lì volta à Monte Magnanapoli, e giunge al Palazzo Quirinale, e nella medesima forma, descritta di sopra, riceue il sudetto Tributo nella

Cap

Cappella Pontificia. Il camino è di vn miglio.

Della Caualcata, fatta dal Sig. Marchese Riario Senatore di Roma, e dell'ordine della medesima nel prendere il possesso in Campidoglio li 4. Nouembre 1691. della quale se ne tratta, per essere funtione straordinaria, che rare volte si vede.

IL Senatore dunque doppo il pranzo andò al Palazzo Pontificio à Monte Cauallo, e fù riceuuto dal Mastro di Camera di Sua Santità, e condotto auanti al Papa, s'inginocchiò, e diede il giuramento di fedeltà à Sua Santità, e da Sua Beatitudine gli fù dato il Bastone Senatorio d'Auorio, riceuuta la benedittione si partì, e si principiò la solenne Caualcata verso al Campidoglio, la quale andò con questo ordine.

Il primo fù il Capotoro del Popolo Romano, e le Militie di mille huomini con l'Insegne delli 14. Rioni di Roma, seguiua il Cariaggio di 40. Muli con ricche coperte, ornate d'oro, & argento, dieci Caualli di rispetto, menati à mano, ornati di ricchissime Selle, e Copertine, seguiua la Compagnia de' Caualleggieri di Sua Santità, quaranta tre

G 3   Muli

Muli delli Eminentissimi Signori Cardinali con vaghe Valdrappe, caualcate dalli Staffieri con il Cappello dietro alle spalle del Cardinal suo Padrone.

Vna truppa di Cursori con vaghi Caualli ben guarniti di Valdrappone d'oro.

Due Stendardi, vno del Popolo Romano, e l'altro del Senatore con le sue Armi.

Appresso seguitaua la Nobiltà Romana con bellissimi caualli, ornati di ricchi fornimenti, al numero di 400. in circa. Doppo questi veniua il Tenente con la Guardia delli Suizzeri di Sua Santità, & in mezzo à questi veniua l' Eccellentissimo Senatore à cauallo di vna Chinea del Papa, riccamente ornata, e Sua Eccellenza con l'habito Senatorio, e la Collana d'oro al Collo, e lo Scetro d'Auorio, riceuuto da Sua Santità. V'andauano auanti quattro Paggi, & il Mastro di Cerimonie di Sua Santità. Di poi seguiua il Giudice Fiscale con vna comitiua di Notari Capitolini. Appresso veniuano tre honoreuoli Carrozze à due caualli. La strada, che fece Sua Eccellenza da Monte Cauallo per andare in Campidoglio era riccamente ornata di ricchissimi drappi di seta d'oro, e d'argento, il concorso del Popolo era infinito, tutti gridauano
viua

viua viua con grand'applaufo, affomi-
gliando quefta gran pompa alli più celebri Trionfi dell' antichi Imperadori Romani; mà torniamo al camino,
partì Sua Eccellenza dal Palazzo Papale di Monte Cauallo, e nell' vfcire
con la fua pompa li Suizzeri li fecero
vna falua di 24. mortaletti, pafsò per
le quattro Fontane, e per la Madonna
di Coftantinopoli; Venne alla Piazza
di Spagna, entrò per la ftrada delli Condotti, e per il Corfo; Quando fù à San
Lorenzo in Lucina fù falutato dalla Fortezza di 24. tiri di Cannoni, feguitò per
S. Marco, & in fine giunfe in Campidoglio. Entrò Sua Eccellenza nella
Chiefa dell'Ara-Celi, qual Chiefa è
Ius Patronato del Popolo Romano,
effendo ftato il più antico Tempio
di Roma, fabricato da Romolo, nel
quale: hauendo il medefimo vccifo
Acrone (fecondo il Marliano) Rè de'
Ceninenfi: offerfe le Spoglie Opime, e
lo confacrò à Gioue Feretrio. Vifitato
da Sua Eccellenza il Santiffimo Sacramento, andò al fuo Palazzo nel Campidoglio.

Nella fala ornata di ricche tapezzarie fù riceuuto dal Magiftrato, ò Con-
feruatori del Popolo Romano, da'quali
le fù giurata obedienza. Nell' arriuo
la Militia le fece la falua reale del tiro

de'mortaletti, e mofchetteria. La facciata del Palazzo era ornata di vaghe
pitture di chiaro ofcuro, rapprefentanti
le Armi di Sua Santità, e di Sua Eccellenza, con li due ritratti di Tito Vefpafiano, e di Coftantino Magno, con lettere, che diceuano:

Titum, & Conftantinum ne defideres
Roma, babes vtrumque in vno Innocentio,
laxata Annona, Congiaria populis aucta,
referata omnibus ad beneficentiam Aula,
veræ funt Generis humani delitiæ, debel-
lati apud Sauum Thraces, fubmota Lues,
vindicata Iuftitia, hæc decent feruatorem
quietis. hæc Orbis Liberatorem.

Nelli Pilaftri v'erano dipinte fei virtù, l'Innocenza, la Giuftitia, l'Abbondanza, la Vigilanza, la Magnanimità,
e la Liberalità. Sua Eccellenza diede
rinfrefco à tutta la Militia con fplendidezza, e con Fontane di vino, & altre
magnificenze, tutto dalla generofità di
quefto Eccellentiffimo Senatore.

De' Sacchi dati à Roma in diuerfi Tempi.

HAuendo ne' precedenti Capitoli
defcritto breuemente le cofe più
fingolari di Roma, tanto del moderno,
che dell'antico, refta che hora trattiamo delli facchi, à quali fù foggetta questa

fta grande Imperatrice del Mondo, perche eſſendo proceduta la di lei maggior ruina, più da queſti, che dal tempo, ſi ſappia à quanti barbari, e tiranni Inimici della ſua grandezza ſia ſtata ſoggetta queſta gran Dominante, e ſaccheggiata, quali ſaccheggiamenti breuemente ſi deſcriuono.

La prima volta dunque, che foſſe queſta gran Città di Roma ſaccheggiata, fù l'anno dalla di lei fondatione 363. e fù dato il ſacco da Breno Rè de' Galli.

La ſeconda ſucceſſe l'anno di Chriſto 410. Da Alarico ſotto l'Imperadore Honorio.

La terza l'anno 458. Da Genſerico Rè de' Vandali.

La quarta l'anno 476. da Odoacro.

La quinta l'anno 536. da Teodorico Rè degl'Oſtrogoti mandato da Zenone Imperadore d'Oriente contro Odoacro quale fù vcciſo à Rauenna.

La ſeſta l'anno 538. Da Vitigone Rè de' Goti, che fù poi ripreſa da Belliſario.

La ſettima l'anno 546. Da Totila Rè de' Goti, liberata parimente da Belliſario.

L'ottaua l'anno 548. Di nouo ſaccheggiata dal ſudetto Totila, che poi reſtò vcciſo da Narſete.

La nona volta da Aitolfo Rè de' Lon-

gobardi, regnando all'ora Stefano II.
il quale chiamò in ſuo ſoccorſo il Rè
Pipino, che perciò fù diſcacciato Aitolfo, e fatto prigione da Carlo Magno.

La decima da Arnoldo Imperadore
dell'Alemagna al tempo di Formoſo
Papa.

L'vndecima dall'Imperadore Enrico IV. di Alemagna, il quale fù ſcom-
municato da Gregorio VII. e ſcacciato
da Roberto Guicciardo Duca di Nor-
mandia.

La duodecima, & vltima volta da_
Carlo di Borbone al tempo di Carlo V.
e di Clemente VII. Sommo Pontefice
l'anno 1527.

Delle noue Chieſe di Roma, e prima della Chieſa di S. Pietro.

Queſto famoſo Tempio è il più magnifico, che ſia mai ſtato al Mondo. Fù edificato da Coſtantino il Grande, & egli medeſimo portò dodici Corbe di terra ſopra le ſue_
ſpalle, quando furono gettati li fondamenti, è ſtato queſto famoſo Tempio ſempre più accreſciuto, & ingrandito da'Sommi Pontefici, e trà gl'altri
Siſto Quinto di felice memoria vi fece
la ſontuoſa, e merauiglioſa Cuppola,
il di dentro della quale è tutto di Mo-
ſai-

faico, come anche l'altre Cappelle.

La facciata fù eretta da Paolo Quinto, fopra della quale v'è noftro Signore con li dodici Apoftoli.

Quefta gran fabrica è coftrutta di trattertino, & è difegno del famofo Michel'Angelo Buonarota. Hà cinque Porte, la principale delle quali è di bronzo, ornata di baffi rilieui rapprefentanti il martirio delli Prencipi degl'Apoftoli Pietro, e Paolo.

Sotto al Portico fi vede la nauicella delli Apoftoli di Mofaico, la bella facciata è difegno di Carlo Maderno, & è alta da terra fino à gl'Apoftoli 112. palmi Romani, ciafcheduno de'quali fà tre dell'ordinarij, hà di larghezza 110. palmi.

La Cuppola è larga 196. palmi, alta fino al Cuppolino 601. palmi, e per il di fuori con la palla, e la Croce è d'altezza 652. palmi. La Chiefa è longa 844. palmi comprefoui il Portico 1058. palmi. Il di lei circuito di dentro è di 440. paffi d'Architetto, come s'è detto di fopra, la larghezza della cruciata 87. paffi, alla drittura del Sacramento larga 37. paffi, la gran Naue di mezzo è larga 16. paffi e mezzo.

Il circuito della Cuppola 79. paffi, dall'Altare di San Gregorio à quello della Madonna 60. paffi. Il circuito

G 6 di

di fuori della Chiesa è di 465. passi.

La Sacrestia è rotonda perfetta, antica, longa, e larga 16. passi e mezzo, si dice, che fosse il Tempio di Apollo. Dalla Catena di fuori sino alla facciata vi sono 40. passi. La scalinata è larga 118. passi.

Habbiamo parlato sin quì delle misure di questa gran Mole, hora tratteremo delle rarità, che vi sono. Contiene questa gran Chiesa di S. Pietro 29. Altari, 102. Colonne per ornamento delli detti Altari, le quali sostengono gli Architraui, parte delle quali sono antiche, e parte moderne, nell'entrare, à mano dritta nella prima Cappella vi è la Colonna, alla quale staua appoggiato Nostro Signore, quando disputaua con li Dottori nel Tempio. Nel primo pilastro di questa Chiesa à mano dritta vi è il bel sepolcro della Regina Cristina di Suezia molto bello di marmo, ornato di basso rilieuo, di sopra vi è il suo ritratto al naturale, il tutto fatto dal Capitolo di S. Pietro per ordine di Innoc. XII. costa 12. mila scudi. In faccia al Deposito della Contessa Matilde sopra alla porta vi è il sepolcro di Innocenzo XII. di Diaspro di Sicilia, fatto dalla san.mem.di detto Pontefice; costa 600. scudi. Nell'altra Cappella vede il bel quadro di S. Sebastiano,

opera

opera del famoso Domenichino , & il deposito della Contessa Matilde , fatto dal Caualier Bernino . Nella Cappella del Sacramento il ricco Ciborio di Lapislazzalo , e di bronzo indorato , bellissimo , fatto da Clemente Decimo , & è disegno del Bernini , nella detta Cappella v' è il sepolcro di bronzo di Sisto Quarto , posto sopra terra , fatto da Antonio Paliolo Fiorentino . Segue l'Altare con la Nauicella dell'Apostoli , pittura rara del Lanfranchi . L'altra Cappella di San Michel'Arcangelo , fatta dal Caualier Gioseppe d'Arpino di Mosaico . Il famoso quadro di Santa Petronilla , opera del Guercino da Cento . Il deposito di Clemente Decimo , fatto da Mattia de Rossi , e la figura del Papa è d'Ercole Ferrata . La Tribuna , l'Altare , e la Sedia di San Pietro , li quattro Dottori di bronzo , fatti fare da Alessandro Settimo , & è vn'opera singolare del Bernino ; dentro la detta Sedia vi è la Sedia di legno , che portò S. Pietro da Antiochia à Roma . Il deposito d' Vrbano Ottauo , fatto dal medesimo ; Vi è la statua del Papa di bronzo di sopra . Il deposito bellissimo di Paolo Terzo , opera di Guglielmo della Porta Milanese , vi si ammira la bella figura d'vna Donna Giouane , la quale rappresenta la Giustitia , & è vna delle belle

belle cofe rare di Roma, l'altra è vna
Vecchia rapprefentante la Verità. Il
fepolcro di Aleffandro Ottauo molto
bello, al prefente lo fà fare il Cardinal
Ottoboni degno Nipote di quel Pontefice. La bella Tauola di marmo, che
rapprefenta Leone Primo, & Attila, fatta dal Caualier Algardi. Il depofito
fatto dal Bernino di Aleffandro Settimo, nel quale fono belle figure. Il quadro di S. Gregorio di Andrea Sacchi.
Il fepolcro d'Innocenzo Vndecimo, il
quale fi lauora, e farà quanto prima co-
ftrutto dal Signor Prencipe D. Liuio
Odefcalchi fuo Nepote. Di rimpetto
à quefto fi vede il depofito di Leone
Decimo di gran bellezza. Nella Cappella delli Canonici vi è la Pietà rapprefentante Noftro Signore morto in
braccio della Madonna, è pezzo raro,
fatto da Michel'Angelo Buonarota. Il
depofito d'Innocenzo Ottauo di bronzo: à quefto Sommo Pontefice fù man-
data dal Gran Turco la Lancia, con la
quale fù paffato il Coftato di Noftro
Signore, la quale fi conferua in quefta
Sacrofanta Bafilica, come pure il fantiffimo Sudario, cioè il Volto Santo, &
vn gran pezzo della fantiffima Croce,
con infinite altre Reliquie. Quì è il depofito di Aleffandro VIII. fenza ornamenti. Quì vedrete l'vltima Cappella
molto

molto fontuofa, nella quale Innocenzo XII. vi fece il fontuofo Battifterio,
con il gran vafo di porfido antico rariffimo, (il quale era per coperchio del fepolcro di Ottone Secondo nella Chiefa vecchia fotterranea) il fuo coperchio
è di bronzo dorato; Tutta la detta
Cappella è fatta di belliffimi marmi fini, li tre belli quadri, fatti da Carlo
Maratti. Le quattro ftatue pofte fotto
alli Pilaftri della Cuppola fono alte
22. palmi, S. Veronica è opera del Mochi, S. Elena di Andrea Bolgi, S. Andrea, di Francefco Quefnoy Fiamengo,
S. Longino del Bernino. Nelle quattro Nicchie delli Pilaftri, doue fi conferuano le facre Reliquie, vi fono otto
Colonne antiche, portate dal Tempio
di Salomone. La più bella rarità, che
fi veda in quefto famofo Tempio, è il
bel Ciborio che copre l'Altar Maggiore, fotto del quale è ripofta la metà delli Corpi delli Prencipi degl'Apoftoli
Pietro, e Paolo, à quefto Altare non vi
dice la Meffa altro, che il Papa, ouero
chi hà fpeciale indulto dal medefimo
Papa, qual rare volte fi concede, e per
vna fol volta. Attefta il Torriggia-
no, che fopra la Caffa, nella quale fono
racchiufi li fanti Corpi, vi è vna Croce
d'oro di 150. libre. Quefto Ciborio fù
fatto da Vrbano Ottauo con difegno del
Ca-

Caualier Bernini, & è vna delle sue più belle opere; è questo tutto di bronzo; cauato dalli Traui, che furono leuati dalla Rotonda.

Nella palla di bronzo sopra la Cuppola vi possono stare 30. persone: si deue osseruare, che la Cuppola grande è doppia, e per andare di sopra alla palla si passa in mezzo à vna, & all'altra Cuppola; sotto alla Chiesa moderna fabricata da Paolo Quinto Sommo Pontefice, cioè sotto il Pauimento della medesima si vede la Chiesa antica; & è quella medesima, la quale fù fabricata da Costantino, & è di longhezza di passi 30. e larga dieci e mezzo. Vi sono diuersi sepolchri, l'vno di Carola Regina di Gerusalemme, di Cipri, e d'Armenia, e del Cardinal Nardini, il sepolcro d'Ottone Secondo Imperadore. Il deposito di vn Gran Mastro di Malta, d'Adriano Papa Quarto, di Paolo Secondo Veneto. Vi è il sepolcro della Regina Cristina di Suetia senza ornamento; Io la viddi sotterrare con il Manto Reale, e la Corona d'oro, e con quantità di monete d'oro, d'argento, e di bronzo, il suo corpo stà racchiuso in tre casse, la prima è di cipresso, l'altra di piombo, e la terza di legno ordinario, vna dentro all'altra, quanto prima sarà portato di sopra in Chiesa nel suo

sepol-

fepolcro. In quefta Chiefa fotterranea
vi fono tre Altari, ne' quali fi dice la
Meffa la notte di Natale. All'intorno
vi fono quattro Cappelle con quattro
quadri di Mofaico, e fono difegno di
Andrea Sacchi. Vi fi vedono rari baffi
rilieui, cioè il Giuditio vniuerfale, la
Creatione d'Eua, & altri fimili, quali
feruiuano per ornamento al fepolcro di
Paolo Secondo Venetiano. Vi è vn bel
fepolcro antico di marmo greco, ornato di baffi rilieui d'vna fingolar maniera, li quali rapprefentano il Teftamento Nuouo, e Vecchio; In quefto v'è
fepelito vn tal Iunio Baffo Prefetto
di Roma, è longo dieci, largo fei, & alto cinque palmi di canna. Quì vedrete
la fanta, e famofa Cappella delli Prencipi degl' Apoftoli, ornata di diuerfi
marmi finiffimi, e la Volta di rari baffi
rilieui di bronzo indorati. Sotto l'Altare vi fono li fanti Corpi degl'Apoftoli. Nel fortire dalla Chiefa vedrete la
Porta Santa la quale il Papa fuole aprire ogni venticinque anni, che è l'Anno
del Giubileo; prefentemente è aperta
(per gratia di Dio) per effere l'Anno
del Giubileo 1700. Vi fono fei mila anni d'Indulgenza à chi vifita quefta fa-
crofanta Bafilica.

Della

Della Chiesa di San Paolo nella Via Ostiense.

QVesta Chiesa è nella Via Ostiense vn miglio lungi dalla Porta, & è la più grande di Roma, doppo quella di S. Pietro, è longa 60. passi, e larga 40. sù fabricata da Costantino, e consacrata nel medesimo giorno, che sù consacrata quella di San Pietro, da S. Siluestro Papa.

La facciata verso l'Occidente è ornata di vaghi Mosaici antichimoderni, fatti da Pietro Cauallino, le Porte di bronzo con diuerse historie furono fatte al tempo di Alessandro IV. vi è parimente la Porta Santa come in San Pietro, mà questa si apre dal Cardinale Protettore della detta Chiesa. Fù fabricata in questo luogo, perche vi fù trouata la Testa di San Paolo nel Cimiterio di Santa Lucina, il quale è sotto à questa Chiesa. Vi si vede il miracoloso Crocifisso anticomoderno, fatto dal sudetto Cauallino 400. anni fà in circa.

Le Pitture poste in alto à fresco, le quali rappresentano varie cose del Testamento Vecchio, sono opera del medesimo Cauallino. La statua di S. Brigida in atto di parlare con il Crocifisso è fatta da Stefano Maderno. La famosa

Tri-

Tribuna con belli Mosaici. Il quadro dell'Altare è di Ludouico Ciuoli, il Pauimento è di pietre fine, sopra l'Altare Maggiore non puol celebrare nessuno, fuori che il Papa, sotto à quest' Altare v'è riposta l'altra parte delli Corpi delli Santi Apostoli Pietro, e Paolo.

Qualunque Fedele, che visita questa Chiesa acquista sei mila anni d'Indulgenza. Sono in questa Chiesa nouanta Colonne, buona parte delle quali è di giallo, e di granito orientale, tutte antiche. Agl'Altari vi sono 32. colonne di porfido; dentro al Conuento nel Refettorio vi sono noue pezzi di quadri grandissimi, fatti dal Caualier Lanfranchi, e nella Sacrestia si vedono le copie, questa Chiesa è per anco intiera, & è offitiata dalli Padri Benedettini.

Delle tre Fontane, terza delle noue Chiese.

IN questo luogo fù decollato S. Paolo, e v'è la Colonna, sopra della quale fù appoggiato il Capo del Santo, la quale diuisa dal corpo, fece tre salti, da ciascheduno de' quali miracolosamente sortì vna Fontana, che presentemente si vedono. V'è il famoso quadro del Martirio di San Pietro, fatto da Gui-

Guido Reni, questa Chiesa fù edificata dalli fondamenti dal Cardinale Aldobrandino. Vicino à questa si vedono due altre Chiese, l' vna è dedicata alli Santi Vincenzo, & Anastasio. la quale è longa 14. passi, e larga 12. Vi sono rare Reliquie, trà le quali il ritratto di S. Anastasio Martire, il quale presentato ad vn Indemoniato, resta libero, conforme piamente si crede. Vi sono li dodici Apostoli dipinti à fresco, e vengono dalla scuola di Raffaelle. L'altra Chiesa è di S. Maria in Scala Cæli, & è consecrata à S. Bernardo. è questa di figura rotonda; celebrandosi in questa Chiesa vna Messa all'Altare di S. Bernardo si libera vn'Anima dal Purgatorio. Vi sono belli Musaici nella Tribuna, sotto l'Altare vi sono le Reliquie di dieci mila ducento, e tre Santi Martiri, quali furono martirizzati nel tempo del Tiranno Diocletiano, e S. Zenone era Capo di quelli, e furono quelli, che erano auanzati dalla fabrica de' suoi Bagni. In questo luogo era il Macello delli Christiani. Si chiamaua prima questo luogo le Acque Saluie da vna famiglia di questo nome, che quiui habitaua, dalla quale discese Ottone Primo Imperadore.

Della

Della Chiefa della Santiffima Annuntiata.

QVefta Chiefa è poco più lontano di vn miglio dalle tre Fontane, non vi è rarità, folo che la deuotione, e vi fono dieci mila anni d'Indulgenza per ogni vno, che la vifita.

Della Chiefa di S. Sebaftiano.

QVefta Chiefa è pofta fuori della Porta Capena poco più d'vn miglio, nella Via Appia. Fù fabricata da Coftantino il Grande, & vltimamente rifatta dal Cardinal Scipione Borghefe. Le colonne dell'Altare Maggiore fono di verde antico. La Cappella di S. Sebaftiano è ftata fatta dal Cardinale Francefco Barbarini, e viene ornato l'Altare di finiffimi marmi, dentro vi è il Corpo del Santo, & è difegno di Ciro Ferri. La ftatua di S. Sebaftiano è opera del Fratello di Giorgetto. Vi è il bel Santuario pieno di rare Reliquie. Vi è la pietra con l'impronto de' Piedi di Noftro Signore, lafciataui, quando comparue à S. Pietro nella Via Appia, che fuggiua il martirio al tempo di Nerone. In vna Caffetta vi fono delle Reliquie di cento fettantaquattro mila Mar-

Martiri, cioè vn pezzetto di ciafcheduno, e quaranta fei Pontefici Martiri,
tutti fotterrati nel Cimiterio di S. Califto Papa, il quale è fotto à quefta Chiefa, & è il più grande di tutti gl'altri,
gira ventidue miglia, & hà cinque ordini l'vno fopra l'altro, e volgarmente fi
chiama Roma Sotterranea, e già che
trattiamo di quefto facro, e famofo Cimiterio, ftimerò bene, di dire qualche
cofa delle Lucerne perpetue, delle quali molte fono ftate ritrouate in quefto
fanto luogo. Alcuni dunque hanno creduto, che quefte Lucerne ardeffero per-
petuamente, ftando racchiufe fenza hauer aria, e che entrando quefta inconti-
nente fi eftinguessero. Altri però fono
ftati di diuerfa opinione, dicendo, che
effendo quefte in luogo chiufo fenz'aria,
doueuano eftinguerfi dal proprio fumo.
Altri vogliono, che quello, che ardeua
foffe vn certo liquore, il quale non pro-
duceua fumo, e che haueffe forza d'ar-
dere anche in luogo ferrato fenz' aria,
trà tante varie opinioni fcelga il beni-
gno Lettore quella, che più gl'aggrada.
Al tempo di Paolo Terzo in quefto Cimiterio fù trouato vn fepolcro di finiffimo marmo, e di gran valore; Dentro
v'era vna Vergine, la quale notaua in
vn pretiofiffimo liquore, con i capelli
biondi, raccolti in vn cerchio d'oro, e
molti

molti Scrittori vogliono, che foſſe Tulliola figlia di Cicerone, haueua alli piedi vna lucerna acceſa , la quale veduta
l'aria ſi eſtinſe . Vedaſi il P. Luigi Con-
tarini Crucifero alla pag. 283. Di queſte Lucerne ſe ne trouano di bronzo, mà
la maggior parte di terra cotta . Alcune ſono ornate con le figure de' falſi
Dei , altre di diuerſi animali , le quali
danno ſegno, che foſſero de' Gentili . Si
trouano altre ſegnate con vn *Pro Chriſto* , & altre con vna Palma , ò altri ſegni , e queſte denotano, che ſiano de'
Chriſtiani , li quali habbino ottenuta la
palma del martirio per la Fede di Chriſto , e di queſta ſorte ſe ne trouano giornalmente nelli Cimiterij, ò Catacombe
di Roma. Mà ritorniamo alla Chieſa
di S. Sebaſtiano; vi è il ſepolcro di Santa Lucina di caſa Sauelli , & il ſepolcro
di S. Maſſimo Martire, da vn'altra parte
ſi ſcende vna ſcala alquanto baſſa , e ſi
vede vn Pozzo, nel quale furono trouati li Corpi delli Santi Apoſtoli Pietro , e Paolo , quali furono meſſi in queſto Pozzo dalli Greci, quando li rubbo-
rono nella Chieſa Vaticana , e non potendo ſeco portarli li gettorono in queſto Pozzo , l'Altare è ornato di Moſaico . Li due Buſti di marmo delli Apoſtoli ſono ſtati fatti da Nicolò Cordieri , all'intorno vi ſono delle nicchie,
quali

quali fono piene di Reliquie, trà le quali vi era la Sedia di marmo, fopra della quale fù decapitato S. Stefano Papa, e Martire, nella quale fi vede del fangue del medefimo Santo Martire ; La detta fedia fù donata dalla felice memoria d'Innocenzo XII. al Gran Duca di Tofcana, quando venne in Roma, l'Anno del Giubileo 1700. In quefto fanto luogo v'è tanta Indulgenza, come fe fi vifitaffe S. Pietro, e S. Paolo, di fei mila anni, e quarant'otto quarantene d'Indulgenza, la Cappella è larga 6. e longa 9. paffi. Fù quefto fanto luogo al tempo delli Gentili il Tempio di Marte confacrato da Silla. Nella Chiefa vi fono belle pitture di Antonio Caracci, & è longa 30. paffi, larga 7. e mezzo.

Della Bafilica di San Giouanni Laterano.

COftantino Magno fabricò quefta Chiefa, e fù dal medefimo confacrata al fantiffimo Saluatore, & à S. Giouanni. La dichiarò la prima di tutte le Chiefe del Mondo, è longa 62. paffi e mezzo, larga 36. verfo l'Altare Maggiore è larga 42. paffi. Il giorno della Fefta di S. Giouanni vi fono 28. mila anni d'Indulgenza, & altre tante quaran-

rantene. Nella Tribuna vi è il miracoloso Saluatore di Mosaico, & è quello,
che comparue al Popolo-Romano, e
parlò, nè mai hà patito lesione alcuna
tutte le volte, che la Chiesa è stata sog-
getta à gl'Incendij delli Barbari, vi è il
gran Ciborio con ricchi ornamenti messo à oro. dentro del quale vi sono le
Teste delli Santi Apostoli Pietro, e Paolo, & altre infinite Reliquie, le quali si
mostrano il giorno di Pasqua di Resur-
rettione. Di sotto al detto Ciborio
v'è l'Altare Papale, e dentro vi è riposto l'Altare di legno, sopra del quale
disse Messa il Prencipe degl'Apostoli; si
vede il sontuoso Altare del Sacramento, & il ricco Tabernacolo, lauorato
di finissime pietre di gran valore; di sopra al detto Altare vi è la Tauola con
Nostro Signore, e gli Apostoli di argento massiccio, fatta da Curtio Vanni Ore-
fice.

Le quattro famose Colonne antiche
di bronzo sono state portate da Terra
Santa, e sono piene della terra del san-
to Sepolcro di Nostro Signore Giesù
Christo, furono fatte delli Rostri delle
Naui di Marc'Antonio. L'Architraue
è di bronzo tutto messo à oro, fatto da
Clemente Ottauo. Nella stanza v'è la
Tauola, sopra la quale Nostro Signore
fece l'vltima Cena con gl'Apostoli.

H   L'Al-

L'Altare di S. Gio: Battista, l'Arca Fœderis, dentro la quale si conseruauano le Tauole della Legge del Testamento Vecchio. Il Pastorale d'Aaron Sommo Sacerdote, e la Verga di Moisè, quali sono tutte cose rarissime. Le 24. Colonne, che seruono per ornamento alle Nicchie sono rarissime di verde antico. Nelli Pilastri vi sono molti belli Depositi de' Sommi Pontefici, Cardinali, e Prencipi, quali furono ristaurati da Alessandro Settimo; vi è il ritratto di S. Elena di marmo, e la Porta Santa, che si apre l'Anno del Giubileo dal Cardinale Arciprete, presentemente è il Sig. Cardinal Benedetto Pamfili. La Porta principale è di bronzo, la quale era prima nella Chiesa di S. Adriano, & Alessandro Settimo la fece ingrandire, e mettere in questa sontuosa Basilica, sotto al Portico fatto da Sisto Quinto. in vna stanza si vede la famosa statua di bronzo di Enrico Quarto Rè di Francia, fatta al tempo di Clemente Ottauo, per la riconciliatione fatta dal medesimo con la Chiesa. In Chiesa vi sono rare pitture à fresco, le quali rappresentano varie historie di Costantino Magno, fatte dal Caualier Gioseppe, e dal Pomaranci.

Nel Claustro della Canonica v'è la Sedia Stercoraria di pietra Egittia rossa.

ſa. V'è parimente vn'Altare di marmo, ſopra del quale celebrando la ſanta Meſſa vn Sacerdote, il quale haueua dubio nelle parole, che ſi dicono nella Conſacratione dell'Oſtia, e che queſte haueſſero virtù di far calare il Corpo di Chriſto nell'Oſtia, queſta alzandoſi miracoloſamente gli caſcò dalle mani, e cadendo fece vn buco nella pietra dell'Altare, e ſi fermò attaccata al detto Altare, e preſentemente ſi vede il ſegno del ſangue. Si vede parimente la Colonna di porfido, ſopra della quale cantò il Gallo, quando S. Pietro negò Noſtro Signore. Due Colonne che erano auanti al Palazzo di Pilato, ſopra delle quali erano l'Inſegne delle ſue Guardie. La Pietra di porfido, ſopra della quale furono giocate le Veſti di Noſtro Signore, vna Colonna di marmo, la quale ſi aprì in due parti, quando Gieſù Chriſto ſpirò ſopra la Croce. Vna Tauola molto grande ſoſtentata da quattro colonne di marmo, la quale è miſura giuſta dell'altezza del ſanto Sudario di Turino. Vi è il bel ſepolcro di S. Elena di porfido, e molto bello, & è il più grande, che ſia à Roma. Nella Sacreſtia vi è il Calice di S. Pietro. Il Peuiale di S. Stefano Papa, & vna Croce d'argento donata da Coſtantino Magno.

H 2 S.Gio-

S. Giouanni in Fonte è di forma ot-
tangola, tanto larga, che longa, cioè
13. paſſi. In queſta Chieſa S. Silueſtro
battezzò Coſtantino, & in queſto luogo
era il ſuo Palazzo, e prima vi era il Palazzo della famiglia Lateranenſe, che
ancora ne porta il nome, queſto Batti-
ſterio fù fabricato dal Gran Coſtantino
nella forma che ſi vede, in mezzo v'è il
Lauacro di pietra Egittia, il coperchio
di bronzo indorato. Le otto colonne di
porfido, portate à Roma da Geruſalemme, le quali erano per ornamento al
Palazzo di Pilato, con gl'Architraui di
marmo tutto antico, all'intorno della
Cuppola vi ſono otto pezzi di quadri
di buon guſto d'Andrea Sacchi, rappreſentano varie Iſtorie della Madonna, e
di S. Giouanni. Le pitture à freſco, che
rappreſentano le Iſtorie di Coſtantino,
ſono fatte da diuerſi. cioè da Carlo Maratti, Giacinto Gimignani; La Battaglia, & il Trionfo del Camaſſei, doue ſi
brugiano le ſcritture, è di Carlo Ma-
gnoni. Le due Cappelle, l'vna di S. Giouanni Euangeliſta, e l'altra di S. Gio:
Battiſta, con le Porte antiche di bronzo. Vi è la feneſtrella, per la quale
paſsò l'Angelo Gabrielle, quando an-
nuntiò Maria ſempre Vergine; ogn'anno nel Sabbato Santo ſi battezzano in
queſto luogo Turchi, & Ebrei, e la fun-
tio-

tione viene fatta dal Cardinal Vicario.
Vltimamente quefta Chiefa fù riftaurata da Vrbano Ottauo.

Di quì andarete alla Scala Santa, la
quale falì Noftro Signore nel Palazzo
di Pilato in Gerufalemme la notte della fantiffima Paffione, è di 28. fcalini di
marmo bianco, larghi tre palmi d'Architetto. In fine della medefima fi vede
la fanta Cappella, detta, *Sancta Sancto-*
rum, longa otto paffi, e larga cinque.
Vi fono infinite Reliquie, come fi ricaua
dall'Ifcrittione pofta fopra l'Architraue, la quale dice : *Non eft in toto San-*
ctior Orbe Locus, non v'è loco più fanto
di quefto in tutto il Mondo.

Nell'Altare vi è l'Immagine di Noftro Signore in età giouanile, dipinta da
S. Luca, e fornita dall'Angelo, è Reliquia ineftimabile. Li ftipiti delle tre
Porte in cima delle fcale con gl'Architraui erano nel Palazzo di Pilato, quali
furono condotti in Roma affieme con la
fanta Scala.

Quefta nobile, e fanta fabrica fù fatta da Sifto Quinto.

Prima la fanta Scala era pofta vicino
ad vna gran Tribuna, ornata di belli Mo-
faici, quale era il Triclinio di Carlo
Magno, & al prefente v'habitano gli
Penitentieri di S. Giouanni, la fanta
Scala fi falifce con Ginocchi, e fi gua-

dagna tre mila anni d'Indulgenza, &
altre tante quarantene per ogni scalino.
Dietro la Chiesa di S. Gio: Laterano
nelli Orti si vedono le ruine del Palazzo di Costantino.

Della Chiesa di Santa Croce in Gerusalemme.

QVesta Chiesa è fondata sopra l'
Atrio Sessoriano, che perciò fù
chiamata anticamente Basili-
ca Sessoriana, è longa 30. e larga 15.
passi, fù fabricata da Costantino Magno
à prieghi di S. Elena sua Madre, in honore della Santissima Croce portata à
Roma dalla medesima. Vi sono 6028.
anni d'Indulgenza, & altre tante quarantene. Vi è vn famoso Santuario,
con dentro quantità di Reliquie insigni,
cioè del Legno della Santissima Croce:
Vno delli trenta Denari, con i quali fù
venduto Nostro Signore Giesù Christo.
Nella Tribuna dentro à vn bel Tabernacolo si conserua il Titolo della Croce di Nostro Signore, & vn Chiodo,
con il quale fù trafitto Nostro Signore
nella Croce. Le dodici Colonne, che
sostengono l'Architraui sono di granito, vi sono belle pitture. Il Scisma di
Pier Leone, è di Carlo Maratti. La
Tribuna, che rappresenta Sant'Elena,
quan-

quando trouò la Santiſſima Croce di
Noſtro Signore , è di Pietro Perugino .
Le pitture della Cappella di S. Elena ,
ornata di Moſaici, ſono di Pietro Paolo
Rubens ; ſotto il pauimento di queſta
ſanta Cappella vi è della terra del ſan-
to Sepolcro di Noſtro Signore Giesù
Chriſto . Queſta Chieſa era anticamen-
te il Palazzo di S. Elena, è offitiata dalli
Monaci Ciſtercienſi .

Della Chieſa di San Lorenzo fuori delle Mura .

ANche queſta Chieſa fù fabricata
da Coſtantino; è longa 44. paſſi,
e larga 14. V'è Indulgenza perpetua
di 748. anni, vi ſono 46. colonne di granito, e di marmo greco, v'è la Pietra,
doue fù poſto S. Lorenzo, quando fù
leuato dalla Graticola, macchiata con
il ſangue, e con il graſſo del medeſimo
Sànto, dietro alla detta Pietra ſi vede
vn miracoloſo Crocifiſſo, & ogn'vno
che confeſſato, e communicato viſita
detto S. Crocifiſſo libera vn'Anima dal
Purgatorio. La medeſima Indulgenza,
e merito acquiſta chi viſita l'altro conſimile Crocifiſſo, poſto nel Clauſtro del
Conuento.

Sotto all'Altar Maggiore vi ſono li
Corpi de' Glorioſi Martiri Lorenzo, e

Stefano, con altre infinite Reliquie ; Le colonne fono di verde antico . Vi è il Cimiterio di S. Ciriaca, nel quale fi vedono quantità di Reliquie , come pure la fontuofa Cappella della medefima Santa . Vi fono molte Indulgenze; per li Defonti fi celebrano quotidianamente qnantità di Meffe cantate , per mezzo delle quali fi libera vn'Anima dal Purgatorio , e fi dà per elemofina per ciafcheduna di dette Meffe vn fcudo ; vi fono due fepolchri di marmo antichi : l'vno ornato di vue , l'altro di baffi rilieui , quefto rapprefenta vn matrimonio dell'Antichi , & vn facrificio . Vi è fepolto Guglielmo Card. Nepote d'Innocenzo Papa IV.

In Sacreftia fono ripofte belle Reliquie , e trà l'altre vna pietra d'Agata orientale , con la quale fù lapidato San Stefano . Il Vafo di bronzo , con il quale Sant'Ippolito battezzaua li Chriftiani, le Tefte de' Santi Romano , Ippolito , Sifto , e di S. Giuftino . Quefta Chiefa è habitata , & offitiata dalli Canonici Regolari di S. Pietro in Vincola.

Della

Della Basilica di Santa Maria Maggiore.

QVesta Sacrosanta Basilica fù anticamente il Tempio di Giunone, fù fabricata da Liberio il santo Pontefice per l'insigne miracolo, che alli 5. d'Agosto successe, essendo caduta la Neue sopra quel sito, nel quale è edificata la Chiesa, qual miracolo si legge nelle lettioni, che si dicono alli 5. del detto mese, nel quale si fà la commemoratione di S. Maria ad Niues. Vi sono 40. colonne di marmo, antiche, che sostengono gl'Architraui, sotto l' Altare del Santissimo Crocifisso v' è vn' Vrna di porfido, nella quale è riposto il corpo di Gio: Patritio Romano, il quale fù il Padrone del Terreno, doue è fondata la Chiesa. Sotto all'Altare Maggiore vi è il Corpo di S. Mattia Apostolo. In vno delli due Ciborij v' è la Cuna di Nostro Signore, la quale stà esposta il giorno di Natale sopra l'Altare Maggiore.

Nell'altro verso la Cappella di Sisto Quinto vi sono quantità di Reliquie insigni, le quali tutte si mostrano il giorno di Pasqua. A piedi alla Chiesa vi è il Deposito di Monsig. Fauoriti, specchio de' Letterati del suo tempo, e Secretario

rio digniffimo della Cifra della felice memoria d' Innocenzo Vndecimo. Le ftatue, che fi vedono in quefto Depofito fono di Filippo Carcani. Quefto monumento fù fatto da Monfig. Ferdinando de Firftembergh Vefcouo di Pader Borna, benemerito del defonto, è Architettura di Ludouico Gimignano da Piftoia. Li due Depofiti alla Tribuna di Clemente Nono, e di Nicolò Quarto, è difegno del Fontana. La ftatua del Papa è di Leonardo da Sarzana. Nella Naue di mezzo fopra gl'Architraui vi fono diuerfi quadri di Mofaico, che rapprefentano la vita della Madonna, e fono di diuerfe mani. La bella Cappella detta Siftina è longa 14. paffi, e larga 12. è d'ordine Corinthio, fatta dalla fpléndidezza di Sifto V. & è Architettura di Domenico Fontana, in mezzo v'è l'Altare del Santiffimo Sacramento con vn bel Tabernacolo, foftenuto da quattro Angioli di bronzo indorato, fù modello di Riccio Stuccatore. Sotto à detto Altare v'è ripofto il Prefepio di Noftro Signore. V'è il Depofito di Sifto V. da vna parte, la ftatua del quale è ftata fatta da Valfoldino Lombardo, e l'altre ftatue da Nicolò Fiamengo. L'Incoronatione del Papa è di Gio Antonio Valfoldo.

Dall'altra parte v'è il Depofito del
Beato

Beato Pio Quinto, fatto dal fudetto
Sifto benemerito di quefto fanto Pontefice. La ftatua del quale è ftata fatta da
Leonardo da Sarzana, gl'altri baffi rilieui dal Cordieri, e l'Incoronatione è
di Silla Milanefe. Il tutto rapprefenta
l'Iftoria della battaglia Nauale, feguita
contro il Turco à Lepanto. Sotto al detto Depofito vi è il corpo del fanto Pontefice; vi fono buone pitture di diuerfe
maniere.

Mà paffiamo alla fontuofa, e magnifica Cappella Paolina, fabricata da Paolo V. è quefta d'ordine Corinthio della
medefima grandezza dell'altra di Sifto,
mà affai più ricca, fi ftima del valore di
vn milione di fcudi Romani, ornata tutta di rari, e fini marmi, è Architettura
di Flaminio Pontio Milanefe. La ftatua del Depofito di Paolo V. è opera di
Silla Milanefe, vi fono belli baffi rilieui, l'Incoronatioae è d'Ippolito Butio,
l'altro Depofito all'incontro fatto da
Paolo V. à Clemente Ottauo è ornato
come l'altro. La ftatua del Papa è del
fudetto Silla, e l'Incoronatione di Pietro Bernino. Il ricco Altare è Architettura di Girolamo Rainaldi. La Tauola del detto è di Lapislazzalo, in
mezzo vi è la miracolofa effigie della
Madonna, dipinta da S. Luca. Le quattro colonne d'ordine compofito fono

di Diaſpro orientale, le Baſi, & i Capitelli di bronzo indorati, così tutte l'altre figure; ſopra l'Altare ſi vede il ſanto Pontefice Liberio, che dà il primo colpo in terra, per fare li fondamenti della Chieſa. Vi ſono rare pitture del famoſo Guido Reni. La Cuppola è pittura di Ludouico Ciuoli; v' è vna ricca Sacreſtia, fatta per ſeruitio di queſta famoſa Cappella, quale è Ius Patronato della famiglia Borgheſe, e queſta è la più bella Cappella, che ſia in Roma. La Chieſa è di longhezza 50. e di larghezza 20. paſſi. Vi è la ſtatua di bronzo di Filippo IV. Rè di Spagna, e la figura ſimilmente di bronzo di Paolo V. & il ritratto dell'Ambaſciatore del Congo, fatto dal Caualier Bernini; queſte figure ſono nella ſtanza vicino alla Sacreſtia.

Miſura delle ſette, e noue Chieſe.

PEr viſitare le ſette Chieſe ſi fanno miglia 15. e 470. paſſi in circa, e per le noue Chieſe ſono miglia 18. 240. paſſi in circa.

Della

Della Sacreſtia Apoſtolica nel Palazzo Vaticano.

LA Sacreſtia Apoſtolica è ricchiſſi-
ma di Pianete, & altri ornamenti, donatili da gran Prencipi, ornati di
ricchiſſime perle, & altre ricchezze. Vi
ſono l'originali delli ritratti de' SS. Pietro, e Paolo, nella conformità, che
comparuero à Coſtantino Magno.

Della Torre de' Conti.

QVeſta Torre fù fatta da vn tal Pietro della Famiglia de' Conti di
Anagni l'anno 858. eſſendo Pontefice
Nicola I. di queſta Famiglia, il quale
molto ſi compiacque della detta Torre
per ſua ſicurezza, non vi eſſendo Fortezza in quelli tempi in Roma, ouero,
che la detta Torre (come molti hanno
creduto) ſeruiſſe per l'Erario, ouero
per le Carceri. L'Anno 1198. Innocenzo III. della detta Famiglia de' Conti riſtaurò la detta Torre, e la circondò
d'vna grandiſſima muraglia della medeſima Architettura (come ogn'vno puol
vedere) eſſendo due Torri vna dentro
dell'altra, è di forma quadrata à guiſa
di Fortezza; In vn cantone della detta
Torre vi è vna lapide di marmo, con

ca-

1

caratteri in verſi Latini, che dichiarano
il nome di Pietro, che fabricò la detta
Torre, così il nome di Nicola I. Pontefice. Vedete vn Libro manoſcritto delle Famiglie antiche Romane nella Libraria del Card. Ottobono, così vn'altro Libro in Campidoglio. Li verſi della ſopradetta lapide ſono li ſeguenti.

Hæc Domus eſt Petri valdè deuota
  Nycole
Strenuus ille fidus Miles fortiſſimus
  atque
Cernite qui vultis ſecus hanc tranſi-
  re Quirites
Quam fortis ìntus nimis compoſita
  foris
Eſt vnquam vllus vobis qui dicere
  poſſit?

Delle quattro Chieſe, che ſi viſitano
  l'Anno del Giubileo, ſua Ori-
  gine, e dell'apertura delle
  Porte Sante.

BOnifatio VIII. l'Anno 1300. publi-
cò l'Anno del Giubileo ogni 100.
anni, à S. Pietro, & à S. Paolo. Clemente VI. riduſſe l'Anno Santo alli 50.
anni, aggiungendoui la viſita di S. Gio:
Laterano. Vrbano VI. riduſſe l'Anno
del Giubileo à 33. anni, e vi aggiunſe

la

la visita di S.Maria Maggiore. Paolo II.
Venetiano mise l'Anno Santo à 25. anni. Le quattro Sante Porte rappresentano li quattro Tribunali, alli quali fù
presentato Nostro Signor Giesù Christo, cioè, quello di Anna, Caifas, Pilato, & Herode. L'Anno Santo di nostra
salute 1700. viuente il Sommo Pontefice Innocenzo XII. il quale non hauendo potuto aprire la Porta Santa di San
Pietro, per causa della malatia, in suo
luogo l'aprì il Cardinal Buglione, alle
altre tre Porte furono spediti tre Cardinali Legati per aprirle à 22. hore. A
S. Paolo l'aprì il Cardinal Panciatici
Protettore di quella Chiesa. A S.Gio:
Laterano l'aprì il Cardinal Pamfilio
Arciprete di quella Chiesa. A S.Maria
Maggiore aprì la Porta Santa il Cardinal Morigia Arciprete di quella Basilica.

DELLE

DELLE FABRICHE

Fatte da Papa Innocenzo XII.
e di quanti denari vi
fpefe.

Del *Monte Citorio*, *hoggi la Curia di Roma*.

Qvefto grandiffimo Palazzo fù principiato da Gregorio XV. fù lafciato imperfetto fino all' anno 1697. nel qual tempo Innocenzo XII. lo comprò, per farui la Curia, la quale hora è ridotta à perfettione. Vi hà fpefo 315. mila fcudi Romani, hoggi vi habitano li Miniftri, cioè, il Teforiere Generale, l'Auditore della Camera, & altri Miniftri. Nell' Appartamento à terreno vi fono gli Offitij delli Notari. Il Cortile forma vn Teatro con la Fontana belliffima, il tutto è difegno del Caualier Carlo Fontana Architetto della R.Cam.Ap. e della Fabrica di S. Pietro in Vaticano. Ogn' vno douebbe andare à vedere quefta nobiliffima Fabrica, perche è degna di effer veduta; Tutti li Miniftri, che vi habitano con li Offitij, pagano l'affitto, e quel denaro il detto Pontefice lo de-

stinò

ſtinò per li Poueri Inualidi di S. Siſto, e di S. Gio: Laterano. Sono ſtate portate via 486. mila Carrette di terra per ridurre in piano il Cortile di queſto Palazzo.

Della Dogana di Terra.

Q Veſta Fabrica ſù fatta in 6. meſi, e vi ſi ſpeſe 46. mila ſcudi, ſù edificata ſopra le ruine della Baſilica d'Antonino, della quale ne hò parlato à ſuo luogo alla pagina 56. Mentre parliamo della Dogana, ſi deue ſapere, che tutte le Dogane di Roma danno di rendita al Pontefice mezzo miglione in circa l'anno. Di queſta bella fabrica è Architetto il Caualier Franceſco Fontana.

Delle Fabriche di S. Michele, e della Dogana di Mare, poſte à Ripa grande.

S An Michele è anche vno delli belli Edificij, ſù principiato da Don Benedetto Odeſcalchi fratello d'Innocenzo XI. & Innocenzo XII. l'hà poi ridotto al fine. La Pietà del detto Pontefice hà fatta vna radunanza di poueri fanciulli Orfani di Padre, e Madre, li quali vengono eſercitati in varie Arti, con le quali poſſono guadagnarſi il viuere;

Et

Et in questo luogo Pio hora è introdotta l'arte di fare panni d'ogni sorte, e li detti Orfani stanno sotto la cura delli Padri delle Scuole Pie. In questa fabrica si è speso 42.mila scudi. Quì vicino è posta la Dogana di Mare, il quale Edificio fù anche edificato dal detto Pontefice, e vi hà speso 27. mila scudi.

Dell'Hospitio di S. Gio: Laterano.

QVesto grandissimo Palazzo è contiguo alla Chiesa di S. Gio: in Laterano di forma quadrata, fù fatto da Papa Sisto V. per habitatione delli Pontefici, nel caso che volessero stare vicino à detta Basilica. La santa memoria d'Innocenzo XII. vi hà costituito poi l'Hospitio delle pouere Vergini, & altre Donne mendiche. In tutto vi hà speso 27. mila scudi.

Del Porto d'Antio, hoggi di Nettuno.

HOnoratissimo Lettore saprai molto bene, che il crudel Nerone fece il famoso Porto d'Antio doue confinò Agrippina sua Madre, però essendo di queste historie piene le carte, non mi estenderò d'auantaggio. La santa

memo-

memoria d'Innocenzo XII. hà voluto innouare questo Porto, buona parte del quale è fondata sopra l'antico : hoggi è perfettionato. Vi hà speso 215. mila scudi.

Dell' *Acquedotto*, *e Borgo di Ciuita Vecchia*.

IL detto Pontefice non hà voluto mancare di fare il gran beneficio alla Città, e Porto di Ciuita Vecchia di farui condurre vn gran capo di acqua sopra vn bellissimo Acquedotto, e vi hà speso 60. mila scudi. Nel Borgo fatto à detta Città ve ne hà spesi 26. mila.

Del *Fonte Battesimale*, *e delli Sepolchri della Regina Christina di Suezia*, *e di Papa Innocenzo XII. in San Pietro*.

QVesta bellissima Cappella con il ricco Fonte Battesimale fù fatta dalla santa memoria d'Innocenzo XII. che vi spese 47. mila scudi. Di questo Fonte non ne parlo più, hauendone già parlato auanti, descriuendo la Chiesa di S. Pietro. Il nobilissimo sepolcro della Regina Christina di Suezia costa 12. mila scudi. Il sepolcro di Papa Innocenzo XII. di Diaspro di Sicilia, costa 600. scudi in circa ambedue

bedue queſti ſepolchri ſono Architettura del Caualier Carlo Fontana, coſì ancora tutte le altre Fabriche, che hà fatte detto Pontefice. La ſomma delli denari, che hà ſpeſi il Papa nelle Fabriche ſudette, aſcende al numero di 817600. ſcudi Romani.

CATALOGO

DI ALCVNE CHIESE

Più belle di Roma,

Per la curioſità delli Signori Foraſtieri.

SAn Pietro in Vaticano.
S. Paolo.
S. Gio: Laterano.
S. Maria Maggiore.
S. Pudentiana.
S. Martino delli Monti.
S. Maria degli Angioli.
S. Maria della Vittoria.
S. Carlino alle quattro Fontane per l'Architettura del Boromini.
S. Nicola di Tolentino.
S. Andrea del Nouitiato.
SS. Domenico, e Siſto delle Monache.
S. Cata-

S. Catarina di Siena.
S. Maria in Campitelli.
Il Giesù.
S. Ignatio al Colleggio Romano.
S. Carlo de' Catenari.
S. Andrea della Valle.
S. Agnese in Piazza Nauona.
S. Filippo Neri alla Chiesa Noua.
S. Maria della Rotonda.
S. Carlo al Corso.
S. Maria di Monte Santo.
S. Maria delli Miracoli.
La Chiesa di Giesù, e Maria al Corso.

In Roma vi sono 300. e più Chiese:
    Chi desidera di sapere il contenuto
    di tutte, circa la Pittura, Scoltura,
    & Architettura, veda il libro dell'
    Abbate Filippo Titi di Città di Ca-
    stello, il quale ne tratta pienamente.

Nella

Nella pagina 86. *nel fine del difcorfo del-*
la Porta Flaminia deue feguire. Detta Porta è d'vna belliffima Architettura di Michel' Angelo Buonarota,
fabricata in quefta forma per ordine
di Pio IV. come fi legge nel bel Frontefpitio. E' ornata di colonne di marmo orientale , vi fono dalle bande le
due ftatue di S. Pietro, e di S. Paolo,
fatte dal Mochi.

Nella pag. 91. *nel difcorfo della Porta*
Viminale, hoggi Pia, deue aggiungerfi,
effer difegno di Michel' Angelo Buonarota.

IL FINE.

INDICE

Delle cose più notabili , che si contengono nel terzo Libro.

A

Arco

Caffa-

C

I   Chiesa

Chiesa

D

E

F

Fon-

G

I 3

Nauma-

O

P

Sacchi

S

T

Tempio

Tempio

Velabro

Fine dell'Indice.

Ingram Content Group UK Ltd.
Milton Keynes UK
UKHW050629190623
423681UK00009B/485